GESTION DES ENTREPRISES, DÉCISIONS DES MÉNAGES ET DÉVELOPPEMENT COMMUNAUTAIRE EN R.D. CONGO

BUKAVU JOURNAL OF ECONOMICS AND SOCIAL SCIENCES
(BJESS) REVUE D'ÉCONOMIE ET DE SCIENCES SOCIALES
Numéro 04

Sous la direction de
Janvier Kilosho Buraye

GESTION DES ENTREPRISES, DÉCISIONS DES MÉNAGES ET DÉVELOPPEMENT COMMUNAUTAIRE EN R.D. CONGO

L'Harmattan

L'Harmattan 2024
5-7, rue de l'École-Polytechnique ; 75005 Paris

http://www.librairieharmattan.com

ISBN : 978-2-336-43703-3
EAN : 9782336437033

Introduction générale

Notre collectif a pour matrice la Gestion des entreprises, décisions des ménages et développement communautaire.

Certaines raisons justifient ces pages. En effet, la gestion des entreprises publiques comme privées constitue un problème en République Démocratique du Congo. Le manque d'efficacité et de rentabilité impacte négativement le développement de la population. A cela s'ajoutent les conflits armés, la déforestation et l'effervescence religieuse avec une laïcité de façade ne favorisent pas l'ordre public, la protection des personnes et des biens. Cette situation de sous-développement et de manque d'organisation en dépit des richesses dont regorge le pays ne peut qu'interpeller notre conscience commune et collective.

Ces pages ont pour objectif notamment de comprendre les comportements microéconomiques voir méso économiques des entreprises publiques et privées ainsi que ceux des ménages et des communautés locales et régionales afin de mieux gérer les entreprises tant publiques comme privées pour les meilleurs résultats aptes à promouvoir le développement de la population.

Certaines questions ont fait la préoccupation de ces pages. En effet, comment repenser la gestion des entreprises publiques et privées pour plus d'efficacité pour un développement adéquat de la région ? Que peut-on dire et envisager sur la motivation au travail des agents publiques, le refus de croitre par les PME, l'intention successorale dans les entreprises familiales et l'évaluation de la qualité de l'audit externe pour une coopérative d'épargne et de crédit ? Que dire sur les « décisions de consommation, les décisions de production agricole et les comportements des communautés face aux biens communs et à l'ordre public ? Que faut-il proposer sur les comportements individuels et collectifs ? Que retenir sur le consentement à payer par les ménages pour la supplémentation de la fourniture publique d'électricité dans la ville de Bukavu ?La production agricole dans le territoire de Kalehe au Sud-Kivu repose-t-elle sur une technique efficace ou pas ? En quoi la déforestation du massif de Nyamusisi en territoire insulaire d'Idjwi (RDC) constitue une économie politique d'une tragédie des biens communs ? Quels sont les défis et quelle perspective envisager pour la mise en œuvre de l'approche 'conservation communautaire dans la gestion du Parc National de Kahuzi-Biega ? Quelle règlementation proposer pour que la laïcité en République

Démocratique du Congo contribue à l'ordre public et à la protection des personnes et leurs biens ?

Comme hypothèses notamment, sans repenser la gestion des entreprises publiques comme privées, il se posera le problème des résultats et d'efficacité. Aussi, sans une motivation au travail de la part des agents et sans l'évaluation de la qualité de l'audit externe pour une coopération d'épargne et de crédit, il est difficile d'atteindre l'efficacité et les résultats souhaités. En conséquence, une hypothèse est que la République Démocratique du Congo risque de continuer dans le sous-développement en dépit de ses ressources diverses et énormes. Une autre hypothèse consiste aussi à bien voir l'économie politique de la tragédie des biens communs. Ici, nous avons considéré le cas de la déforestation du massif de Nyamusisi en territoire insulaire d'Idjwi (RDC), une situation qui apparait nuisible au développement d'un territoire. Comme si cela ne suffisait pas, une dernière hypothèse concerne la laïcité non règlementée qui ne contribue pas à l'ordre public et à la protection des personnes et leurs biens avec l'effervescence religieuse dans le contexte congolais.

La question de la Gestion des entreprises, décisions des ménages et développement communautaire se pose à travers toutes les provinces de la Républiques Démocratiques du Congo. Ces pages ont pour ancrage la ville de Bukavu et ses environs. Cependant, nous sommes bien conscients que nos cogitations se vérifient aussi ailleurs. Autre limite, nous n'avons pas la prétention d'avoir épuiser la réflexion et le débat sur la Gestion des entreprises, décisions des ménages et développement communautaire. Les apports des autres sont souhaitables et indispensables pour enrichir nos réflexions.

Pour bien assoir l'empirie dans chacun des chapitres, plusieurs théories et approches méthodologiques sont mobilisées afin de conduire le débat autour de la gestion des entreprises et des décisions des agents économiques

Deux parties composent cette œuvre d'esprit. La première partie se focalise sur la « gestion des entreprises publiques et privées ». Plus concrètement, elle s'intéresse à l'analyse de la gestion des entreprises. Elle aborde, dans un ordre séquentiel des chapitres, les questions liées à la motivation au travail des agents publics, le refus de croitre par les PME, l'intention successorale dans les entreprises familiales et l'évaluation de la qualité de l'audit externe pour une coopérative d'épargne et de crédit. La deuxième partie se concentre sur les « décisions de consommation, les décisions de production agricole et les comportements des communautés face aux biens communs et à l'ordre public ». Elle s'inscrit dans des discussions autour des comportements individuels et collectifs. Elle aborde tour à tour le « consentement à payer par les ménages pour la supplémentation de la fourniture publique d'électricité dans la ville de Bukavu », « l'analyse de l'efficacité technique de la production agricole dans le territoire de Kalehe au Sud-Kivu », « la déforestation du massif de Nyamusisi en territoire insulaire d'Idjwi (RDC) : économie politique d'une tragédie des biens communs », « la mise en œuvre de l'approche 'conservation communautaire dans la gestion du Parc National de Kahuzi-Biega : défis et perspectives' » et en fin, la « laïcité en RDC : davantage de règlementation pour contribuer à l'ordre public et mieux protéger les personnes et leurs biens ».

Partie 1

Gestion des entreprises publiques et privées

La première partie a pour pierre de touche la gestion des entreprises publiques et privées. Elle est organisée par des articles ci-dessous :

1. Déterminants de la motivation au travail dans la fonction publique : cas de la Direction Générale des impôts (DGI)/Direction Provinciale du Sud-Kivu, ville de Bukavu

Rosette Baluku Sikakale et Christiant Ngangura Mwemezi

2. Vérification empirique de la théorie du refus de croitre dans les Petites et Moyennes Entreprises familiales à Bukavu

Joséphine Matabaro Cirezi

3. Intention Successorale des Petites et Moyennes Entreprises familiales à Bukavu : une analyse typologique basée sur l'approche processuelle

Osea Alyaobe

4. Evaluation de la qualité perçue de l'audit externe dans les coopératives d'épargne et de crédit (COOPEC) au Sud-Kivu, RDC

Anatole Bashugi Bahogwerhe, Eddy Balemba Kanyurhi, Dieudonné Muhinduka Di-Kuruba et Janvier Kilosho Buraye

Déterminants de la motivation au travail dans la fonction publique : cas de la Direction Générale des Impôts (DGI) / Direction Provinciale du Sud-Kivu, ville de Bukavu

Rosette Baluku Sikakale[1] et Christian Ngangura Mwemezi[2]

Résumé

Dans le débat sur la motivation des travailleurs dans le secteur public, ce papier identifie les facteurs qui déterminent la motivation au travail des fonctionnaires de l'Etat dans la ville de Bukavu, à l'est de la République Démocratique du Congo. Les résultats se basent sur les informations collectées auprès de 134 fonctionnaires de l'Etat qui travaillent pour le compte de la Direction Générale des Impôts au Sud-Kivu. A travers un modèle de régression tronquée, ils indiquent que le sexe, le niveau d'éducation, le salaire, le mode d'obtention d'emploi, les conditions de travail ainsi que le grade occupé par le fonctionnaire influencent positivement le niveau de motivation au travail alors que la non-promotion et non-participation aux réunions la réduit. Tenant compte de ces facteurs de motivation, les auteurs proposent des stratégies d'amélioration de la gestion des entreprises publiques à caractère fiscal.

Abstract

In the debate on worker motivation in the public sector, this paper identifies the factors that determine the motivation to work of civil servants in the city of Bukavu, in the east of the Democratic Republic of Congo. The results are based on information collected from 134 civil servants working for the 'Direction Générale des Impôts' in South Kivu. Using a truncated regression model, the results indicate that gender, level of education, salary, method of

---

[1] Faculté des sciences économiques et de gestion, Université Catholique de Bukavu (UCB), email : baluku.sikakale@ucbukavu.ac.cd

[2] International Institue of Tropical Agriculture (IITA), email : mwemezichris93@gmail.com

obtaining employment, working conditions and the grade held by the civil servant have a positive influence on the level of motivation at work, while non-promotion and non-participation in meetings reduce it. Taking these motivational factors into account, the authors propose strategies for improving the management of public companies.

Mots clés : Motivation au travail, Fonction publique, Sud-Kivu/Bukavu

1. Introduction

De nos jours, la préoccupation relative à l'augmentation de la performance des entreprises est de plus en plus grande. La performance, les ressources humaines, leurs besoins, leur motivation et leur satisfaction constituent le cœur de la gestion des ressources humaines. C'est ainsi que la motivation du personnel constitue l'approche la plus cohérente et la plus stratégique de gestion d'une organisation dans le processus d'atteinte de ses objectifs (Wilkinson et al., 2010).

Dans le contexte actuel, caractérisé par une forte concurrence, la compétitivité des entreprises dépend de plus en plus de la performance de leur capital humain qui conditionne la performance organisationnelle (Saoussany et Asbayou, n.d.). En effet, la performance des entreprises est déterminée par plusieurs facteurs parmi lesquels les connaissances, les compétences procédurales (Perry, 1996) ainsi que la motivation (Campbell, 2007). Cette motivation explique l'orientation des efforts de l'individu dans son travail ainsi que l'intensité des efforts qu'il déploie et leur permanence dans le temps. Faire des efforts significatifs dans son travail serait donc la traduction d'un comportement motivé (Charles-Pauvers et al., 2006).

C'est ainsi que, dans les entreprises de services, et particulièrement dans les organisations publiques, les ressources humaines constituent un actif d'une très grande valeur (Kjeldsen et Hansen, 2018). Ainsi, la motivation des ressources humaines représente la pierre angulaire de la réussite de toute structure organisationnelle (Vandenabeele et Van de Walle, 2008) dans sa mission de service public et apparait comme un élément extrêmement pertinent constituant une source incontournable de l'amélioration de la performance au travail (Roussel, 2000). De ce point de vue, la motivation au travail est aussi considérée comme une énergie qui stimule le comportement humain (Ottmann, 2015) et pousse l'homme à développer la volonté d'exécuter une tâche et atteindre un objectif . L'on pourrait alors indiquer que, relativement au secteur public (Palazzo et Orfila, 2021), la motivation au travail se réfère à des forces qui amènent l'individu à exécuter son travail de la façon la plus bénéfique à toute la nation et à tous les citoyens (Perry, 1996).

Basée sur l'importance et le rôle joué par la motivation dans l'orientation des attitudes de travailleurs et la réalisation du résultat de l'organisation (Parola et al., 2019), l'étude de facteurs de motivation au travail est un domaine très capital non seulement pour les chercheurs mais également pour les gestionnaires des ressources humaines. Du coup, dans le secteur public, la connaissance de facteurs motivationnels des fonctionnaires constitue une clé de réussite du gouvernement et du développement de toute la nation (Van der Merwe & Botha, 2019).

Dans la littérature, le débat part de la théorie de cycle de vie qui indique que l'homme est confronté à une série des besoins allant des besoins physiologiques au besoin de réalisation personnelle (Maslow, 1943). Partant de cette base, et dans sa conception systématique, la motivation au travail résulte donc de l'insatisfaction de certains besoins de l'individu à un moment donné. Plus tard, certains travaux (Louart, 2002)y sont revenus et ont permis de distinguer, d'un côté, les facteurs de motivation intrinsèques et, de l'autre côté, les facteurs de motivation extrinsèques. Le premier groupe reprend les facteurs tels que : les conditions de travail, la rémunération, la supervision et l'orientation au travail, la relation avec le supérieur hiérarchique et les collègues et la politique d'administration de l'entreprise. Le deuxième groupe, quant à lui, considère les facteurs se rapprochant au contenu des tâches, à la promotion, au développement professionnel, à l'autodétermination et l'accomplissement, à la reconnaissance et à la responsabilité. En s'inspirant de cette subdivision des facteurs de motivation tels que proposés par Hezrberg (Louart, 2002), nombreux chercheurs prouvent que les facteurs extrinsèques sont les plus motivants (Zedini et al., 2016). Ils montrent que les « rémunérations » et la « collaboration », comme facteurs extrinsèques, occupent les premier et deuxième rangs des plus déterminants de la motivation au travail. Pour eux, les facteurs intrinsèques tels que « l'accomplissement » et les « attributs de l'emploi » viennent en troisième et quatrième positions, respectivement.

En outre, plusieurs recherches (Nawaz et Yasin, 2015a) ont également prouvé la place considérable du salaire dans le processus de motivation des travailleurs. Par exemple, les travaux de Shafiq et Naseem (2012) au Cameroun renseignent que le salaire un déterminant incontournable de la motivation au travail pour les agents publics. A ce sujet, ils ajoutent que, pour être motivant, le salaire doit être attrayant, satisfaisant et doit avoir un caractère régulier et ponctuel pour pousser l'homme à fournir des efforts dans l'exécution de son travail.

Toutefois, il convient d'insister sur d'autres facteurs motivation motivent le travail. Il s'agit de l'âge (Ki, 2021), du niveau d'éducation, l'expérience professionnelle (Zedini et al., 2016), la promotion et l'encouragement, le climat au travail ainsi que l'équilibre famille-travail, l'existence des réunions de service, l'autonomie dans l'exécution des tâches (Zedini at al., 2016), etc.

Pour le cas spécifique de la République Démocratique du Congo, le rôle et l'importance du salaire sur le niveau de motivation des travailleurs a également été prouvé. Bien que s'étant limité à des analyses descriptives, Manigaruha (2020) montre que le salaire est le principal facteur motivationnel des fonctionnaires publics Congolais et la majorité (85%) de ceux-ci déclarent avoir un faible niveau de motivation suite à la médiocrité de la rémunération du travail qu'ils fournissent à l'Etat. Cependant, il a été constaté que ce faible niveau de salaire dans la fonction publique est suivi par un enrichissement d'une petite poignée des fonctionnaires publics contre un salaires de misère pour grande partie des fonctionnaires. Par conséquent, la fonction publique congolaise est, dès lors, réputée de regorger un personnel avec un faible niveau de motivation (Kafirongo, 2011).

Dans un tel contexte, vu l'importance et le rôle que joue la motivation au travail des fonctionnaires publics sur la performance organisationnelle ainsi que le développement du pays, l'étude des déterminants de la motivation au travail s'avère être d'une très grande utilité. Surtout que, très peu d'études ont été conduites sur le cas spécifique de la fonction publique congolaise. Les tentatives de recherche dans ce cadre (Maugeri, 2008) se sont limitées à une analyse descriptive des facteurs motivationnels sans en établir la causalité avec la motivation au travail. La présente étude se démarque de celles-ci par son aspect causal permettant d'établir la nature de la relation entre la motivation au travail et les facteurs cités ci-haut. Le choix de la Direction Générale des Impôts (DGI) dans la province du Sud Kivu comme cas d'étude est basé sur l'importance et la grande contribution de celle-ci dans la mobilisation des recettes nationale en RD Congo. Les rapports annuels de 2021 de la DGI indiquent une contribution une contribution importante dans le niveau de recette collectées au sein de la province du sud Kivu[3].

C'est dans ce cadre que s'inscrit la présente recherche qui part du questionnement suivant : « quels sont les facteurs de motivation au travail des fonctionnaires de l'Etat ». Elle poursuit un objectif double. D'une part, il s'agit d'opérationnaliser le concept de motivation au travail dans la fonction

---

[3] Dans le cadre d'un entretien préparatoire à l'étude, les responsables de la gestion des ressources humaines à la division provinciale de la DGI au Sud-Kivu a aussi confirmé l'importance des recettes collectées sans en donner les chiffres exactes ni même présenter les rapports imprimés.

publique et de l'autre part, il convient d'identifier les facteurs susceptibles d'influencer la motivation au travail de fonctionnaires de l'Etat.

Hormis cette partie introductive et la conclusion, ce chapitre comporte trois trois points. Le premier point porte sur la revue de littérature qui fait une synthèse des connaissances dans le domaine. Le deuxième point présente la démarche méthodologique que nous avons empruntée pour atteindre notre objectif. Enfin, le troisième point communiquent les résultats des analyses que nous avons menées ainsi que leur discussion.

2. Revue de littérature et hypothèses de recherche

2.1. La revue de la littérature

Depuis longtemps, les chercheurs se sont intéressés à la question de savoir ce qui motive les employés. Plusieurs approches et théories ont été développées, parfois complémentaires et parfois contradictoires. Parmi elles, l'on retenir les théories suivantes : la théorie des besoins de Maslow (1943) (Poldma, 2017), la théorie de deux facteurs de Herzberg (1978), la théorie du résultat escompté de Vroom (1964), la théorie de l'équité d'Adams (1963) et enfin la théorie de renforcement de *Skinner* (De Montpellier, 1971). Il est à noter que la conceptualisation de la motivation sur laquelle il y a eu consensus est celle développée par d'autres chercheurs décrivant la motivation au travail comme étant un construit hypothétique qui est utilisé dans le but de décrire les forces internes et ou externe produisant le déclenchement, la direction, l'intensité et la persistance du comportement des travailleurs (Viau, 2012).

Revenant sur ces théories, il s'observe que la théorie de la motivation de Maslow (1943) (Poldma, 2017) repose sur une hiérarchisation pyramidale des besoins allant des besoins physiologiques jusqu'aux besoins de réalisation personnelle en passant par les besoins de sécurité, les besoins sociaux et enfin les besoins d'estime. Il résulte alors que l'individu cherche à satisfaire les besoins d'un niveau donné avant de penser aux besoins situés au niveau immédiatement supérieur. Cette conception systématique des besoins de l'homme considère que sa motivation au travail est justifiée par la situation d'insatisfaction de certains de ses besoins (Leplat, 1996).

La théorie d'Herzberg (Shafiq et Naseem, 2012), quant à elle, vient enrichir et compléter la théorie de Maslow (1943) (Poldma, 2017). En effet, Herzberg (1978) simplifie les besoins de l'homme et les classe en deux catégories. Il met les besoins qui sont propres à tous les êtres vivants appelés facteurs d'hygiènes ou facteurs de motivation extrinsèques et ceux qui sont particuliers à l'homme appelés facteurs internes ou facteurs de motivation intrinsèques. Les premiers (facteurs d'hygiènes) ne sont pas de véritables sources de motivation, mais simplement de satisfaction. Les besoins d'hygiène, dès qu'ils sont pourvus, réduisent l'insatisfaction et ne sont donc plus motivants. Par contre, la non satisfaction de ces besoins peut être source de mécontentement et donc de démotivation. Dans ces facteurs, se retrouvent les conditions de travail, les relations d'équipe et la rémunération. Seuls les facteurs internes sont source de motivation. Cette motivation est à rapprocher du contenu des tâches, la réussite, la promotion, l'indépendance et l'autonomie dans l'exécution des tâches.

La théorie des résultats escomptés (encore appelée la théorie des attentes) de Vroom (1964) mentionne que pour qu'un collaborateur cherche à attendre un résultat, il faut qu'il en tire un avantage (une récompense) qui soit intéressant à ses yeux. Vroom (1964) propose ainsi que trois conditions soient remplies : le résultat doit être atteignable, l'atteinte du résultat doit mener à une récompense et cette récompense doit avoir suffisamment de valeur aux yeux du travailleur.

La théorie de l'équité d'Adams (1963) renseigne que le travailleur compare en permanence les différentes conditions de son emploi avec celles des autres. Cette comparaison peut alors être une source de dissonance qui va générer une source de tension. Le travailleur va alors chercher à réduire cette tension en fonction des possibilités que lui offre sa situation.

En fin, la théorie du renforcement (De Montpellier, 1971) se base sur la loi d'effet. Cette loi dispose que les actions passées qui ont conduit aux résultats négatifs diminuent, alors que les actions passées qui ont conduits aux résultats positifs tendent à se répéter.

Sans pour autant rentrer dans le débat théorie, il s'observe, à travers ces différents auteurs, que les déterminants de la motivation des travailleurs sont multiples. Ils intègrent en même temps les besoins humains et la nature humaine. Dans les lignes que suivent nous formulons nos hypothèses à la lumière de ces théories et aux résultats issues de la littérature empirique.

2.2. Hypothèses de l'étude

Cette étude s'appuie sur le modèle théorique développé respectivement par Vogel et Mitchell (2017) et de Logossah (2005) et qui nous semble être adapté au contexte de l'étude :

Figure n° 1 : Modèle conceptuel des facteurs de la motivation dans les fonctions publiques

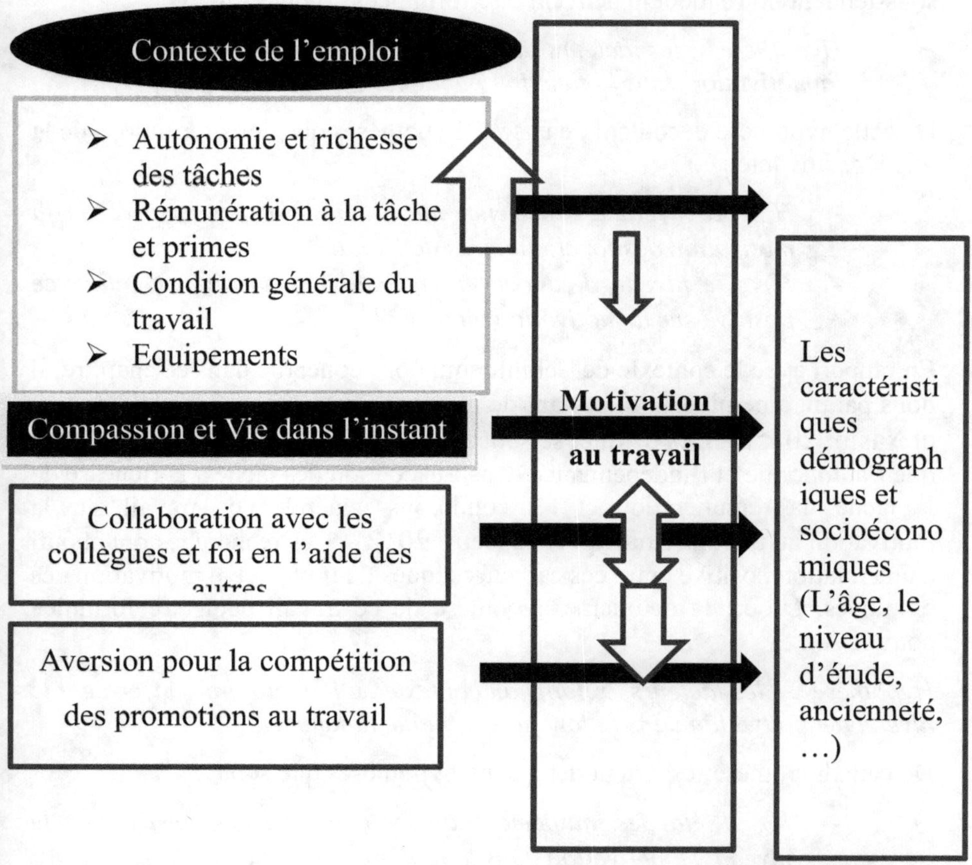

Source : une adaptation du modèle conceptuel développé par Vogel et Mitchell (2017) et Logossah (2005).

Ce modèle propose une vue synthétique des principaux facteurs de motivation au travail. D'une part, ce modèle retient les besoins, les désirs ou les valeurs qui déclenchent la motivation, lesquels sont explicités dans les modèles de Maslow (1943) et Herzberg (1978). D'autre part, ce modèle mentionne les buts assignés aux individus, ou que ceux-ci s'assignent, afin d'orienter leurs actions dans une direction précise (Kirkpatick et Locke, 1991) et l'intensité produite par les caractéristiques d'un besoin (importance) ou d'un objectif (difficulté) sur le comportement individuel (Maslow, 1943). Ce modèle permet de voir que la motivation a pour résultats immédiats le déclenchement, l'orientation, l'intensité, mais aussi la persistance d'efforts dans la réalisation des tâches en vue de parvenir à des objectifs personnels, lesquels peuvent être amenés à coïncider avec ceux d'une structure organisationnelle. Par ce canal, la motivation débouche in fine sur la performance. Ainsi, les hypothèses qui sous-tendent notre modèle peuvent être formulées comme suit :

> *Hypothèse1 : les facteurs liés à l'individu expliqueraient le niveau de la motivation dans la fonction publique.*

De cette hypothèse découlent deux sous-hypothèses que nous formulons de la manière suivante :

- H_{1a} : *Le niveau d'expérience aurait une influence positive sur la motivation des fonctionnaires de l'Etat.*
- H_{1b} : *le niveau d'éducation de l'individu aurait une influence positive sur la motivation au travail.*

En rapport avec le contexte de l'emploi qui nous concerne dans ce chapitre, il nous parait, à ce niveau, important de mentionner quelques travaux (Nawaz et Yasin, 2015b). Ces travaux se sont intéressés à l'effet des variables telles que l'autonomie et l'indépendance dans l'exécution des tâches, la richesse de la tâche, la rémunération et les conditions générales de travail sur la motivation au travail (Shafiq et Naseem, 2012). Ces recherches ont abouti à une relation positive entre ces caractéristiques du travail et la motivation des employés. D'où, la deuxième hypothèse de ce travail peut être formulée comme suit :

Hypothèse 2 : les facteurs relatifs au contexte de l'emploi influenceraient le niveau de motivation dans la fonction publique notamment

De cette hypothèse ressortent deux sous-hypothèses que sont :

- H_{2a} : *L'état des équipements disponibles influence positivement le niveau de motivation dans la fonction publique*
- H_{2b} : *l'effet du salaire sur le niveau de motivation des fonctionnaires publics serait positif.*

Pour ce qui concerne la collaboration au lieu de travail, Logossah (2005) désigne ainsi la conviction largement partagée dans les sociétés négro-africaines selon laquelle un individu ne peut rien entreprendre avec succès sans le concours ou l'aide des autres. Selon l'auteur, cette croyance n'est que le prolongement du principe « d'assistance du faible par le fort » ou d'entraide mutuelle qui régit le fonctionnement de ces sociétés. Chacun comptant sur l'aide de l'autre ou des autres dans la société, cette vision tend selon l'auteur, à réduire l'initiative individuelle ainsi que la responsabilité qui s'y rattache. Elle tend donc à amoindrir l'effort personnel, l'effort productif individuel. Il en viendrait un impact négatif sur la motivation au travail. Toutefois, l'entraide mutuelle signifie aussi un « retour d'ascenseur » lorsque les individus bénéficient d'une aide. Au travail, ce retour d'ascenseur peut se traduire par une augmentation de l'effort productif et donc par un comportement motivé accru. La relation foi en l'aide des autres - motivation au travail apparaît en définitive ambiguë.

3. Méthodologie

3.1. Données utilisées dans l'étude

De la liste de 602 agents renseignés à la DGI (DP/Sud-Kivu), nous avons tiré aléatoirement un échantillon de 134 qui ont, par la suite, répondu à notre questionnaire. Ceci nous nous donné une prévalence de 50% de motivation au travail au seuil de 1%. Pour calculer notre échantillon nous avons fait usage de la formule suivant pour une marge d'erreur choisie de 10% :

$$n = \frac{Z^2_{\alpha/2} Np(1-p)}{(N-1)\epsilon^2 + Z^2_{\alpha/2} p(1-p)}$$

La collecte des données s'est faite en deux étapes distinctes et successives et en utilisant deux techniques différentes : l'interview et l'enquête par questionnaire, auprès de ces fonctionnaires. Les données ont été collectées durant le mois de Janvier 2020.

Lors des interviews, il a été question d'adapter l'échelle de mesure et identifier les facteurs susceptibles de motiver les fonctionnaires publics dans cette institution. Les entretiens ont été organisés avec 20 fonctionnaires suivant le critère de saturation sémantique. En effet, les données collectées des entretiens individuels ont été traitées sur base de l'analyse du contenu. Tout facteur ou item cité par au moins deux fonctionnaires lors des entretiens a été retenu dans le modèle. Cependant, certains facteurs ont été cités une seule fois et ont été intégré dans le modèle suite à leur pertinence dans l'explication de la motivation au travail dans le cadre de cette étude.

Les variables incluses dans le questionnaire proviennent des études antérieures de (Nawaz et Yasin, 2015a) et (Parola et al., 2019). D'autres facteurs ont été cités par les fonctionnaires comme étant motivationnels pour eux. Ainsi, le questionnaire comprend deux parties majeures : la première porte sur les variables explicatives de la motivation au travail et la seconde se focalise sur l'échelle de mesure de la motivation au travail adapté au contexte de la recherche.

3.2. Définition et mesure des variables

3.2.1. La variable dépendante

La motivation au travail constitue la variable dépendante capturée par l'indice de la motivation au travail construit à partir d'une échelle à 43 items (voire annexe 2) évalué sur une échelle de Likert à cinq niveaux allant du désaccord total vers totalement d'accord. En effet, le modèle initial de la motivation au travail comporte 40 items répartis en six dimensions dont l'attraction pour la formulation des lois, l'engagement pour l'intérêt public, le devoir civique, la compassion, sacrifice personnel et justice sociale. En outre, une série d'autres items ont été évoqués lors des discussions de pré enquête. Il s'agit notamment de :

- En travaillant pour le service public je participe au développement de mon pays ;
- Les bonnes lois et leur respect font prospérer la nation ;
- Les lois doivent être justes pour qu'elles soient bénéfiques à tous.

Ces trois items ont été intégrés dans deux dimensions selon qu'ils se référant à l'une ou à l'autre. Le premier est attaché à l'engagement pour l'intérêt public alors que les deux derniers se réfèrent plutôt à l'attraction pour la formulation des lois. Ainsi donc, l'échelle adaptée est composée de 43 items répartis en six dimensions.

L'échelle de la motivation au travail tirée de Perry (1996) et adaptée au contexte de l'étude a été soumise à l'Analyse Factorielle Exploratoire pour s'assurer de sa validité ainsi que de sa fiabilité. Se référant à la procédure proposée par Carricano et Poujol (2008), l'analyse débute par tester l'adéquation des données à l'analyse factorielle ; et l'indice KMO ainsi que le test de sphericité de Bartlett sont d'usage pour cette fin. L'indice KMO trouvé est de 0,656 (supérieur à 0,5) ; ce qui soutient le fait que les données soient factorisables. Quatre critères ont été utilisés pour purifier l'échelle : le critère de « communalité » (tout item avec une variance expliquée $<0,5$ a été supprimé), le pourcentage de la variance totale expliquée ($\geq 60\%$), la valeur propre (seules les composantes avec une valeur propre >1 ont été retenues) et la fiabilité de l'échelle a été testée en utilisant le coefficient alpha de Cronbach (privilégiant un modèle avec un alpha $\geq 0,7$) (Carricano et Poujol, 2008).

L'application des critères ci-hauts cités a abouti à à 20 items avec toutes les « communalités » allant de 0,668 à 0,959 et les valeurs propres toutes supérieures à 1. Une corrélation forte est observée des items que pour un seul facteur d'appartenance. Les six dimensions de la variable dépendante expliquent au total 69,295% de la variance et l'échelle est fiable à 0,756.

2.2.2. Les variables indépendantes

Les variables indépendantes de notre modèle sont reprises dans le tableau suivant.

Tableau n°1 : description des variables indépendantes

Noms variables indépendantes	Définition	Mesure	Signe attendu	Référence
Age		Nombre d'années	+	Zedini et al. (2016)) ; Parola et al. (2019)
Sexe		1=Homme, 0=Femme	+/_	Zedini et al. (2016)) ; Parola et al. (2019)
Niveau d'éducation		1=primaire, 2= secondaire, 3= universitaire, 4= post universitaire, 5=Autres formations		Zedini et al. (2016)
Grade actuel	Grade hiérarchique	1=Chef de division, 2=Chef de direction, 3= Chef de bureau 4=Agent de bureau, 5=Attaché de bureau, 6= Huissier	+	Zedini et al. (2016)
Ancienneté professionnelle	Nombre d'années de service dans la fonction publique	Nombre d'années		Zedini et al. (2016)
Moyen d'obtention de cet emploi	Moyen à travers lequel il est entré dans la fonction publique	1=Test, 0=Recommandation		Contexte
Formation professionnelle	Formation en rapport avec l'emploi depuis son engagement à la DGI	0=Non, 1=Oui	+	Saleem (2015)
Promotion	Variable dichotomique	0=Non, 1=Oui	+	Saleem (2015)
Sécurité de l'emploi	Variable dichotomique	0=Non, 1=Oui	+	
Conditions de travail	Correspondant aux conditions (aération, lumière, bruit, etc.) sur le lieu de travail	Mesurée sur une échelle de Likert à 4 niveaux 1. Excellentes 2. Très bonnes 3. Bonnes 4. Mauvaise 5. Très mauvaises	+	Saleem (2015)
Participation aux réunions de service	Variable dichotomique	0=Non, 1=Oui	+	Saleem (2015)
Disponibilité des équipements de travail	Variable catégorielle	1=Suffisants, 0=Insuffisants	+	Saleem (2015)
Salaire		Tranches de salaire	+	Saleem (2015)

3.2.3. Spécification du modèle économétrique

Cette étude a fait recours également à une analyse économétrique du type linéaire tronqué afin de quantifier l'effet de facteurs ci haut présenté (cf. tableau n°1) sur la motivation au travail. Dans notre modèle, la variable dépendante y_i est l'indice de la motivation au travail construit en utilisant l'analyse factorielle exploratoire, Le modèle général de régression est donné par la formule mathématique ci-dessous explicitée

$$y_i = x_i'\beta + u_i, \quad i = 1, 2, \ldots, n \qquad (1)$$

Avec : y_i (le niveau de motivation), X_i (les facteurs indépendants qui expliquent la motivation), β_i (les coefficients de variation), U_i(termes d'erreur, sous l'hypothèse que $E(U_i)=0$ et $Var(U_i)=\sigma^2$)

Ainsi, l'équation à estimer se présente comme suit :

$$Motivation = \alpha + \beta_1 Sexe + \beta_2 Age + \beta_3 Ancienneté + \beta_4 éducation + \beta_5 Mode\ obtention\ emploi + \beta_6 Grade + \beta_7 Promotion + \beta_{89} Salaire\ (dollars) + \beta_{10} Equipement + U_i \qquad (2)$$

4. Résultats

4.1. Profil de répondants

Le tableau numéro 2 ci-dessous présente les résultats des caractéristiques socio démographiques des enquêtés. Les valeurs en entre parenthèse représente les proportions alors que celles hors parenthèse indiquent les effectifs.

Tableau n°2 : répartition des fonctionnaires selon leur sexe et catégorie de grade

	Catégorie de grade						
	Chef div.	*Chef dir.*	*ChefBu*	*Ag.bur.*	*Att.bur.*	*Huis.*	*Total*
Sexe de l'individu							
Homme	3	5	59	21	9	6	103
	(2,91)	(4,85)	(57,28)	(20,39)	(8,74)	(5,83)	(100)
Femme	1	2	18	8	2	0	31
	(3,23)	(6,45)	(58,06)	(25,81)	(6,45)	(0,00)	(100)
Total	4	7	77	29	11	6	134
	(2,99)	(5,22)	(57,46)	(21,64)	(8,21)	(4,48)	(100)

Source : Nos compilations à l'aide du logiciel Stata

Parmi les 134 fonctionnaires publics enquêtés au sein de la DGI, 103 sont des hommes et la majorité d'eux occupent le poste de chef de bureau en occurrence de 57,28%. Quant aux femmes la lecture du tableau 2 révèle qu'elles sont les moins représentées dans cette institution publique avec seulement 31 sur 134 engagé donc un pourcentage de 23,13%. En dépit de la faible représentativité des femmes à la DGI, la tendance d'occupation de poste suit le même rythme que celle des hommes.

Tableau n°3 : classement des fonctionnaires selon les variables liées au traitement professionnel

	Grade du fonctionnaire						
		Chef div.	*Chef dir.*	*ChefBu*	*Ag.bur.*	*Att.bur.*	*Huis.*	Total
Formation professionnel	Oui	0	0	11	11	3	5	30
		(0.0)	(0.0)	(36.67)	36.67	10.0	16.67	(100)
	Non	4	7	66	18	8	1	104
		(3.85)	(6.73)	(63.46)	(17.31)	(7.69)	(0.96)	100.00
	Total	4	7	77	29	11	6	134
		(2.99)	(5.22)	(57.46)	(21.64)	(8.21)	(4.48)	(100)
Promotion	Oui	0	0	18	14	8	5	45
		(0.0)	(0.0)	(40.00)	31.11	(17.78	(11.11)	(100)
	Non	4	7	59	15	3	1	89
		(4.49)	(7.87	(66.29)	(16.85)	(3.37)	(1.12)	(100)
	Total	4	7	77	29	11	6	134
		(2.99)	(5.22	(57.46)	(21.64)	(8.21)	(4.48)	(100)
Sécurité au travail	Non	0	0	5	6	2	2	15
		(0.0)	0.00	(33.33)	(40.00)	(13.33)	(13.33)	(100)
	Oui	4	7	72	23	9	4	119
		3.36	5.88	(60.50)	(19.33)	(7.56)	(3.36)	(100)
	Total	4	7	77	29	11	6	134
		2.99	5.22	(57.46)	(21.64)	(8.21)	(4.48)	(100)
Salaire	0 (Nu)	0	0	1	0	0	0	1
		(0.00)	(0.00)	(100)	(0.00)	(0.00)	(0.00)	(100)
	<100$	0	0	3	2	0	4	9
		(0.00)	(0.00)	(33.33)	(22.22)	(0.00)	(44.44)	(100)
	[100-500$[	1	0	27	15	11	0	54
		(1.85)	(0.00)	(50.00)	(27.78)	(20.37)	(0.00)	(100)
	[500-1000$]	0	7	45	12	0	0	64
		(0.00)	(10.94	(70.31)	(18.75)	(0.00)	(0.00)	(100)
	>1000$	3	0	1	0	0	2	6
		(50.00)	(0.00)	(16.67)	(0.00)	(0.00)	(33.33	(100)
	Total	4	7	77	29	11	6	134
		(2.99)	(5.22)	(57.46)	(21.64)	(8.21)	(4.48)	(100)

Ce tableau indique qu'une majorité importante n'a pas pu bénéficier de la formation en rapport avec leur poste ainsi que tache exécuter quotidiennement. 36.67% des agents de bureau ont bénéficié de d'une formation professionnelle cela implique l'existence d'un besoin en capacitation des fonctionnaires. Quant à la possibilité de promotion au sein de la DGI, elle est faible : seuls 45 sur 134 (soit 33,58%) ont été récompenser d'une promotion dans le passé. De même, l'on peut constater que la sécurisation professionnelle est minime. Quant à la répartition des fonctions suivant le niveau de salaire, il est à constater une aberrance en termes de barème salariale. Les cadres inférieurs sont le plus affecté négative par la politique de rémunération de la DGI. Basé sur la tendance de toute ces facteur clé pour espérer un niveau de motivation importante, il y a de quoi constater que la gestion de fonction aux seins de la DGI n'est pas motivante. D'autant plus qu'on constate il y a également les fonctions qui n'ont pas de salaire mensuel qualifiés. Il s'agit des agents qui sont généralement qualifiés des « nouvelles unités ». Cette situation peut impacter négativement la qualité de service publique offert par la DGI.

Tableau n°4 : répartition des fonctionnaires selon leur niveau d'étude et catégorie de grade

Niveau d'étude	Chef de division	Chef de direction.	Chef de Bureau	Agent de bureau.	Attribut de bureau.	Huissier	Total
Primaire	0	0	5	0	6	6	17
	(0.00)	(0.00)	(29.41)	(0.00)	(35.29)	(35.29)	(100)
Universitaire.	1	5	69	28	5	0	108
	(0.93)	(4.63)	(63.89)	(25.93)	(4.63)	(0.00)	(100)
Post universitaire	3	2	3	1	0	0	9
	(33.33)	(22.22)	(33.33)	(11.11)	(0.00)	(0.00)	(100)
Total	4	7	77	29	11	6	134
	(2.99)	(5.22)	(57.46)	(21.64)	(8.21)	(4.48)	(100)

Source : Nos compilations avec le logiel Stata

La lecture de ces résultats permet de réaliser que plus de la moitié (63,89%) des fonctionnaires occupant le poste de chef de bureau ont atteint un niveau d'étude universitaire. Ce facteur peut aussi être considéré comme une source de motivation. En effet, les attentes des agents qui ont beaucoup étudiés sont généralement élevées. Ils peuvent accroitre leurs motivations dans l'espoir de tirer plus d'avantages de leur travail comme d'ailleurs l'a indiqué Vroom (1964) dans la théorie des attentes.

Nous nous sommes aussi intéressés à l'âge et à l'expérience professionnelle de nos enquêtés agents de la DGI (DP/ Sud-Kivu). Les informations en rapport avec ces deux variables sont reprises dans le tableau n° 5 suivant.

Tableau n°5 : Description des variable continues

Variable	N	Moyenne	Ecart-type	Minimum	Maximum
Age d'enquêté	134	40.85	8.779	20	63
Nombre d'année d'expérience	134	9.366	7.254	1	34

Source : compilations des auteurs

Le tableau montre que l'âge moyen des fonctionnaires est estimé 41 ans. Ce niveau d'âge indique un vieillissement des agents de la DGI. Ces deux variables présentent un niveau de dispersion de 8,78 et 7,26 ans respectivement pour l'âge et le nombre d'année d'expérience. Il s'observe aussi dans ce tableau que les agents de la DGI au Sud-Kivu ont 9 ans d'expérience professionnelle en moyenne. Avec ces informations, l'on peut être amené à dire que les agents de la DGI au Sud-Kivu sont encore en âges d'activité et ont relativement des faibles années d'expérience. Il peuvent encore apprendre et améliorer la qualité de leurs tâches. Etant en âge d'activité, l'on s'attendrait à des attentes élevées qui peuvent se résumer par une insatisfaction au cas où elles ne sont pas remplies.

4.2. Discussion des résultats de la régression

Le tableau ci-dessous présente les résultats de la régression tronquée estimé. Ce modèle ressort les facteurs influençant le niveau de motivation au travail des fonctionnaires publics employés à la DGI Sud-Kivu.

Tableau n°5 : Facteurs de motivation au travail dans la fonction publique au Sud Kivu

Indice de motivation	Coef.	St.Err.	t-value	p-value	[95% Conf	Interval]	Sig
Sexe							
Femme	.104	.061	1.71	.087	-.015	.222	*
Age	-.004	.004	-1.01	.315	-.013	.004	
Ancienneté	.002	.005	0.45	.656	-.008	.012	
Education							
Universitaire	.002	.113	0.02	.098	-.22	.224	*
Post universitaire	-.206	.178	-1.15	.248	-.555	.144	
Mode obtention employ							
Test	.151	.066	2.28	.022	.021	.28	**
Grade							
Chef Division	.194	.231	0.84	.401	-.258	.646	
Chef Direction	.091	.225	0.40	.686	-.35	.531	
Chef Bureau	-.027	.234	-0.12	.907	-.486	.431	
Agent Bureau	.029	.254	0.11	.91	-.469	.527	
Huissier	.339	.284	1.19	.234	-.219	.896	
Promotion							
Non	-.113	.07	-1.61	.010	.251	.024	**
Sécurité au travail							
Oui	-.061	.097	-0.63	.528	-.251	.129	
Condition travail							
Très bonnes	.16	.125	1.28	.199	-.085	.405	*
Bonnes	.184	.122	1.51	.132	-.055	.423	**
Mauvaise	.253	.14	1.81	.07	-.021	.527	
Très mauvaises	.484	.245	1.98	.048	.004	.965	
Niveau salaire							
<100	-.494	.33	-1.50	.135	-1.141	.153	
100-500	.2	.319	0.63	.053	-.825	.425	**
500-1000	.365	.32	1.14	.253	-.992	.262	
>1000	.011	.359	-0.03	.975	.716	.693	
Obtention formation							
Non	.075	.077	0.98	.032	-.226	.075	*
Participation reunion							
Non	-.54	.133	-4.06	0	-.8	-.279	***
Equipment suffisant	.048	.063	0.77	.442	-.075	.172	
Constant	2.521	.535	4.71	0	1.472	3.569	***
Sigma	.26	.018	14.73	0	.226	.295	***

Mean dependent var	1.702	SD dependent var	0.330
Number of obs	134.000	Chi-square	88.352
Prob > chi2	0.000	Akaike crit. (AIC)	59.290

*** *p<.01*, ** *p<.05*, * *p<.1*

Il ressort de ce tableau qu'au total sept variables influencent significativement (au seuil de 5%) la motivation au travail des fonctionnaires de la DGI. Il s'agit de : l'absence de promotion ainsi que la non-participation aux réunions influencent négativement la motivation au travail alors que le sexe, les conditions de travail, le niveau de salaire, le mode d'obtention d'emploi ainsi que les formations professionnelles ont un effet positif sur le niveau de motivation au travail.

En effet, le fait d'être une femme accroît significativement le niveau de motivation au travail dans la fonction publique. De par les statistiques descriptives qui sont reprises dans le tableau n°2, il s'observe déjà que les femmes sont minoritaires dans la fonction publique congolaise. Cela développe en elles un sentiment de compétition et veulent à tout prix se faire remarquer et par conséquent elles donnent le meilleur d'elles-mêmes. Ce résultat entre en contradiction avec celui de Parola et al. (2019) et celle de Chekib (2016) prouvant un niveau de motivation plus élevé chez les hommes que chez les femmes.

Les fonctionnaires ayant un niveau d'éducation universitaire possèdent un niveau de motivation au travail plus élevé par rapport à ceux ayant un niveau primaire. L'accroissement du niveau d'éducation du fonctionnaire entraine une augmentation du niveau de motivation au travail. Cependant dans le contexte du Sud Kivu, on constate que les fonctionnaires ayant un niveau d'éducation post universitaire ne sont pas suffisamment motiver d'exercer leur tâche dans la fonction publique étant donné que la valorisation de leur grade au sein des institutions publiques n'est pas encore prise en considération. En effet, comme démontré dans la théorie, le capital humain, par sa dimension éducation, procure à l'individu plusieurs atouts dans l'exécution de ses tâches. Sur ce, l'individu éprouve moins des difficultés à faire son travail et, par conséquent il développe une attitude motivée le poussant à donner le meilleur de lui-même. Ce résultat se trouve appuyé par différentes études (Mihigo et al., 2017) et (Zedini et al., 2016) qui prouvent également une relation positive entre ces deux variables.

Il s'avère que le mode d'obtention d'emploi est également une variable très capitale dont l'effet est positif sur la motivation au travail des fonctionnaires de la DGI. En effet, les résultats montrent que les fonctionnaires ayant passé un test pour intégrer le service public sont plus motivés que ceux qui ont été recommandés. Cela peut être justifié par le fait que lorsqu'un fonctionnaire a été recruté par le truchement d'un test, il se sent plus fier de son travail et réalise que le travail est une compétition. Il se trouve, dès lors, obligé d rendre un travail de qualité. En outre, les conditions de travail (air, lumière, etc.) influencent de façon significative la motivation des fonctionnaires publics. Ceci est justifié par le fait que toute personne humaine atteint la concentration maximale lorsque les conditions en termes d'air, de température et de lumière sont réunies conduisant le travailler à développer un comportement motivé.

En outre, il est à remarquer que recevoir un salaire supérieur à 100 dollars influence positivement la motivation au travail. Cependant, l'effet devient significatif (seuil de 5%) uniquement lorsque le salaire varie entre 500 et

1000 dollars américains. Ce résultat confirme ceux antérieurement trouvés par Zou, et JIA (2022) qui ont montré que l'importance capitale du salaire dans le processus de motivation des travailleurs. Notre résultat est aussi renforcé par les conclusions de Perry (1996). Bien que descriptive, l'étude de de Boisvert et al. (2008) a mis en évidence le fait que la médiocrité de salaire des agents de l'Etat congolais soit la cause de leur démotivation au travail. . A Bukavu, il a été aussi démontrer que la non-motivation du salaire perçue par les agents soit dans la fonction publique et privée les pousser à migrer massivement vers le secteur informelle (Mihigo et al., 2017).

En plus de cela, on remarque que le fait de ne pas participer aux réunions de services a un effet négatif sur la motivation au travail des fonctionnaires de l'Etat. En effet, cela peut être expliqué par le fait qu'ils le considèrent comme étant une faible considération de la part de leurs supérieurs. Mais également ils considèrent qu'ils ne participent pas au processus de prise de décisions au niveau de l'entreprise. Et cela ne les incite pas à donner le meilleur d'eux-mêmes.

5. Conclusion

Ce papier a permis de mettre en évidence les principaux facteurs qui influencent significativement la motivation au travail des fonctionnaires de la DGI dans la ville de Bukavu en province du Sud-Kivu.

A base des données primaires recueillies auprès de 131 agents de la DGI (DP/Sud-Kivu), les résultats permettent d'identifier les facteurs : l'absence de promotion ainsi que la non-participation aux réunions influencent négativement la motivation au travail alors que le sexe, les conditions de travail, le niveau de salaire, le mode d'obtention d'emploi ainsi que les formations professionnelles ont un effet positif sur le niveau de motivation au travail

En outre, les résultats de cette étude produisent des renseignements majeurs suivants. Premièrement, l'estimation prouve une relation positive et significative entre le salaire et le niveau de motivation des fonctionnaires publics. L'effet devient très important lorsque le salaire (équivalant en CDF) varie entre 500 et à 1.000 dollars américains. A cet égard, l'Etat congolais devrait mettre en place un système de rémunération de son personnel qui soit satisfaisant et qui tient compte du caractère volatile du taux de change qui ne cesse de grimper depuis un temps.

Deuxièmement, l'Etat congolais devrait fournir d'efforts pour recruter un personnel ayant une qualification d'étude supérieure (universitaire) et de préférence, un personnel jeune, pour espérer recevoir de lui un travail témoignant d'un niveau de motivation élevé. En effet, l'Etat devrait mettre en place une politique de promotion de l'enseignement supérieur afin de permettre à la majeure partie de la population de suivre cette formation et augmenter sa probabilité de recruter des agents qui seront plus motivés.

En troisième lieu, l'intégration dans le service public par test augmente le niveau de motivation du personnel dans les institutions publiques. Par conséquent, l'Etat doit instaurer un système de recrutement plus objectif et plus compétitif afin de recruter non seulement les meilleurs mais également les personnes dont la motivation sera plus élevée. De ce fait, la technique de recommandation est à bannir au sien des institutions de l'Etat.

Ce travail présente une limite majeure : il est difficile de généraliser les résultats à toutes les entreprises publiques de la RDC. En fait, ce travail est basé uniquement sur les données de le Division provinciale du Sud-Kivu. Les recherches futures peuvent permettre d'élargir le champs d'application d'une telle étude de manière à permettre la généralisation des résultats sur toute l'étendue de la RDC afin d'orienter, de manière globale, les politiques de gestion des ressources humaines dans les entreprises publiques du pays.

Bibliographie

Adams, J. (1963, November). to uward an undesting of inequity. *Journal of Abnormal and Social Psychology, 63*, 422-436.

Alderfer. (1969). An Empirical Test of a New Theory of Human Needs. *Organizational Behavior and Human Performance*, 142-175. Récupéré sur https://doi.org/10.1016/0030-5073(69)90004-X.

Boisvert, J., Paradis, J., & Saint-Jean-Sur-Richelieu, C. (2008). Les déterminants et indicateurs de la motivation : convergences et divergences chez les garçons et les filles en Sciences humaines au collégial. *Article de Vulgarisation*. http://www.cdc.qc.ca/parea/786966_boisvert_motivation_st_jean_sur_richelieu_article_PAREA_2008.pdf

Campbell, M. M. (2007). Motivational Systems Theory and The Academic Performance Of College Students. *Journal of College Teaching & Learning (TLC)*, *4*(7). https://doi.org/10.19030/tlc.v4i7.1561.

Charles-Pauvers, B., Commeiras, N., Peyrat-guillard, D., & Roussel, P. (2006). Les déterminants psychologiques de la performance au travail : un bilan des connaissances et proposition de voies de recherche. *Notes Du LIRHE, November 2015*, 56.

Carricano, & Poujol. (2008). Analyse des données avec SPSS », x. *Collection Synthex,*.

De Montpellier, G. (1971). Le Behaviorisme de B. F. Skinner. *Revue Philosophique de Louvain*, *69*(4), 580–587. https://doi.org/10.3406/phlou.1971.5638.

Erero, J. L., Pambudi, D. D., Bonga, L., Erero, J. L., Pambudi, D. D., & Bonga, L. B. (2013). *Wage Subsidy in the DRC : A CGE Analysis Wage Subsidy in the DRC : A CGE Analysis. September*.

Hertzberg. (1978). Le travail et la nature de l'Homme. *L'Entreprise et les Hommes,, 1*, 213.

Ki, N. (2021). Public service motivation and government officials' willingness to learn in public sector benchmarking process. *Public Management Review*, *23*(4), 610–632. https://doi.org/10.1080/14719037.2019.1708437.

Kirkpatick, S. A., & Locke, E. A. (1991). Leadership: do traits matter? *Academy of Management Perspectives*, *5*(2), 48–60. https://doi.org/10.5465/ame.1991.4274679.

Kjeldsen, A. M., & Hansen, J. R. (2018). Sector Differences in the Public Service Motivation–Job Satisfaction Relationship: Exploring the Role of Organizational Characteristics. *Review of Public Personnel Administration*, *38*(1), 24–48. https://doi.org/10.1177/0734371X16631605

Leplat, J. (1996). *introduction a la Psychologie du travail.* Presse University of France.

Logossah. (2005). Ethique sociale et trappe à sous-développement: le cas de l'Afrique sub-saharienne. *Les cahiers du GREGED*, 55.

Louart, P. (2002). Maslow, Herzberg et les théories du contenu motivationnel. *Centre Lillois d'Analyse et de Recherche Sur l'Evolution Des Entreprises*, 1–18.

Maniraguha, F. (2020). Does Formalization of Informal Enterprises Matter? Evidence from Rwanda. *Randwick International of Social Science Journal*, *1*(3), 419–432. https://doi.org/10.47175/rissj.v1i3.96

Maugeri. (2008). Les théories de la motivation au travail : histoire et actualités », Laboratoire d'Economie d'Orléans. *Orlean Economics Laboratory, working paper, University of Orleans.* (1151), 257-300.

Merwe, Y. V. (2019). Impact of employees' perceived fairness of performance assessments on public service motivation. *School of economy and business: Slovania, 16*(2), 405-429. doi:https://doi.org/10.35683/jcm18074.411.

Mihigo, I. M., Dady, C. M., Ibale, D. A., & Elie, L. (2017). L ' entrepreneuriat Dans Le Secteur [In] Formel Au Sud-Kivu , en R . D . Congo. *Revue de l'Entrepreneuriat et de l'Innovation, 3*(9), 1–12.

Maslow. (1943). Theory of human motivation. *Psychological Review, York University, Toronto, Ontario*, 370-396.

Nawaz, N., & Yasin, H. (2015a). Determinants of motivation in teachers: A study of private secondary schools chain networks in Bahawalpur. *Journal of Education and Practice*, *6*(4), 55–60.

Nawaz, N., & Yasin, H. (2015b). Determinants of motivation in teachers: A study of private secondary schools chain networks in Bahawalpur. *Journal of Education and Practice*, *6*(4), 55–60.

Ottmann, J.-Y. (2015). *Bien-être et mal-être au travail dans les métiers scientifiques : le cas du CEA*.

Palazzo, H. ; Orfila, S. (2021). *Étude comparative de la motivation des milléniaux au sein d ' environnements de travail fun et classiques*.

Parola, H. R., Harari, M. B., Herst, D. E. L., & Prysmakova, P. (2019). Demographic determinants of public service motivation: a meta-analysis of PSM-age and -gender relationships. *Public Management Review*, *21*(10), 1397–1419. https://doi.org/10.1080/14719037.2018.1550108.

Perry, J. L. (1996). Measuring public service motivation: An assessment of construct reliability and validity. *Journal of Public Administration Research and Theory*, *6*(1), 5–22. https://doi.org/10.1093/oxfordjournals.jpart.a024303.

Poldma, T. (2017). Hierarchy of Needs (Maslow). In *The Bloomsbury Encyclopedia of Design* (pp. 150–150). Bloomsbury Publishing Plc. https://doi.org/10.5040/9781472596161-bed-h038

Roussel. (2000). *La motivation au travail : concept et théories. Toulouse, France : Université des sciences sociales de Toulouse.* France: LIRHE, Université des sciences sociales de Toulouse. doi:https://doi.org/10.1037/0033-295X.110.1.145

Saoussany, A., & Asbayou, M. (n.d.). *Revue du Contrôle de la Comptabilité et de l'Audit la performance individuelle au travail : ses determinants et sa mesure. individual job performance : its determinants and its measurement*.

Shafiq, M. M., & Naseem, M. A. (2012a). Association between Reward and Employee Motivation: A Case Study Banking Sector of Pakistan. *SSRN Electronic Journal*. https://doi.org/10.2139/ssrn.1857663

Van der Merwe, Y., & Botha, P. A. (2019). Impact of employees' perceived fairness of performance assessments on public service motivation. *Journal of Contemporary Management*, *16*(2), 405–429. https://doi.org/10.35683/jcm18074.41.

Vandenabeele, W., & Van de Walle, S. (2008). International differences in public service motivation: Comparing regions across the world. In J. L. Perry & A. Hondeghem (Eds.), *Motivation in public management: The call of public service* (pp. 223–244). Oxford University Press.

Viau, R. (2012). Vallerand, R. J. et Thill, E. E. (1993). Introduction à la psychologie de la motivation. Laval : Éditions Études Vivantes. *Revue Des Sciences de l'éducation*, *20*(2), 411. https://doi.org/10.7202/031733ar.

Vogel, R. M., & Mitchell, M. S. (2017). The Motivational Effects of Diminished Self-Esteem for Employees Who Experience Abusive Supervision. *Journal of Management*, *43*(7), 2218–2251. https://doi.org/10.1177/0149206314566462

Vroom. (1964). *Work and Motivation.* United States of America.

Wilkinson, A., Bacon, N., Redman, T., & Snell, S. (2010). The SAGE handbook of human resource management. In *The SAGE Handbook of Human Resource Management*. https://doi.org/10.4135/9780857021496.

Zedini, C., Ben Cheikh, A., Limam, M., Henrichi, Y., Mellouli, M., El Ghardallou, M., Mtiraoui, A., & Ajmi, T. (2016). Les facteurs de motivation au travail chez les cadres paramédicaux dans un hôpital tunisien. *Santé Publique*, *Vol. 28*(5), 613–622. https://doi.org/10.3917/spub.165.0613.

Zou, J. S. G., & JIA, S. (2022). Risque d'entreprise et part du travail: théorie et faits observés dans l'industrie en Chine. *Revue internationale du Travail, 159*(2), 3-25.

ANNEXES : Résultats de l'Analyse Factorielle Exploratoire

Indice KMO et test de Bartlett

Mesure de précision de l'échantillonnage de Kaiser-Meyer-Olkin.		,656
Test de sphéricité de Bartlett	Khi-deux approximé	663,068
	Ddl	190
	Signification de Bartlett	,000

Matrice des composantes après rotation[a]

	Composante							
	1	2	3	4	5	6	7	8
AT1	,844	,102	,078	-,091	,161	-,005	,102	,058
AT2	,757	-,017	,258	,315	-,020	-,099	,100	,089
AT5	,256	-,102	-,005	,793	,076	,092	-,002	,138
AT6	,182	-,121	,071	,184	,149	,120	-,054	,785
AT7	,725	,207	-,066	-,010	,179	,207	-,098	,059
ENG2	-,167	,143	,569	,282	,157	-,119	,089	,318
ENG3	-,143	,096	,287	,802	-,065	,101	,035	,018
ENG4	-,036	,144	-,017	,250	,069	,820	-,055	-,001
ENG5	,098	,038	,045	-,014	,381	,420	,553	-,167
DC1	,135	,008	,085	-,041	,775	,108	-,051	,185
DC4	,143	,145	,151	-,078	-,026	,636	,161	,355
DC5	-,010	,015	,226	-,047	,067	-,124	,783	,115
DC7	,162	,215	,035	,090	,706	-,058	,275	-,086
CO2	,163	,206	,749	,099	-,003	-,008	-,020	-,034
CO3	,123	-,052	,768	,059	,069	,181	,053	,000
CO7	,076	,105	-,404	,147	-,037	,175	,611	-,048
SP3	,145	,765	,163	,109	,189	-,011	,073	-,122
SP5	,007	,598	,084	-,037	,440	,011	-,097	,382
SP6	,005	,585	-,070	-,025	-,123	,124	,247	,525
SP7	,125	,755	,049	-,076	-,007	,255	,010	-,081

Méthode d'extraction : Analyse en composantes principales.
Méthode de rotation : Varimax avec normalisation de Kaiser.
a. La rotation a convergé en 8 itérations.

Variance totaleexpliquée

Composante	Valeurspropresinitiales			Extraction Sommes des carrés des facteurs retenus			Somme des carrés des facteurs retenus pour la rotation		
	Total	% de la variance	% cumulés	Total	% de la variance	% cumulés	Total	% de la variance	% cumulés
1	3,942	19,712	19,712	3,942	19,712	19,712	2,119	10,597	10,597
2	2,038	10,190	29,902	2,038	10,190	29,902	2,110	10,549	21,145
3	1,711	8,553	38,456	1,711	8,553	38,456	1,927	9,637	30,782
4	1,531	7,657	46,112	1,531	7,657	46,112	1,627	8,137	38,918
5	1,397	6,986	53,098	1,397	6,986	53,098	1,620	8,102	47,021
6	1,195	5,977	59,075	1,195	5,977	59,075	1,528	7,639	54,660
7	1,042	5,209	64,284	1,042	5,209	64,284	1,519	7,596	62,256
8	1,002	5,012	69,295	1,002	5,012	69,295	1,408	7,040	69,295
9	,809	4,044	73,340						
10	,775	3,873	77,213						
11	,718	3,590	80,802						
12	,645	3,227	84,029						
13	,602	3,009	87,038						
14	,490	2,449	89,486						
15	,465	2,323	91,809						
16	,441	2,205	94,014						
17	,360	1,798	95,812						
18	,338	1,692	97,505						
19	,262	1,309	98,814						
20	,237	1,186	100,000						

Méthode d'extraction : Analyse en composantes principales.

Statistiques de fiabilité

Alpha de Cronbach	Nombre d'éléments
,756	20

Vérification empirique de la théorie du refus de croitre dans les PME familiales à Bukavu

Joséphine Matabaro Cirezi[4]

Résumé

Ce papier a pour objectif de vérifier si la théorie du refus de croitre concernant les Petites et Moyennes Entreprises (PME) se vérifie aussi pour les entreprises familiales, l'une des formes des PME. Cette recherche procède par la méthode qualitative et se base sur les récits de vie de quatre dirigeants qui étaient sélectionnés par jugement. Les résultats informent que le refus de croitre ne se vérifie pas dans les entreprises familiales. En plus du souci de survivre en termes de générations, la concurrence du secteur informel ne permet pas aux dirigeants d'entreprises familiales de réfuter la croissance. Au contraire, ces résultats impliquent que la croissance est perçue comme une garantie de survie sur le marché. La limite de cette affirmation est qu'il y a nécessité de la vérifier quantitativement pour qu'elle soit généralisée.

Abstract

This paper aims to verify whether the theory of refusal to grow concerning Small and Medium-sized Enterprises (SMEs) is also verified for family businesses, one of the forms of SMEs. This research uses the qualitative method through the life stories of four managers who were selected on the basis of judgement. The results show that the refusal to grow does not apply to family businesses. In addition to the concern to survive in generational terms, competition from the informal sector does not allow family business managers to reject growth. On the contrary, these results imply that growth is perceived as a guarantee of survival in the market. The limitation of this assertion is that it needs to be verified quantitatively before it can be generalised.

Mots clés : Entreprise familiale, croissance de l'entreprise, refus de croitre, survie des générations

---

[4] Enseignante à la Faculté des sciences économiques et de gestion de l'Université Catholique de Bukavu et doctorante en Gestion et Innovation à l'Université Catholique du Sacré-Cœur de Milan (Italie)

1. Introduction

Les entreprises familiales ont suscité un regain d'intérêt significatif ces dernières années tant dans la littérature anglo-saxonne que francophone. Cet attrait s'explique par l'importance prise par cette catégorie d'entreprises dans le développement économique des nations industrialisées (Poulain-Rehm, 2006 : 2).

L'une des particularités d'entreprises familiales se retrouve dans la capacité de leurs dirigeants à penser à l'avenir de l'entreprise en termes de génération dès la création plutôt qu'en terme d'années ou de mois (Price Waterhouse Coopers, 2017). Cette vision à long terme leur impose alors de faire face au défi quotidien de l'établissement d'un plan stratégique qui relie la situation présente de l'entreprise à sa vision à long terme pour s'adapter au jour le jour.

La littérature renseigne que peu d'entreprises familiales relèvent ce défi de passer d'une génération à une autre malgré l'objectif de survivre en termes de génération[5] . En effet, Lank (1992) a constaté dans son étude que seulement 25% d'entreprises créées à une génération donnée passent à la seconde génération et 15 % ira jusqu'à la troisième génération en appartenant toujours à la famille du fondateur. L'on comprend que la majorité d'entreprises familiales créées meurt avant d'atteindre le premier palier visé de survie (25 ans).

Ce taux de faillite particulièrement élevé pour les entreprises familiales serait la raison qui expliquerait pourquoi la littérature sur ces entreprises se focalise plus sur leur succession (Barach et Gantisky, 1995), leur management (Beckhard et Dyer, 1983), leur pérennité (Fattoum et Fayolle, 2009), etc. sans trop insister sur le choix du refus de croitre. Or pour croitre, il faut se rassurer que la situation financière, que la compétitivité du marché et que la conjoncture économique sont favorables. Par ailleurs, Jones (2009) renchérit en indiquant que les capacités internes de l'entreprise, notamment la productivité, ainsi que les opportunités liées à l'environnement, influencent fortement la croissance des PME.

Au-delà de ces facteurs réunis, il faudrait que le dirigeant de l'entreprise veuille bien laisser l'entreprise croitre au point de ne plus être à même de tout contrôler. Dans le cas contraire Bertrand et al. (2010) parlent de la théorie du refus de croitre dont la justification principale donnée est la peur de perdre le contrôle. Il s'agit de la situation où un dirigeant impose un refus volontaire de croitre afin de garder une mainmise sur la gestion de

[5] https://www.strategie-aims.com/events/conferences/4-xxeme-conference-de-l-aims/communications/1253-transmission-priorites-du-dirigeant-et-developpement-de-lentreprise-familiale-en-hypogroupe/download (consulté le 07 juillet 2019)

l'entreprise. Pourtant parmi les nombreux avantages de la croissance des PME familiales nous ne citons que le gain issu des économies d'échelles et l'assurance d'une longue survie sur le marché[6]; quoiqu'il y ait aussi suffisamment d'inconvénients notamment l'intrusion des tiers dans la propriété et/ou la gestion de l'entreprise ainsi que des coûts d'investissements plus importants (El Azizi et al., 2014).

Plus particulièrement en République Démocratique du Congo, d'après Lwango (2009), la solidarité familiale et l'implication des membres d'une famille participent à la création d'un capital social qui favorise la croissance et même la succession ; mais curieusement la solidarité envers les enfants ne favorise pas la création d'un capital social car étant plutôt une source de conflit. L'on comprend donc qu'à Bukavu, qui se dit membre de famille, se doit d'être présent aux événements de la famille pour marquer sa solidarité. Cependant élargir cette solidarité sur les enfants des autres membres de la famille comporte en soi le risque de mésententes dans la famille. L'objectif de cette recherche de Lwango (2009) était donc d'explorer l'avantage concurrentiel découlant des spécificités familiales de l'entreprise afin de cerner les problèmes cruciaux de la croissance et de la succession au sein des entreprises familiales à Bukavu. Cet objectif s'apparente à celui de cette étude.

Notre objectif est donc de débattre sur la théorie du refus de croitre et de vérifier son application ou non dans les entreprises familiales. C'est cette vérification qui constitue la contribution de cette étude dans la littérature sur la gestion, en se focalisant sur les interprétations des données plutôt que leur démonstration.

Sachant d'une part que peu d'entreprises familiales franchissent le cap d'une décennie encore moins celui d'une génération (Missonier et Gundolf, 2017) alors que leur objectif primordial est de survivre en termes de génération (Blondel, 2012) ; sachant d'autre part que les dirigeants ont la capacité de réfuter la croissance pour garder plus de contrôle (Bertrand et al., 2010), l'éveil d'une curiosité certaine est stimulé.

C'est cette curiosité qui nous aide à formuler la question de cette recherche : *Face au défi de de survivre en termes de générations, le refus de croitre est-il un choix de gestion pour les dirigeants des PME familiales de Bukavu* ?

En guise de réponse anticipée, nous pensons que le refus de croitre n'est pas un choix de gestion pour les dirigeants des PME familiales de Bukavu. Pour vérifier cette hypothèse, c'est la démarche qualitative qui est retenue du

---

[6] https://www.l-expert-comptable.com/a/532402-la-croissance-organique-ou-croissance-interne-definition-et-specificites.html (consulté le 20 juin 2020)

point de vue méthodologique. En effet, à travers des récits de vie nous avons collecté des données que nous avons interprété.

Les voies méthodologiques auxquelles les prédécesseurs ont recouru ainsi que les résultats obtenus sont décrits dans ce papier pour bien justifier le choix de cette démarche qualitative. Cette dernière a permis d'échanger longuement avec des dirigeants des entreprises familiales de Bukavu, sélectionnés par « jugement ». L'échantillonnage par jugement, une des méthodes non aléatoires, permet au sondeur de faire appel à son propre jugement ou à celui d'une autre personne compétente pour identifier les personnes les plus habilitées à inclure dans l'échantillon. L'avantage de cet échantillonnage est qu'il est très pratique. C'est une voie directe pour s'entretenir longuement avec les enquêtés détenant les données les plus pertinentes dont on a besoin. La saturation sémantique a conforté l'option de se limiter à quatre dirigeants.

Ce papier est subdivisé en trois parties, hormis l'introduction et la conclusion : la revue de la littérature, la méthodologie et la discussion des résultats.

2. Revue de la littérature

La revue de la littérature que nous présentons dans ce point commence par le débat relatif à la théorie du refus de croitre. Dans ce débat, nous relevons en même temps les résultats empiriques auxquels les autres auteurs ont aboutis. Elle se poursuit et finit par la présentation de notre compréhension du concept « Petites et moyennes entreprises familiales ».

2.1. Théorie du refus de croitre

Au départ l'on sait que la croissance constitue un enjeu majeur au sein des entreprises et par ricochet dans l'économie de plusieurs pays. A titre d'exemple la France a repositionné les dispositifs d'aide aux entreprises du champ de la création d'entreprise vers celui de la croissance des entreprises (Hayat, 2012).

En effet, Janssen (2016) constate que traditionnellement, la théorie économique postulait que toutes les entreprises devaient grandir jusqu'à leur taille optimale, sous peine de disparaître. La croissance étant considérée comme « naturelle », la compréhension des entreprises à forte croissance n'était pas jugée intéressante. Elle va le devenir lorsque l'on constatera que la majorité d'emplois sont créés par une minorité d'entreprises, appelées « gazelles » à cause de leur rythme de croissance très élevé. Ce constat a conduit à des interrogations quant aux mécanismes qui permettent aux autres entreprises de ne pas croître et, pourtant, de ne pas disparaître pour autant, ainsi que des interrogations quant aux raisons qui poussent les entrepreneurs à rechercher la croissance ou, au contraire, le statu quo.

Par contre, Penrose (1959) stipule que la croissance est encore une énigme avec l'effet de la destruction créatrice dans l'économie qui s'explique, entre autres, par cette création d'emplois et des ressources qu' elle requiert et qui servent par la suite aux autres entreprises. Marchesnay (1993), de sa part, distingue d'une part les entreprises qui accordent une grande importance à la croissance au même prix de l'autonomie et de la pérennité et d'autre part les entreprises qui préfèrent la pérennité et l'indépendance à cette croissance. Il est donc important d'en comprendre les causes et les conditions et d'en voir les limites. C'est là l'objectif de Janssen (2016) de poser la question dans toutes ses dimensions et d'en démontrer l'utilité.

En effet, à partir de ces quelques précédentes, l'on peut remarquer que la littérature sur les déterminants de la croissance des PME est abondante. Dans la littérature sur la croissance des PME, les principaux facteurs étudiés concernent les caractéristiques de l'industrie, les caractéristiques de l'entreprise et les caractéristiques de la stratégie et de l'entrepreneur (Gueguen et al., 2015). Dans leurs travaux, ces auteurs se sont focalisés sur les déterminants de la croissance en recourant à la méthode quantitative. Ils ont extrait un échantillon de 2.350 PME à plusieurs secteurs d'activités confondues et ayant survécu entre trois et cinq ans. Les résultats de leur recherche ont démontré que les caractéristiques initiales du dirigeant lors de la création influencent la croissance de manière significative au fil du temps sur celle-ci.

Thévenard-Puthod et Picard (2015) ont mené une étude sur la diversité des stratégies de croissance de l'entreprise artisanale selon le profil du dirigeant des très petites entreprises (artisanales ou non). Comme méthodologie ces chercheurs ont opté pour une intéressante étude empirique fondée sur l'étude de 11 cas d'entreprises artisanales dont les stratégies ont été analysées sur une période de quatre ans, de 2007 à 2010. Comme résultat, leur travail a fait ressortir une diversité des stratégies de croissance souvent considérées comme étant réservées aux entreprises de taille plus importante et pourtant observées aussi dans les entreprises artisanales. Entre autre stratégies adoptée, les entreprises artisanales fusionnent aussi avec d'autres entreprises pour s'agrandir, ou encore elles optent pour la diversification de leur produit. Comme le choix de la stratégie dépend étroitement du profil du dirigent de l'entreprise artisanale, la nécessité que cette analyse soit empirique s'était alors avérée.

En effet, Bérard et al. (2015) ont montré le paradoxe qui existe entre la durabilité et la forte croissance dans les PME. L'objectif de l'étude était de savoir comment des PME engagées en faveur du développement durable parviennent à concilier cet objectif avec une forte croissance. Pour réaliser cet objectif, la méthodologie qualitative a été adoptée à travers l'étude d'un cas unique sur une PME pionnière du bio qui a contribué au développement de la filière bio en France et à l'étranger et ayant connu un taux de croissance de plus de 25% par an pendant des longues années . Ce succès a engendré des tensions à cause de son étiquette lié au développement. Comme résultat principal de l'étude, les auteurs ont décelé que parmi les clés stratégiques , cette entreprise a créé un réseau social pour apaiser les tensions.

Dans ce débat sur le refus de croitre, prendre la décision de se financer sur le marché des capitaux ou rechercher d'autres investissements privés parait être un processus complexe qui impacte fortement les actionnaires de l'entreprise, nécessitant une communication particulièrement claire au sein de la famille. En fait, les entreprises familiales devraient aussi se poser la question sur leur capacité à libérer davantage de capitaux pour leurs investissements futurs via l'optimisation de leurs besoins en fonds de roulement. En outre, elles doivent veiller à ce que leur source de financement soit fiable au-delà des changements de conjoncture, qu'ils soient internes ou proviennent du marché (Price Waterhouse Coopers,2017).

Par ailleurs, certaines entreprises ne ressentent même pas ce besoin de financer leur croissance non pas parce qu'elles sont bien fournies pour le faire, mais plutôt parce qu'elles ne souhaitent tout simplement pas voir leur entreprises grandir. Elles refusent catégoriquement de croitre. C'est ce que Bertrand et al. (2010) a appelé le *syndrome de Peter*. Cet auteur a établi un pont entre le refus de l'agrandissement des entreprises par les fondateurs des PME et les patrons des PME atteints par le syndrome de Peter Pan. Ce dernier est un héros des dessins animés, qui avait une peur bleu de devenir adulte au point de bloquer volontairement son âge de croissance. A l'instar de Peter Pan, ce refus d'agrandir l'entreprise par le fondateur est dû à la peur d'en perdre le contrôle.

1.2 Les entreprises familiales

A ce stade, il nous parait important de présenter notre entendement de la notion d'entreprise familiale étant donné qu'il existe une multitude de définitions à ce sujet. Nous n'allons en brosser que quelques-unes en allant des plus anciennes vers les plus récentes.

Commençons par Barnes et Hershon (1976) qui soulignent qu'une entreprise est familiale si le contrôle de la propriété est entre les mains des membres d'une même famille. Six ans plus tard, Alcorn (1982) ajouta à cette définition la possibilité de la présence des tiers dans le contrôle de la propriété de l'entreprise familiale mais, ceci, à condition que la famille détienne, et la direction du patrimoine, et la majorité d'actions. Landsberg et al. (1988), étaient resté dans le même angle de vue qu'Alcorn (1982) en attirant l'attention sur l'aspect légal du contrôle de la propriété par les membres de la famille.

Nombreux chercheurs ne distinguent pas une entreprise familiale d'une PME ou d'une entreprise patrimoniale parce qu'effectivement beaucoup d'entreprises familiales sont des PME. En effet, pour Charreaux (1991), l'entreprise familiale et l'entreprise patrimoniale se ressemblent par la détention majoritaire du capital par leurs dirigeants, mais ces derniers sont nécessairement unis par le lien de parenté et sont le plus souvent descendants du fondateur dans le cas d'une entreprise familiale. Le critère du contrôle du capital par les membres de la famille est donc *sine qua none* (Poulain-Rehm, 2006) pour la longévité des entreprises familiales.

Ainsi, la littérature informe que la longévité, la vision à long terme et la stabilité apparaissent comme les trois caractéristiques traditionnelles mises en avant quand on parle d'entreprises familiales. Bien que la stabilité soit confondue à tort avec la stagnation, un examen plus attentif révèle que ces deux notions n'ont rien en commun. Au contraire, la croissance arrive tout en haut des priorités d'entreprises familiales (Bernard, 2016). A ce titre, l'on est amené à croire que le facteur clé de la réussite durable des entreprises familiales reposerait sur deux caractéristiques qui sont l'attitude à raisonner en termes de sécurité et la tolérance modérée au risque. Ces attitudes sont challengées au quotidien par le fait qu'une croissance suffisante est nécessaire à l'entreprise pour réussir à rester concurrentielle.

En plus, la hiérarchisation des objectifs apparait aussi comme un déterminant de la réussite. En effet, en mettant en priorité les objectifs de l'amélioration de la rentabilité et l'augmentation du chiffre d'affaires face à l'objectif de la croissance dans l'exercice à venir (Baromètre Européen des entreprises familiales, 2016), ce facteur permettrait à l'entreprise familiale à s'adapeter regulièrement à novelles attentes des clients et aux chocs issus de la concurrence.

Pour assurer une bonne croissance dans les entreprises familiales, il est donc conseillé de séparer l'entreprise de la famille. Et c'est la bonne gouvernance qui sert à séparer la gouvernance de l'entreprise de la gouvernance de la famille tout en permettant aux deux groupes de réaliser leur objectif commun qui est celui de préserver et d'accroitre le patrimoine familial grâce aux planifications parallèles (Carlock, 2010). Malgré cette séparation, il est clair que la famille entrepreneuriale doit rester telle qu'elle est à tout prix et ne pas considérer l'entreprise comme un simple actif financier car si cela devient le cas, la famille s'inscrit alors dans une perspective d'investissement et non d'entrepreneuriat (Bernard , 2016).

Eu égard à ce qui précède, pour le cas de la RDC, il n'y a pas de définition d'entreprise familiale dans la loi congolaise. Pour notre étude, nous nous sommes appuyé sur les travauw de Lwango (2009). Nous considérons par conséquent qu'une entreprise peut être considérée comme « familiale » lorsqu'une coalition composée des membres d'une famille détiennent une majorité de la propriété et sont activement impliqués dans le contrôle de l'entreprise pour les décisions stratégiques ou tactiques de l'entreprise (Lwango, 2009). Cette compréhension insiste sur la détention du pouvoir par les membres de la famille, pouvoir qui doit être proportionnel au degré de participation de la famille dans le management de l'entreprise dans le temps.

2. Approche méthodologique

Dans la littérature à laquelle nous venons de faire allusion, nombreux chercheurs (Shepherd et Wiklund, 2009 ; Tarillon, et al., 2015 ; …) ont fait recourt à l'approche qualitative à partir des études des cas. Dans ce papier, nous recourons aussi à l'approche qualitative et nous nous basons sur quatre cas d'étude à partir des récits de vie.

Issue du champ de la sociologie, cette méthode est principalement utilisée en ethnologie et surtout en sociologie. Parmi les méthodologies de recherche utilisées en sciences de gestion, il nous semble possible de sortir des sentiers battus et de faire des choix qui soient à la fois «innovants » et très utiles en termes de résultats et de perspectives d'action. Cette méthode nous a permis de répondre de façon adéquate à des exigences scientifiques de rigueur et d'approfondissement de la connaissance (Sanseau, 2005). Notre démarche a donc été uniquement qualitative et a visé à faire accoucher les dirigeants la vérité sur ce qu'ils pensent de la possibilité du refus de croitre.

2.1. La population cible, échantillonnage et enquêtes

Comme notre travail porte sur la croissance des PME familiales à Bukavu, donc la population cible est formée uniquement des entreprises familiales ayant plus de 5 ans d'ancienneté qui se retrouvent dans le secteur formel sur le marché de Bukavu.

Notre choix est doublement justifié : d'abord dans le contexte de Bukavu, d'après les données de notre pré-enquête[7], il se trouve que les entreprises les plus anciennes appartiennent pour la majorité à la catégorie des entreprises familiales. Ensuite ce sont encore ces entreprises familiales qui sont pour la plupart dans la phase de croissance. A Bukavu les entreprises familiales sont

[7] Nous avons réalisé une pré-enquête en Juin 2019 afin dans l'objectif de réaliser une analyse exploratoire sur les PME familiales dans la ville de Bukavu. Les résultats de cette pré-enquête sont repris parmi les résultats des recherches que nous avions menées dans le cadre de nos études de master complémentaires en Gestion à l'Université Catholique de Bukavu. Pour plus d'informations, lire notre mémoire (Matabaro Cirhezi, 2020).

de plus en plus nombreuses fort heureusement et cela laisse le choix des dirigeants à interviewer. D'où le besoin d'échantillonnage.

Dans cette recherche qualitative on a procédé par des récits auprès de quatre dirigeants des entreprises familiales qui ont été interviewés en Septembre 2019. Pour sélectionner ces 4 dirigeants, « l'échantillonnage par jugement » a été la méthode non aléatoire choisie car elle permet au chercheur de faire appel à son propre jugement. C'est effectivement par notre propre jugement que nous avons choisi le premier dirigeant à interviewer. En cas de besoin, l'échantillonnage par jugement laisse le choix au chercheur de recourir à une autre personne compétente pour identifier les personnes à inclure dans l'échantillon. Et c'est cette dernière possibilité qui nous a poussé à demander au premier interviewé de nous indiquer quelques dirigeants des entreprises familiales qu'il connait. Parmi les dirigeants qu'il nous a communiqués, nous en avons choisi le deuxième dirigeant à enquêté en tenant compte des éléments d'informations que ledit enquêté nous communiquait. Cette procédure s'est reproduite jusqu'à atteindre le quatrième dirigeants.

L'avantage de cet échantillonnage est qu'il est une voie directe pour s'entretenir longuement avec les enquêtés détenant les données les plus pertinentes dont on a besoin. La saturation sémantique a permis et a conforté le fait de s'arrêter à ces 4 entreprises. Sur base des données déjà récoltées, l'on a supposé que la chance de récolter des données supplémentaires au près d'une 5ème entreprise était amoindrie.

Nous n'avons donc pas recherché une représentativité au sens statistique du terme mais nous avons choisi des critères qui traduisent la diversité des cas possibles face au problème étudié comme le préconisent Y. Evrard et al.(1993).

Comme l'affirme (SANSEAU, 2005), l'entretien de recherche qui mène à des récits de vie se prépare à l'instar de tout entretien. La préparation de nos entretiens se faite autour de deux axes. Le premier a consisté à tenir en permanence un cahier de terrain où nous notons nos démarches, nos rencontres, nos observations et surtout nos réflexions (Bertaux,1997). Ce cahier s'est enrichi tout au long de notre recherche à partir notes de toutes sortes et des faits marquants caractérisant chaque entretien. Nous nous sommes munis aussi d'un guide d'entretien qui reprenait les questions phares de notre sujet afin de garder un fil conducteur lors des interviews.

Les entretiens se tenaient sur le lieu de travail soit aux heures de pause et vers la fin de la journée selon le rendez-vous accordé. Précisons que comme le récit de toute une vie ne peut se narrer en quelques quarts d'heures, il a fallu fixer plusieurs rendez-vous consécutifs d'avance avec un même dirigeant pour recueillir le plus de données pertinentes possibles.

2.2. Traitement des données

Sur base des travaux de Kaufmann (2011) qui propose diverses approches de la mise en œuvre de l'analyse des récits de vie, nous nous sommes formé une représentation des rapports et des processus qui sont à l'origine du phénomène de refus de croitre. Cette démarche a nécessité de l'imagination et de la rigueur. A partir de la structuration du sens du monde des entreprises familiales, nous avons procédé à notre interprétation de ce que les dirigeants nous communiquaient sur la croissance de leurs entreprises. Ainsi, à travers cette démarche, nous pensons avoir contribué à la compréhension de la théorie de revus de croitre pour les entreprises familiales à Bukavu.

Pour traiter les informations collectées, nous avons procédé à une analyse du contenu. Pour l'analyse du contenu, nous avons choisi le logiciel *Nvivo* pour son efficacité et sa rapidité dans l'analyse des données qualitatives. Après avoir transcrits toutes les conversations enregistrées[8], ce logiciel a permis d'encoder les concepts de base sous forme de « nœuds » et de générer tous les liens se rapportant à ces derniers. En fait ces nœuds proviennent des mots les plus fréquents mis en évidence par le logiciel selon le nombre des lettres voulu. C'est dans son option requête, que différentes figures de chacun des nœuds apparaissent avec tous ses liens.

3. Discussion des résultats

A l'issue du traitement des données, nous avons constaté que toutes ces quatre entreprises enquêtées n'ont pas embrassé le cap des études universitaires. Mais les dirigeants détiennent tous les diplômes universitaires. Créer ne va donc pas de pair avec la création d'entreprises tel que le préconise (Ahomka, 2015) mais pour le long terme c'est important que la descendance soit bien formée pour plus d'adaptation.

---

[8] Nous avions enregistré les entretiens après avoir recueilli le consentement de l'enquêté.

Figure 1 : L'entreprise familiale et l'esprit d'équipe

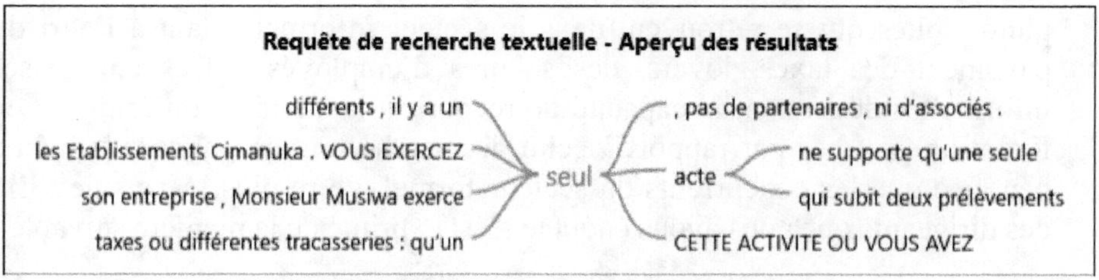

Source : Le logiciel NVIVO 2019 à travers l'option requête

Le mot « seul » situé au centre de l'image dénote une certaine complexité. En effet sachant qu'il s'agit d'entreprises familiales ce sont donc des membres d'une même famille qui en tiennent les rênes. Tout en étant nombreux dans la famille, chaque entrepreneur se considère comme étant «un seul individu ». Cela s'explique par la peur de voir une tierce personne s'accaparer du pouvoir de contrôle tôt ou tard ; une raison pour laquelle les entreprises familiales considèrent bannie l'idée de s'associer avec des personnes qui ne font pas partie de la famille. Cet esprit de solitude s'explique aussi par la référence au fondateur/dirigeant et au caractère collectif du mot famille. C'est pourquoi Charreaux (1991) insiste sur le risque à éviter de confondre ces entreprises familiales aux entreprises patrimoniales.

Par ailleurs la plupart de ces entreprises ont vu le jour après que leurs fondateurs aient commencé avec d'autres activités auparavant. Comme cela ressort dans la figure 2, la concurrence est aussi un des facteurs intéressants dans cette étude étant donné que le niveau de concurrence impacte sérieusement le niveau, le rythme et même la décision de croitre ou pas.

Figure 2 la concurrence

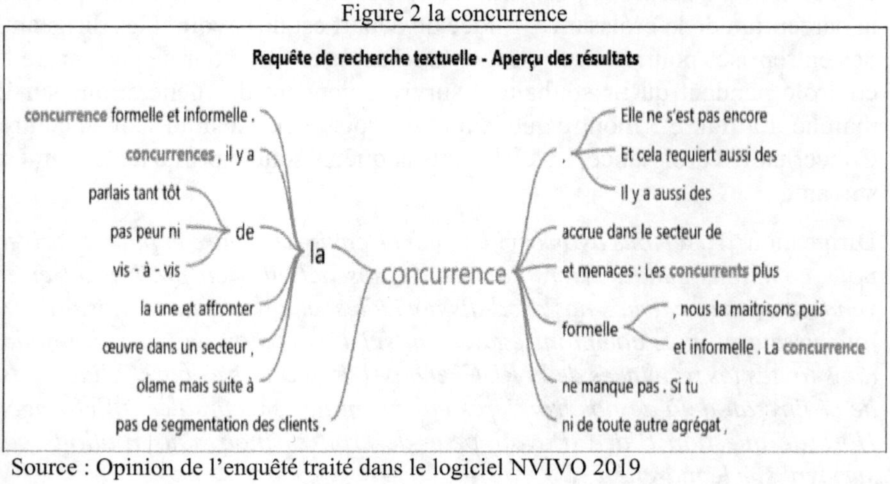

Source : Opinion de l'enquêté traité dans le logiciel NVIVO 2019

Curieusement, les concurrents les plus craints ne sont même pas les entreprises qui offrent le même produit/service dans le secteur formel mais plutôt celles qui se retrouvent dans le secteur informel. Etant à l'abri du payement des taxes, loyers, des salaires d'employés… Ces entreprises informelles détiennent la capacité de recourir à la stratégie du *low cost* en fixant un prix bas par rapport à celui du marché tout en gagnant le même bénéfice que les concurrents du secteur formel, voire plus. A ce sujet, l'in des dirigeants que nous avons enquêté s'est exprimé de la manière suivante :

« *Les concurrents les plus craints ne sont pas les autres magasins qui vendent ce que nous vendons car ils sont soumis aux mêmes conditions de travail que nous. C'est plutôt ces vendeurs qui pratiquent la fraude …et leur stockage se fait dans leur maison. Ce qui fait qu'ils offrent à un prix faible surtout que les consommateurs préfèrent les produits moins chers* ».

Figure 3 La croissance

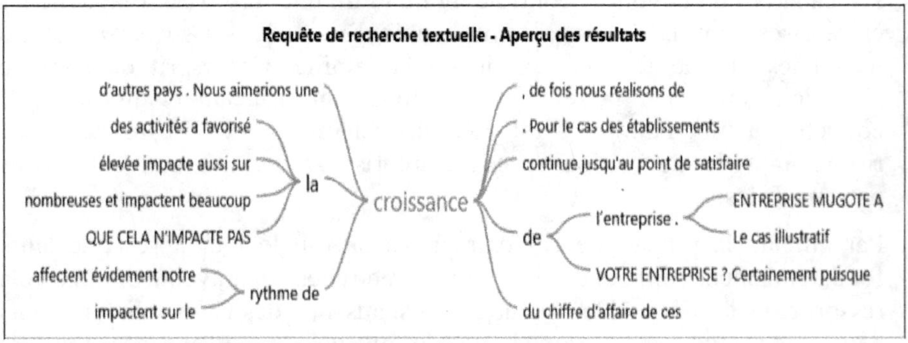

Source : Le logiciel NVIVO 2019 à travers l'option requête

En revenant au nœud du problème de ce travail, il a fallu en savoir plus sur la perception de la croissance. L'idée de départ est de savoir si les dirigeants des entreprises pourraient envisager le refus de croitre pour ne pas perdre le contrôle pendant qu'ils souhaitent survivre pendant des générations sur le marché. La figure 3 montre que le mot « croissance est situé seul au centre. Concernant la croissance, les dirigeants enquêtés sont exprimé de la manière suivante :

Dirigeant n° 1 : « *Nous avons évidemment l'envie de croitre et pour y arriver, nous comptons sur la diversification de nos activités en produisant et en vendant en même temps nos produits agricoles et devenir ainsi nos propres fournisseurs ; nous comptons également sur l'extension de nos succursales dans toutes les provinces de la RDC et aussi dans d'autres pays. L'idée c'est de croitre au-delà de nos frontières en créant des succursales à l'étranger. Hors de question l'idée d'avoir peur de croitre sinon nous n'allons pas survivre sur le marché* ».

Dirigeant n° 2 : « *Dans notre entreprise Mugote on ne se sent pas d'attaque par rapport aux années qui viennent. Pour assurer notre croissance nous voulons d'abord redynamiser les projets en place et les rendre plus attrayants et plus productifs pour plus de productivité en mettant en priorité la satisfaction des clients. Nous sommes en train de perdre pied chaque année qui passe. Il faut nous ressaisir si on ne veut pas disparaitre. Refuser de croitre serait un luxe !* ».

Dirigeant n°3 : « *Nous voulons croitre jusqu'au point d'embrasser d'autres secteurs comme le tourisme et pour y arriver, nos moyens proviendront des surplus des activités actuelles. Ainsi on n'aura pas besoin de recourir aux crédits qui appauvrissent plus que n'enrichissent. Comme on est nombreux dans notre famille on ne peut pas refuser de croitre. On a déjà tout le contrôle* ».

-Dirigeant n°4 : « *L'envie est là pour qu'on rêve grand par rapport à l'entreprise. Une fois que notre entreprise aura redémarré, nous pourrons viser la croissance sans plus de crainte. Pour le moment nous nous considérons comme étant un chantier ; notre conjoncture du moment est morose, elle ne nous permet pas de bien manager. Une fois les activités reboostées l'idée c'est de croitre jusqu'à redevenir ce que nous avons été avant* ».

Les propos de ces quatre dirigeants enquêtés indiquent qu'aucun des dirigeants n'exprime le refus de croitre. La croissance est au contraire une des garanties de réussite et de survie sur le marché comme le disent aussi Odongo et al. (2019). Comme tous sont d'accord sur la croissance, la curiosité scientifique nous a poussé à identifier différentes sources de financement auxquelles ces dirigeants pensent recourir pour assurer cette croissance. C'est l'essentiel de la figure 4 qui mentionne les différents modes de financement.

Figure 4 : Le financement

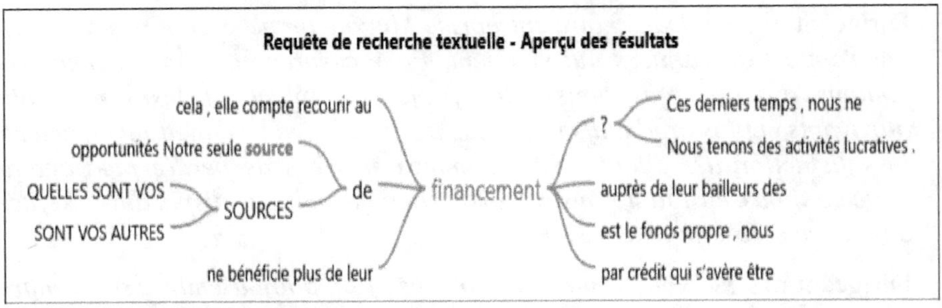

Source : Le logiciel NVIVO2019 à travers l'option requête

A Ce sujet, un des dirigeants s'est exprimé de la sorte :

« *Notre seule source de financement provient des fonds propres, nous ne recourons pas au crédit. Avec la fourniture des produits auprès de l'Economat, de la Bralima, nous avons pu réaliser beaucoup des profits, ce qui nous a reboosté* ».

A traves ces propos, il est à constater que les entreprises familiales recourent davantage aux seuls membres de la famille pour mieux gérer leur croissance ; d'où la facilité de grandir sans pour autant perdre le contrôle de la gestion. La voie la plus rassurante pour rester le plus longtemps sur le marché est donc tracée dans le schéma de croissance. L'extension des entreprises, au mieux au-delà des frontières, est l'une des voies les plus préconisées par les dirigeants interrogés. L'un des dirigeant que nous avons rencontré a renchéri en disant :

« *Dans les jours à venir, nous envisageons non seulement étendre les activités dans les autres provinces de la RDC mais aussi nous comptons croitre au-delà de nos frontières...* »

Que l'entreprise ne réussisse que si elle croit et que par conséquent la croissance devienne un signal de réussite, cela revêt donc tout son sens pour ces quatre entreprises familiales. Les entreprises familiales devraient donc compter plus sur leur propre capital puisque ne voulant pas de crédit. Et quand bien même elles souhaiteraient en contracter, elles n'y auraient pas accès aussi aisément que les autres.

C'est d'ailleurs la raison qui a poussé l'un des dirigeant de s'exprimer en ces termes :

« *Faute de crédit, nous travaillons avec nos fonds propres. Ces derniers temps, nous ne travaillons qu'avec de l'autofinancement* ».

Tous ces récits de vie nous démontrent que les entreprises familiales ont réellement l'ambition de croitre pour assurer leur croissance.

4. Conclusion

L'objectif de cette recherche était de vérifier la théorie du refus de croitre dans les entreprises familiales de Bukavu. Le fil conducteur de la recherche était de savoir si face au défi de survie en termes de générations, les dirigeants des PME familiales opteraient pour le refus de croitre comme un choix de gestion au sein de leur entreprise.

Sur base de récits de vie de quatre dirigeants d'entreprises familiales de Bukavu, cette recherche a abouti au résultat suivant : Face au défi de survie sur le marché en termes des générations, les entreprises familiales n'envisagent pas le refus de croitre comme un choix de gestion. Pour les dirigeants de PME familiales, la voie la plus rassurante pour rester le plus longtemps sur le marché est dans le schéma de croissance. Il n'est donc pas question de choisir de ne pas croitre à cause de certaines contraintes dues au mode de gouvernance, à la concurrence ou au manque de financement.

En effet, malgré des facteurs susceptibles de contraindre la croissance à savoir : (i) une gestion de la PME concentrée entre les mains du dirigeant entouré de membres de sa famille pour faire bloc contre une intrusion dans le contrôle de la PME par toute personne extérieure à la famille ; (ii) une forte concurrence provenant des PME du secteur informel conduisant à des maigres profits à partager par les concurrents et partant un faible niveau d'autofinancement ; la croissance est perçue comme une des politiques de gestion à la base de la réussite et de la pérennité.

Ainsi, en cas de besoin de financement, l'objectif de croitre est plutôt soutenu par le mode de gouvernance à caractère familial de sorte que le recours aux membres de la famille comme source de financement propre à l'entreprise évite le risque d'intrusion des tierces personnes dans la copropriété de l'entreprise.

Ainsi, la théorie de Carlock (2010), selon laquelle les entreprises familiales qui recourent d'avantage aux seuls membres de la famille pour mieux gérer la croissance ont plus de facilité de grandir sans pour autant perdre le contrôle de la gestion est confirmée et vérifiée dans le milieu des PME familiales de Bukavu. Cette vérification s'est basée sur une démarche qualitative. Que ces résultats soient éprouvés avec une méthode quantitative dans le futur serait on ne peut plus intéressant !

Cependant, nos entretiens s'étant orientées vers les dirigeants des PME familiales, les théories de Julien, Morin et Gelina (1998), Janssen, (2009) selon lesquelles le refus de croitre est un choix auquel n'ont droit que les entreprises non familiales pourraient aussi faire l'objet d'une vérification auprès des PME non familiales de Bukavu. En effet, pour ces derniers auteurs, les PME non familiales étant plus ouvertes à l'accès des tierces personnes dans la gestion du bien de l'entreprise courent plus de risques de perte de contrôle que les PME familiales qui sont fermées à « l'intrusion » des tierces au sein de la famille. Ces entreprises devraient donc opter pour le refus de croitre.

Bibliographie

Alcorn P. B. (1982). *Succes and Survival in the Family-Owned Firm*. New-York : Mc Graw-Hill.

Ahomka, M. A. (2015). Déterminants de la croissance des PME : une perspective empirique des PME dans la métropole de Cape Coast, Ghana. Le Journal des affaires dans les régions et les nations en développement, 14, 1-31

Barach, J.A. & Gantisky, J.B. (1995). Successful succession in family business. *Family Business Review* 8 (2). Pp. 131-155.

Bertaux, D. (1997). *Echantillonnage et recherche qualitative : essai théorique et méthodologique*. Armand Colin (ed). Paris.

Bérard, C., Bruyère, C. & Saleilles, S. (2015). Les PME axées sur la durabilité et à forte croissance : une approche par les paradoxes 1. *Revue internationale PME*, *28*(3), 195-223. Doi https://doi.org/10.7202/1035415ar

Barnes, L.B., Hershon S.A. (1976). Transferring Power in the Family Business. *Harvard Business Review* 54 (4). Pp. 105-114.

Bertrand, B., Bodénez, P. & Hans, É. (2010). Le patron de PME, ou le syndrome de Peter Pan. *La Gazette de la Société et des Techniques*, *55*(55), 1-4.

Blondel, C. (2012). Investissement à long terme et capitalisme familial. *Revue d'économie financière*, (4), 57-68. Doi 10.3917/ecofi.108.0057

Carlock, R. S. (2010). *When family businesses are best the parallel planning process for family harmony and business success*. Palgrave Macmillan.

Charreaux, G. (1991). Structures de propriété, relation d'agence et performance financière. *Revue économique* n° 3. Mai, Pp. 521-552.

El Azizi 1, T. B., Elmabrouki, N., & Habba, B. (2014). L'atténuation des contraintes financières sur les entreprises familiales : du fatalisme à l'action. *Revue de l'Entrepreneuriat*, *13*(3), 123-142. Doi 10.3917/entre.133.0123.

Evrard, Y., Pras, B., & Roux, E. (1993). *Market : études et recherches en marketing, fondements, méthodes*. Ed. Nathan.

Fattoum, S., et Fayolle, A. (2009). Succession générationnelle : exemples d'entreprises familiales tunisiennes. *Revue de la culture entrepreneuriale*, 17(02), *127-145*. Doi https://doi.org/10.1142/S0218495809000333.

Gueguen, G., Janssen, F. & Giacomin, O. (2015). Persistance dans le temps des déterminants de la croissance des PME. *Revue internationale sur l'Economie et Gestion de la Petite et Moyenne Entreprise*. Pp. 103-137.

Hayat, P. (2012). Pour un new deal entrepreneurial. *Rapport de mission à l'intention de Mme Fleur Pellerin, Ministre Déléguée chargée des PME, de l'Innovation et de l'Économie Numérique (France)*.

Janssen, F., Westbroek, H., Doyle, W. & Van Driel, J. (2013). How to make innovations practical. *Teachers college record*, *115*(7), 1-43.

Janssen, F. (2016). *Entreprendre: Une introduction à l'entreprenariat*. De Boeck Supérieur.

Janssen, F. (2009). Does the environment influence the employment growth of SMEs? *Journal of Small Business & Entrepreneurship*, *22*(3), 311-325.

Jones, N. (2009). Le cycle de vie d'une PME : les étapes de l'échec ou du succès ? *AU-GSB e-JOURNAL,* 2(*2*).

Kaufmann, J. C. (2011). *L'entretien compréhensif*. Armand Colin.

Landsberg, I.S., Perrow E.L. & Rogolsky S. (1988). Family Business as an Emerging Field. *Family Business Review* 1 (1), P. 1-8.

Lank, A. G. (1992). Les entreprises familiales européennes : espèce en voie de disparition ou puissants acteurs économiques. *Revue économique et sociale*, (3), 157-168.

Lwango, A. (2009). *L'entreprise familiale et son capital social: fondement et limites de l'avantage concurrentiel à travers la croissance et la succession* (Vol. 587). Presses univ. de Louvain.

Marchesnay, M. (1993). Management stratégique. Ed. Eyrolles Université. Paris. ISBN : 212031947, 9782212031942. 198 p.

Missonier, A. & Gundolf, K. (2017). L'entreprise familiale: état et perspectives de la recherche francophone. *Finance Contrôle Stratégie*, (20-2). Doi :10.4000/fcs.1933.

Odongo, G.O., Odhiambo, S. & Ombok, B. (2019). Effect of internal budget deficit financing on economic growth in Kenya.

International Journal of Economics and Financial Research 4 (6). Pp. 64-71.

Penrose, E. (1959). *The theory of the growth of the firm*. Oxford University Press. 249 p.

Poulain-Rehm, T. (2006). Qu'est-ce qu'une entreprise familiale? Réflexions théoriques et prescriptions empiriques. *La Revue des Sciences de Gestion*, (3), 77-88. Doi 10.3917/rsg.219.0077.

Price Waterhouse Coopers (2017). The Middle East family business. *Middle East Family Business Survey 2016.*

Shepherd, D. & Wiklund, J. (2009). Are we comparing apples with apples or apples with oranges? Appropriateness of knowledge accumulation across growth studies. *Entrepreneurship theory and practice*, *33*(1). Pp. 105-123. Doi https://doi.org/10.1111/j.1540-6520.2008.00282.x

Tarillon, C., Grazzini, F. & Boissin, J. P. (2015). Trajectoires de croissance et structures de gouvernance élargies: une lecture des représentations des dirigeants-fondateurs de startups 1. *Revue internationale PME*, *28*(3), 65-101. Doi https://doi.org/10.7202/1035411ar

Thévenard-Puthod, C. & Picard, C. (2015). Diversité des stratégies de croissance de l'entreprise artisanale et profil du dirigeant. *Revue internationale PME 28*(3). Pp. 139-169. Doi https://doi.org/10.7202/1035413ar

Intention Successorale des Petites et Moyennes Entreprises familiales à Bukavu : une Analyse Typologique Basée sur l'Approche Processuelle

Osea Alyaobe[9]

Résumé

Dans le débat sur l'intention successorales, cette étude s'est fixé l'objectif de réaliser une typologie des petites et moyennes entreprises (PME) familiales suivant leur degré d'intention successorale. Un questionnaire et un guide d'entretiens ont été administrés aux propriétaires des PME familiales à Bukavu. A base d'un échantilon de 127 PME familiales sélectionnées aléatoirement et sur fond d'une analyse typologique et à l'analyse discriminante, les résultats renseignent que 53.54% des dirigeants n'ont jamais songé sur la question de succession de leurs PME. Le sexe, l'âge, la localisation géographique, la communication entre le prédécesseur et les travailleurs expliquent significativement l'intention successorale du dirigeant propriétaire de la PME familiale. Nous proposons les perspectives dans lesquelles les PME familiales de Bukavu devraient s'inscrire.

Mots clés : intention successorale, préparation, harmonie familiale, prédécesseur.

Abstract

This study sets itself the objective of achieving a typology of family SMEs according to their degree of intention of succession. Then, the questionnaire and individual interviews with SME owners were used to collect data on a sample of 127 family SMEs in the city of Bukavu in DRC. The data collected was processed using typological analysis and discriminant analysis. The results show that 53.54% of managers have never thought about the of

[9] Enseignant-chercheur, Section de Sciences Commerciales et Financières (SCF), Institut Supérieur de Commerce (ISC), Bukavu, et Etudiant au DEA-Gestion des PME- Catholic University of Bukavu, DRC.

succession of their SMEs to their children. Similarly, the support of government policies is envisaged so that the death of the founder does not lead to the disappearance of the company and the related jobs. The limitations of the study and directions for future research are discussed at the end of this study.

Keywords: intention of succession, preparation, family harmony, predecessor.

1. Introduction

La succession de l'entreprise requiert une importance dans la vie de celle-ci. Cette importance est dictée par deux arguments. D'une part, la transmission d'entreprise permet de pérenniser l'emploi. La pérennité d'une PME bénéficie à toutes les parties prenantes, c'est-à-dire, aux salariés soucieux de préserver l'emploi, aux clients attachés aux savoirs-faires et aux marques, aux fournisseurs désireux de recouvrer leurs créances, à l'Etat et à la société par les externalités positives qu'elle génère (Chibani et Henchiri, 2017 ; FNRR, 2019 ; Tessa et Gheddache, 2010). D'autre part, la succession occasionne le renouvellement du tissu industriel. En effet, la capacité de transmettre des dirigeants des entreprises familiales favorise essentiellement la croissance (Charlier et Boys, 2009) et leur développement (Bordas, 2020 ; Schier, 2014 ; Wang et Gouedard, 2020).

Les recherches qui traitent de la succession d'entreprises familiales peuvent être classées en trois catégories : d'abord, les recherches qui abordent des modes de transmission convenables (Freyman et Richomme-Huet 2010 ; Lorrain et Cadieux, 2003) dirigées par les femmes (Cadieux et al., 2002) et le processus successoral (Bayad et Barbot, 2002 ; Cadieux et Lorrain, 2002) ; ensuite, celles qui s'intéressent aux facteurs de réussite successorale (Cadieux, 2005 ; Houmaidi, 2007 ; Lwango, 2009 ; Milingita, 2013) et facteurs de choix de successeur (Moulai et Boukrif, 2018) et enfin, celles qui traitent de la pérennité d'entreprises familiales apres la succession (Jaziri, 2018). Aucune étude, à notre connaissance, ne s'est interessée à l'intention successorale pour les PME de Bukavu.

La pertinence de cette étude qui s'intéresse à l'intention successorale est liée à trois raisonnements. Premièrement, bien que les PME familiales soient beaucoup rependues à Bukavu (sur 5497 PMEA existant, 4372 sont familiales représentant 79,5%), la majorité d'elles disparaissent brusquement après la mort des propriétaires. Selon Lwango (2009), la majorité des PME de Bukavu disparaissent dans les trois années qui suivent la mort des créateurs. Pour leur part, pendant que St. Jean et Duhamel (2018) rapporte qu'une enquête réalisée en RDC montre que le pays a connu 4,8% des disparitions d'entreprises ; Milingita (2013), quant à lui, affirme qu'environ 80% des PME familiales à Bukavu disparaissent après décès des fondateurs. Bangika (2021) partage totalement ces statistiques lorsqu'il montre qu' à Lubumbashi, sur un total de 8.030 femmes ayant réussi les microcrédits et créé une activité en 2011, seules 306 soit 3,81% étaient encore en activité en 2016 (période de l'enquête) et 96,19% en arrêt d'activités. Colot (2007) partage également que peu d'entreprises réussissent la transmission, surtout à la seconde génération. De ce qui précède, il ressort les questions suivantes ; que seront les entreprises familiales actuelles après disparition brusque des propriétaires-dirigeants ? Sont-elles vouées à la disparition ? Est plausible l'hypothèse selon laquelle la liquidation d'une PME étant une ruine à l'économie dans la mesure où la défaillance d'une entreprise entrainerait la faillite d'autres avec lesquelles elle a des liens d'affaires (Abdennadher et Trabelsi, 2017). Deuxièmement, il est aussi plausible l'hypothèse selon laquelle, puisqu'à Bukavu, la polygamie est l'une des formes d'unions conjugales qui existent et que, donc, dans ce cas, chacune des femmes du propriétaire voudrait que ce soit son enfant le successeur, ceci engendre des conflits liés à la succession s'il n'y a pas l'harmonie familiale préalablement établie par le propriétaire-dirigeant. Troisièmement, est plausible l'hypothèse selon laquelle, notamment pour Tessa et Gheddache (2010), les fondateurs négligent, intentionnellement ou non, la planification de succession, en assimilant le projet successoral à un héritage familial ultérieur. Ces constats, formulés en hypothèses, ne laisseraient aucun chercheur insensible.

Nous aimerions que les résultats attendus de la vérification de ces hypothèses puissent, au-delà des études de Cadieux et al. (2002) ainsi que Colot (2007) qui mettent en évidence le fait que la préparation successorale de PME est un facteur de résussite de sa succession, révolutionner la science avec l'établissement d'une typologie des PME suivant l'intention successorale basée sur l'approche processuelle, au besoin avec une pondération selon chaque catégorie pour la ville de Bukavu.

Sur le plan méthodologique, globalement notre étude a fait appel aux entretiens individuels et au questionnaire (pour les données quantitatives). L'analyse typologique et l'analyse discriminante ont servi pour traiter les données.

La suite du papier est organisée en cinq points : la revue de la littérature (premier point), le retour sur les détails de la méthodologie (deuxième point), la présentation de résultats (troisième point), la discussion de résultats (quatrième point) et la conclusion et implications managériales (cinquième point.

2. L'intention successorale, la théorie du comportement planifié et l'approche processuelle

La transmission intergénérationnelle dans les PME familiales est définie par Freyman et Richomme-Huet (2010) comme motivation du propriétaire-dirigeant d'entreprise familiale de transférer la propriété et/ou la direction de celle-ci à un membre de sa famille, à un salarié ou tiers. Ce travail examine uniquement le cas de transfert de direction dans le cadre familial.

Les auteurs qui se sont intéressés sur la succession des PME sont unanimes que la planification successorale débute par la volonté du chef d'entreprise à la transmettre (Cadieux et Brouard, 2009). Ajzen (1991 ; 1987), le tenant de la théorie du comportement planifié, indique que l'intention conduit au comportement. Ceci signifie que la préparation relie l'intention successorale au désengagement du chef de PME. Deux éclaircissements sont envisagés. Premièrement, certains auteurs révèlent qu'un propriétaire-dirigeant de PME ne sera motivé d'entamer le processus de préparation successorale que s'il juge la cohérence entre son désengagement et les attentes des parties prenantes (Wallace et al., 2002). C'est ce qu'Ajzen (2001) appelle commodité des normes sociales. Pour résister à ces normes, qui menacent parfois l'intention successorale, Sharma et al., (2001) suggèrent d'accélérer les conseils familiaux, pendant que Bayad et Barbot (2002) pronent les assemblées générales des travailleurs. En effet, les conseils familiaux permettent d'intégrer les desideratas de la famille (Kesner et Sebora, 1994) alors que les assemblées permettent de confronter l'intention à transmettre à la volonté d'employés (Eckrich et Loughead, 1996). A cela, il convient de mentionner trois éléments qui entravent la succession. Il s'agit de la difficulté de l'aborder aux travailleurs (Davis et Tagiuli, 1989), du refus de mettre fin aux relations personnelles avec le fondateur (Houmaidi, 2007) et de la conscience qu'a les employés qu'eux-mêmes vieillissent (Davis et Harveston, 1999).

Deuxièmement, d'autres études révèlent que le père ne sera motivé d'entamer le processus de préparation successorale que s'il a confiance en la disponibilité des ressources et des compétences pour concrétiser son désengagement (Beckhard et Dyer, 1993 ; Hamrouni et Mnasser, nd). Le prédécesseur doit se rassurer du comportement affiché par le successeur potentiel dans le processus de transmission.

Dans cette perspective, il est pertinent de se demander quelles sont les étapes de préparation successorale pour réussir valablement la succession ? Pour répondre à cette question, la littérature n'est pas totalement tranchée. Pendant que Gerber (2017) décrit le processus de préparation de succession en cinq étapes, Cadieux et Lorrain (2002), quant à eux, en donnent quatre.

Le premier parle de planification successorale alors que les seconds les qualifient de préparation successorale. Les étapes évoquées par Gerber (2017) sont le lancement du processus, l'établissement d'état des lieux, l'évaluation et hiérarchisation d'options, la préparation à la succession, et la transmission. Alors que celles de Cadieux et Lorrain (2002) sont l'initiation du successeur, son intégration, le règne-conjoint et le désengagement du prédécesseur. Ces dernières étapes intéressent cette étude.

Dans la phase d'initiation, le successeur n'a aucun rôle et le prédécesseur joue tous les rôles en étant l'opérateur unique (Cadieux, 2005). Le successeur reçoit les premières techniques sans que son intervention soit nécessaire. Dans ce cas, le propriétaire, peut être tenté à initier plus d'un fils dans les affaires. Ceci peut dégénérer du fait que le père se retrouverait devant deux frères intéressés par la succession. Ceci peut conduire à la sphère émotionnelle qui règne dans les entreprises familiales (Caillie, 1999).

La phase d'intégration est caractérisée par l'apprentissage du successeur en y exerçant certaines tâches sans qu'il engage l'entreprise (Tessa et Gheddache, 2010). Le prédécesseur a le rôle du roi et est aidé par le successeur potentiel qui joue le rôle d'assistant (Grazzini et al., 2013). Au fur et mesure qu'ils exercent des tâches répétitives, l'expérience et aptitude se forment (Lobet, 2006). Il découvre progressivement la réalité de faire (Bughin et al., 2009).

Pendant la phase du règne-conjoint, le successeur engage progressivement l'entité et rend compte au propriétaire de l'exécution des tâches. Le prédécesseur a le rôle de superviseur et le successeur celui de gestionnaire (Cadieux, 2004). Si les compétences du successeur et l'avancement en bonne et due forme des activités sont progressivement rassurés, le père renforce la confiance envers lui et l'engagement de propriétaire de se retirer effectivement dans la gestion est important (Fattoum et Fayolle, 2008). Par ailleurs, les PME se trouvant dans l'une de trois premières étapes prouvent déjà leur intention à transmettre (Freyman et al., 2016 ; Gollac, 2008 ; St-pierre 2005).

3. Méthodologique

3.1. Collecte des données

Les données ont été collectées en deux phases. Primo, les entretiens individuels avec les dirigeants-propriétaires ont permis d'obtenir leurs ressentissents en vue de faire émerger des concepts susceptibles d'être utilisées dans le questionnaire. Pour certains, les entretiens d'une heure en moyenne une heure se sont deroulés à leurs lieux de travail et pour d'autres, à leurs domiciles. Neuf entretiens ont été conduits, enregistrés à l'aide de Sound Recording du téléphone et retranscrits mot à mot. Le guide d'entretien a porté sur la préparation de réleve de propriétaire et sur les défis rencontrés.

Secundo, le questionnaire d'enquéte a été administré suivant l'échantillonnage aléatoire systématique. Il a été utilisé pour sa facilité de sélection des PME. Se basant sur la liste des PME assujetties à la TVA fournie par la DGI/direction de Bukavu (2020), la première PME sur celle-ci a été considerée comme point de départ. Le pas de sondage était de 2 (313 / 154). Certains sujets n'étaient pas disposés à répondre immédiatement aux questions. Le questionnaire leur était laissé et un rendez-vous était fixé pour le colleter. L'enquête a duré 30 jours durant les mois de Janvier et Février 2020.

Au total, le questionnaire a été distribué à 154 sujets. L'étude a connu une mortalité de l'échantillon de 27 sujets, parmi lesquels 19 ont perdu les questionnaires et 8 ont remis les questionnaires mal remplis et/ou non complétés. Somme toute, 127 questionnaires ont été complétés correctement, soit un taux de réponse de 68,6%. Le questionnaire est constitué de 43 questions. D'une part, les caractéristiques d'identification du propriétaire (19) et d'autre part, l'intention successorale, la personnalité du prédécesseur, l'harmonie familiale, relation avec le personnel et d'autres parties (24).

3.2. Mesure de variables

Nombreuses variables mobilisées sont inobservables sauf la variable l'intention successorale. S'inspirant des études théoriques existantes, la mesure de ces variables a été réalisée suivant la recommandation de Carricano et Poujol (2010). Ainsi, nous avons retenue les mesures suivantes pour les variables de notre modèl.

- *L'intention successorale*

Elle est une variable qualitative polytomique et mesurée par : 0 si le propriétaire a une forte intention successorale (règne-conjoint), 1 s'il a l'intention moyenne (intégration), 2 si l'intention est faible (initiation) et 3 : s'il n'a aucune intention successorale (aucun processus de préparation de succession).

- *L'intérêt de l'activité à la nouvelle génération*

Cette variable est mesurée par trois items obtenus à partir des entretiens réalisés et corroborés par les études théoriques de Jacques-Jouvenot et Schepens (2007) et de Crenn (2016). L'analyse factorielle exploratoire (AFE) montre que les données sont factorisables (KMO = 0,654 ; Khi2 = 55,96 ; $p = 0{,}000 < 0{,}01$). Cette variable est un construit unidimensionnel expliquant 60,23% de variance totale. La fiabilité de l'échelle a été testée ($\alpha = 0{,}67$) justifiant une cohérence interne.

- *La personnalité du prédécesseur*

La personnalité du prédécesseur est mesurée par trois items tirés des entretiens tels que le préconise Cadieux et al., (2010). L'AFE révèle que les données sont factorisables (KMO = 0,642 ; Khi2 = 84,1 ; $p = 0{,}000 < 0{,}01$). Le coefficient alpha de Cronbach (α = 0,727) montrant que la fiabilité est justifiée. Ceci prouve que la personnalité de prédécesseur est un construit unidimensionnel expliquant 64,9% de variance totale.

- *La relation prédécesseur-employé*

Cette variable est mesurée par le biais d'une échelle à deux items tels que cela ressort des entretiens réalisés. Cette variable a aussi été préconisée par au travers les études théoriques de Sharma (2001) et de Zellweger et Nason (2008). L'AFE montre que les conditions de factorisation ont été vérifiées (KMO = 0,721 ; Khi2 = 145,99 ; $p =0{,}000 < 0{,}01$). Par ailleurs, la relation prédécesseur-employé est expliquée à 75,017% de variance totale. La fidélité de l'échelle est valide (α = 0,779).

- *L'harmonie familiale*

L'harmonie familiale est captée par quatre items subdivisés en deux composantes principales (aide et communication familiale) suivant les recommandations des travaux d'Allouche et Amann (1998). L'analyse montre que les données admettent l'analyse factorielle (KMO = 0,699 ; Khi2 = 76,58 ; $p = 0{,}000 < 0{,}01$). Le test de fiabilité a indiqué un α de 0,67 et que l'harmonie familiale est un construit multidimensionnel expliquant 74,92% de variance totale.

- *La relation prédécesseur-autre partie prenante*

Cette variable est mesurée par deux items révélés par les entretiens réalisés et appuyés par l'étude théorique de Donaldson et Preston (1995) qui s'appuient sur la théorie des parties prenantes (Freeman, 1999). La fiabilité est assurée (α = 0,65) et les données sont factorisables (KMO = 0,60 ; Khi2 = 83,325 ; $p = 0{,}000 < {,}01$).

3.3. Traitement de données

L'analyse du contenu a été utilisée pour traiter les données issues d'entretiens. Ainsi, le mot à mot de chaque entretien et les propositions récurrentes d'un entretien à l'autre ont été analysés complétant ainsi l'analyse quantitative.

L'analyse typologique a été mobilisée pour grouper les PME en classes homogènes suivant l'intention successorale inspirés de Carricano et Poujol (2010). La classification hiérarchique ascendante a été utilisée suivant les caractéristiques communes corroborée par le test de Ward (méthode d'agrégation) et l'arbre hiérarchique. L'analyse discriminante a justifié la validation de classification suivant trois conditions (Tenenhaus, 2006).

Premièrement, les classes ont justifié leurs différences (Lambda de wilks < 0,90 ; F élevés et $p < 0,05$). Deuxièmement, la validité de l'analyse a été prouvée (test de Box M = élevé ; corrélation canonique tend vers 1). La bonté du modèle a été testée (Lambda de wilks global = faible). Troisièmement, la qualité de représentation de la fonction discriminante a été justifiée par l'analyse de matrice de confusion, recommandation de Moal (2002). Les items constituant un ensemble unidimensionnel ont été combinés en composite (score moyen) pour réduire leur abstraction (Bardos, 2001). Le logiciel SPSS a été utilisé pour l'analyse des données.

4. Présentation des résultats

4.1. Typologie de PME familiales de Bukavu selon l'intention successorale

Les résultats révèlent quatre classes de PME de Bukavu. Ces classes reflètent les étapes de processus successoral tel qu'inspirer de la littérature. Lesdites classes sont décrits dans le tableau n°1 ci-contre.

Tableau n° 1 : Classes de PME familiales obtenues

Classe	Processus successoral	Caractéristiques d'intention successorale
1	La classe 1 regroupe les entrepreneurs qui n'ont jamais songé sur la succession. 68 PME enquêtées ont ces caractéristiques	Les résultats révèlent que cette classe est dominée par les entrepreneurs de sexe masculin (85,3%) contre 14,7% des femmes. Ils vivent en majorité dans la commune d'Ibanda (58,8%) suivi de ceux de Kadutu (30,9%). Ils exercent en majorité leurs activités dans le secteur du commerce général (32,4%) contre 20,6% de secteur de matériaux de construction. Ils n'ont jamais discuté de la question de succession ni avec les membres de la famille, ni avec les employés et les autres parties prenantes. Ils n'ont aucune intention successorale.
2	La classe 2 contient les PME qui sont dans la phase d'initiation. 35 PME revêtent ces caractéristiques	Les résultats montrent que les entrepreneurs exerçant les activités dans le secteur du commerce général (37,6%) et dans le secteur pharmaceutique (28,6%) dominent cette classe. La proportion des hommes (82,9%) est élevée que celle de femmes entrepreneurs (17,1%). Ils sont majoritairement de la commune d'Ibanda (42,9%) et de Bagira (31,4%). Les entrepreneurs de cette classe jugent leur intention de succession faible. Ils s'y intéressent déjà et sont à la recherche de successeur mais n'ont pas encore tranché sur cette décision.
3	La classe 3 catégorise les PME qui sont dans la phase d'intégration. 14 PME présentent ces caractéristiques.	Cette classe contient majoritairement les entrepreneurs vivant à Bagira (64,3%) contre 21,4% de ceux d'Ibanda. Ils sont majoritairement les hommes (71,4%) et œuvrent dans le secteur de matériaux de construction (42,9). Ils jugent moyenne leur intention successorale et que leurs successeurs potentiels courageux, souhaitables, s'intéressent aux affaires et ont le gout d'apprendre. Les partisans de cette classe jugent insuffisant les contacts déjà menés et les conseils (familial, d'entreprise, etc.) déjà tenus sur la question de succession.
4	La classe 4 regroupe les PME qui sont dans la phase de règne-conjoint. 10 PME présentent ces caractéristiques.	Les résultats révèlent que 90,0% des propriétaires qui constituent cette classe 4 sont des hommes. Ils travaillent (40,0%) dans les autres secteurs (habillement, bar, etc.) contre 30,0% de secteur hôtellerie. Ils résident majoritairement dans deux communes d'Ibanda (40,0%) et Bagira (40,0%). Cette classe est constituée des propriétaires qui estiment leur intention de succession forte, et que

	les affaires marchent sans difficultés à leur absence. Ils disent être prêts à laisser la direction d'entreprises. Ils estiment avoir parcouru les étapes préparatoires nécessaires à leur relève.

Source : compilation de l'auteur

Les résultats indiquent que les observations par classe sont trop déséquilibrées et la classe 4 comprend 7,88%. Ceci viole les prescriptions de Carricano et Poujol (2010) consistant à ne garder que les classes représentant 10% ou plus d'observations. Cette classe 4 devrait être écartée en révisant le questionnaire et refaire l'analyse. Ce qui a été difficile pour nous de le réaliser compte tenu aussi bien du temps et perte d'information pertinente que le risque de n'avoir pas les mêmes informations. Pour ces raisons, ce critère insatisfait est toléré dans ce papier. La classe 1 présente la taille plus importante (53.54%), la classe 2 contient 27,56% d'observations et la classe 3 a une taille faiblement acceptable (11.02%). De façon globale, les différences entre la classe 2 et la classe3 semblent ne pas être significative. Une typologie en trois classes se révèlerait meilleure.

4.2. Les caractéristiques des répondants et de leurs PME

Ce travail a mobilisé neuf éléments d'identification du propriétaire-dirigeant. A ce profil, est ajouté cinq caractéristiques de PME.

Les résultats se rapportant aux caractéristiques du répondant de l'échantillon global montrent que la majorité des PME familiales sont détenues par les hommes (83,5%). Ils ont l'âge moyen de 42 ans et en moyenne 3 enfants. La majorité d'eux résident dans la commune d'Ibanda soit 48,8% suivis de ceux de commune de Kadutu (26,8%). Il s'observe également un nombre élevé d'entrepreneurs mariés (90,6%) et ont majoritairement un niveau d'étude secondaire (38,3%) contre ceux de niveau primaire (33,6%). Les entrepreneurs croyants de la religion catholique prennent le devant (48,8%) suivi de ceux de religion protestante (35,4%). Ceux d'autres religions ont de proportions faibles. Les entrepreneurs de la tribu *Bashi* dominent (54,3%) suivis des entrepreneurs de la tribu *Lega* (26,0%). Les entrepreneurs membres d'une association patronale représentent 10,2% alors que 89,8% n'appartiennent pas en aucun groupe d'entrepreneurs.

Les résultats se rapportant aux caractéristiques de PME familiales révèlent que les entreprises emploient en moyenne 4 travailleurs et présentent en moyenne 4 ans d'existence. Les entrepreneurs œuvrant dans le secteur du commerce général (31,3%) dominent, suivis par ceux de matériaux de construction (19,5%), de pharmacie (19,5%), hôtellerie (13,3%). D'autres secteurs requièrent de proportions très faibles. La majorité d'entreprises sont individuelles (91,3%)

et ont été créées (78,0%) suivies de 13,4% de celles reprises. Les autres modalités représentent une faible proportion.

4.3. Appréhensions des propriétaires sur l'intention successorale

En effectuant le test de comparaison de moyennes, la perception d'entrepreneurs présente un score moyen faible de 2,87 (71,4%) montrant que la PME juge son intention faible que les autres. L'âge du dirigeant s'est avéré significativement lié à l'intention du dirigeant (F = 1,768 ; $p = ,019 < ,05$). Le sexe du répondant dicte une influence statistiquement significative sur l'intention successorale (T = 2,097 ; $p = ,038 < ,05$) et la commune de résidence influence positivement l'intention successorale (F = 3,227 ; $p = ,043 < ,05$). Les resultats du test de Duncan indiquent que la perception des femmes est forte (M = 3,12) que les hommes (M = 2,63). Les PME d'Ibanda perçoivent fortement l'intention successorale (M = 2,98) que les autres communes.

4.4. Facteurs les plus discriminants d'intention successorale et probabilités du hasard

Les résultats sont présentés dans le tableau n°2.

Tableau n° 2 : Résultats issus de l'analyse discriminante

Test d'égalité des moyennes des classes				Coeff. discri	Vérification de la validité de l'étude
Variables	Wilks' Lambda	F	Sig.		
Intérêt de l'activité à la nouvelle gen	,397	132,81	,000	,249	Corrélation canonique : ,777
Aide familiale	,970	45,574	,000	,138	Wilks' Lambda = ,397 ; F = 111,794 ; $P = ,000 < ,01$
Personnalité du prédécesseur	,534	97, 312	,000	,098	
Rel. prédécesseur-employé	,264	212,451	,000	,055	Box's M = 112,476 et $p = ,005 < ,01$
Rel. prédécesseur-partie prenante	,967	12,018	,401	-,020	
Communication familiale	,209	321,103	,000	,521	

Matrice de confusion

	Classe 1	Classe 2	Classe 3	Classe 4	Total
Classe 1	61	4	2	1	68
Classe 2	0	31	3	1	35
Classe 3	0	2	12	0	14
Classe 4	0	0	1	9	10
Total	61	37	18	11	127

Source : compilation de l'auteur

Ces résultats indiquent que les variables intérêt de l'activité à la nouvelle génération (Lambda de *Wilks* = 0,397 ; F = 132,81 ; $p = 0,000 < ,01$), traits de personnalité de prédécesseur (Lambda de *Wilks* = 0,534 ; F = 97, 312 ; *p*

= *0,000 < ,01*), relation prédécesseur-employé (Lambda de *Wilks* = 0,264 ; F = 212,451 ; $p = 0{,}000 < ,01$) et communication familiale (Lambda de *Wilks* = 0,209 ; F = 321,103 ; $p = 0{,}000 < ,01$) sont les plus discriminantes entre les classes. Les résultats révèlent que l'analyse discriminante est valide (Box's M = 111,476 ; F = 347, 584 et $p = 0{,}005 < 0{,}01$) et que le modèle est meilleur (corrélation canonique = 0,777 et Lambda de *Wilk*s = 0,397 ; F = 111,794 et $p = 0{,}000 < 0{,}01$). Ces résultats ont permis d'obtenir la fonction discriminante à partir des coefficients canoniques suivante :

$$INTSUC = 0{,}614 + 0{,}249*IANG + 0{,}098*PERP + 0{,}055*REPE + 0{,}521*COMF.$$

Ces résultats renforcent ceux de l'analyse de typologique. En effet, ces résultats de qualité de représentation (matrice de confusion) montrent que 61 PME sur 68 de la classe1 ont été bien reclassées et 7 l'ont mal été. Pour la classe 2, 4 PME ont été mal reclassées et 31 PME sur 35 bien reclassées. Pour la classe 3, 12 PME sur 14 ont été bien reclassées et 2 PME l'ont mal été. 9 PME sur 10 de classe 4 ont été bien reclassées et 1 mal reclassée. Au total, c'est 113 PME (61 + 31 + 12 + 9) sont correctement reclassés soit 88,98% de réussite. Ces résultats montrent que le pouvoir discriminant de la fonction élaborée reste pertinent (marge d'acceptation d'erreur : 11,02% < à 20%) (St-Amant et al., 2014). Ainsi, le facteur personnalité prédécesseur, communication familiale, relation prédécesseur-employé, et l'intérêt de l'activité à la nouvelle génération constituent les éléments respectivement importants dans l'intention successorale des PME familiales de Bukavu.

Par ailleurs, il sied de se demander si la classification effectuée est-elle meilleure ? Cela revient à la comparer aux probabilités du hasard. Si les groupes étaient égaux, il y aurait 25% pour une PME familiale d'être classée par hasard dans un groupe ou dans l'autre (Ndatabaye, 2013). Mais tellement que les groupes constitués dans ce travail sont inégaux, il faut alors calculer hasardeusement la probabilité de classification. Ainsi, les PME familiales se retrouvant dans la première classe représentent 53,54% (= 68 / 127). Ce pourcentage correspond à la probabilité, pour une PME familiale, d'être classée par hasard comme n'ayant pas aucune intention successorale. Pour cette classe, on devrait s'attendre à ce qu'il y ait 36 (= 68 x 0,5354) entrepreneurs n'ayant pas d'intention de succession classés correctement. De même, les PME de classe2 représentent 27,56% (= 35 / 127), ce qui correspond à la probabilité, pour la PME d'être classée par hasard au groupe des entrepreneurs se trouvant à l'étape d'initiation. On devrait s'attendre à ce qu'il y ait 10 entrepreneurs classés correctement. Mutatis mutandis, la probabilité du hasard de classement serait 39%, (36 + 10 + 2 + 1) / 127 des entrepreneurs correctement classés. La substitution entre les bien classés et de mal classés ainsi calculés a tendance à surestimer la probabilité de classement réel et à sous-estimer la probabilité de classement incorrect.

5. Discussion des résultats et implications managériales

Les résultats révèlent trois catégories d'informations. Ils révèlent d'abord que le sexe du répondant dicte l'influence significative sur l'intention successorale (T = 2,097 ; $p = ,038 < ,05$). Cet effet positif peut être expliqué par le fait que les femmes ont plus d'attentes normatives fortes sur leurs enfants que les hommes. Zerbet et Ouahi (2020) partagent que les femmes jouent un grand rôle de construction sociale dans le processus de transmission que les hommes. Les entretiens exploratoires renforcent ce résultat. Ainsi, des entrepreneurs ont soulevé que « *mes enfants sont plus attachés à leur mère et sont plus libre à lui présenter leurs difficultés* ». Les hommes ne prennent pas le temps nécessaire de s'occuper de famille, où ils peuvent discuter de certaines questions sensibles ; ils sont plus concentrés aux affaires.

Ensuite, les résultats montrent également que l'intention successorale est influencée par l'âge du dirigeant (F = 1,768 ; $p = ,019 < ,05$). Ce résultat peut être expliqué par le fait que l'entrepreneur ayant l'âge avancé pense plus à sa relève que les moins âgés. Les entrepreneurs ayant l'âge avancé ont besoin de quelqu'un, généralement un proche actif, pas pour une préparation successorale mais pour exercer des tâches qu'ils ne pouvaient plus répondre rapidement. Ce résultat est similaire à celui trouvé par Colot (2007) qui partage l'idée selon laquelle le dirigeant ayant dépassé l'âge de retraite prépare fortement son successeur que celui de moins de 35 ans.

Par ailleurs, la relation entre la commune de résidence et l'intention successorale est positive (F = 3,227 ; $p = ,043 < ,05$). Ceci peut être expliqué par deux faits : d'abord c'est à Ibanda où se retrouvent la majorité d'entrepreneurs ayant un niveau d'étude supérieur. Cette différence du niveau d'étude peut expliquer la différence de comportement en matière d'intention successorale. Ensuite, c'est à Ibanda où sont concentrées la majorité d'entreprises, y sont plus observées de cas de non préparation successorale et que les entrepreneurs sont sensibles aux conséquences vécues par les autres. Frugier (2020) renforce que les actions d'entrepreneurs sont dictées par les expériences vécues des autres.

Enfin, les résultats indiquent également que l'intérêt de l'activité à la nouvelle génération, la personnalité de prédécesseur, la relation prédécesseur-employé et la communication familiale prouvent qu'ils sont les facteurs les plus discriminants des classes. L'explication attribuée à ces résultats est que la communication familiale active l'harmonie familiale. Elle attenue les conséquences d'émotions omniprésentes ressenties qui dicteraient leur mode de fonctionnement et entraineraient un frein à la succession (Jaziri, 2018 ; Soumaya, 2020). Préférer la communication familiale permettrait de réduire les conflits possibles de régénération stratégique entre le prédécesseur, qui privilégie une certaine stabilité, et le successeur, qui souhaite régénérer l'entreprise, en cas de règne-conjoint (Yezza et Chabaud, 2020). De même, la bonne relation entre le prédécesseur et les travailleurs renforcerait l'intention de succession du premier (Barrédy, 2020 ; Murakami et al., 2012). Par ailleurs, le dialogue dirigeant-employé permet d'éviter les frictions (Charlier, 2014 ; Gerber, 2017 ; Monaco, 2011). Pour cela, il est impératif de définir clairement les différents groupes d'intérêt des agents, leurs exigences ainsi que leur rôle spécifique (Caillie et al., 2006). Ceci entrainerait la compréhension de la part de travailleurs le bien-fondé de la transmission en vue de solidariser la relation entre le nouveau dirigeant et les autres parties (Bordas et Robin, 2020).

Néanmoins, l'enseignement de ces résultats peut être trompeur du fait que n'étant pas suffisamment le facteur de prédiction de la transmission, le degré d'intention varie avec le temps. Elle est tellement différente du passage à l'acte de transmission. Degeorge et Fayolle (2011) montrent que l'intention est instable et sensible à des changements du temps, d'évolution et appréhensions.

De ce qui precede, il ressort pertinent de se poser certaines questions. Peut-on rellement préparer l'intention des dirigeants des PME ? Faut-il dire que les PME de Bukavu, soit qu'elles n'ont pas une communication familiale acceptable ; soit, qu'elles ne s'intéressent pas aux intérêts de nouvelles générations ou soit les personnes qui sont des prédécesseurs ne sont pas favorables à la transmission.

Certes, les réponses à ces questions ne soient pas directement tranchées, mais il y a dans elles un écart entre les opinions de répondants et la réalité des choses tellement que l'intention est ambiguë dans la pensée de propriétaire [2,87 (71,4%)]. Ils assimilent la succession à un simple héritage selon le code de la famille de la RDC, livre IV, en ses articles 758 et 766. Ceci laisse penser que les questions de succession sont les cadettes de souci de ces derniers, ce qui est dangereux, à long terme, pour les entreprises familiales de Bukavu. Pour pallier ce danger et garantir leur pérennité, ce travail mentionne trois perspectives dans lesquelles les PME familiales existantes devraient etre soutenues. Premièrement, les politiques gouvernementales congolaises devraient exiger qu'au sein de l'entreprise soit tenu un règlement d'ordre intérieur des successions. Ce règlement doit clairement régir les attentes du predecessur et des parties prenantes directes, les dispositions des liberalités, les scenarios de succession plus variés au cours de laquelle devrait se pencher le predecesseur pour assurer bien la succession. Le plan de succession doit également y etre annexé, dévrait-il etre contrôlé chaque année et suivi mutatis mutandis aux états financiers annuels. En ce sens, une institution de gestion spécialisée sous la responsabilité de l'Etat devrait etre instituée ou créée pour coordonner toutes ces questions. A defaut de ce règlement, l'Etat devrait exiger le contrôle strict et continu des testaments de succession et prohiber ceux perturbateurs et liquidatifs.

Deuxièmement, les entreprises familiales en RDC sont régies par les exigences de droit commun (OHADA) sous le prescrit de l'acte uniforme de droit des societés commerciales qui prevoit que le gerant doit être choisi parmi les associés (les membres de famille), dans le respect du cadre social. Ainsi, chaque membre peut disposer et ceder librement de ses parts. De meme, il prevoit de règles de protection beacoup plus des intérêts financiers que des interets familiaux aux detriment des contraintes socioculturelles qui pesent sur chaque associé. Cela étant, cet acte uniforme ne definit pas clairement les aspects de succession, surtout en cas des entreprises familiales non sociétaires. Ce contexte prouve que les exigences réglementaires de l'acte uniforme de l'OHADA ne sont pas adaptées aux entreprises familiales. Pour pallier cela, deux voies doivent être envisagées par les institutions de soutien ayant la gestion des PME familiales dans leurs attributions. D'une part, adopter et imposer une forme de statut juridique claire et spécifique à l'entreprise familiale fixant le role et la fonction de chaque membre de la famille, suivant le principe de séparabilité de personne morale (entreprise familiale) et des personnes physiques (dirigeant-proprietaire, famille, etc.), pour reduire la complexité de succession et permettre de la pérenniser. D'autre part, imposer rigoureusement et sans relachement les entreprises familiales à une conformité stricte à la réglementation OHADA.

Troisiemement, les organisations patronales à l'instar de la Fédération des Entreprises du Congo (FEC) et d'autres organisations au sein desquelles les entrepreneurs sont regroupés devraient tenir en mains la sensibilisation et etre impliquées dans les questions de succession de leurs membres en y associant également leurs conjoints. Ces derniers jouent un role de courroie primordiale dans le processus de succession notamement la facilitation de la communication dans l'harmonisation familiale, le soutien emotionnel à toute epreuve, et la transmission d'esprit d'entreprise (Denis et al., 2020 ; Dokou, 2006). De meme, les entrepreneurs doivent prendre eux-memes conscience qu'en transmettant une entreprise, on transmet egalement des valeurs et ne pas assimiler la transmission à un simple héritage. Sur ce, trois elements necessitent une attention particuliere des dirigeants-proprietaires des entreprises familiales à Bukavu : une preparation en bonne et due forme de successeur, eviter les testaments perturbateurs, et privilegier le choix d'un gestionnaire externe à la famille.

6. Conclusion

Le lecteur retient du parcours de ce travail qu'il y est déployé successivement une revue de la littérature, un cadrage méthodologique, une présentation des résultats et leur discussion. L'objectif de ce travail était de réaliser une typologie des PME de Bukavu en vue de se prononcer sur leur niveau d'intention successorale. Les résultats de comparaison des moyennes des échantillons ont montré que le sexe et l'âge ainsi que la commune de résidence sont significative liés à l'intention successorale du dirigeant propriétaire. Les résultats font ressortir également quatre classes constituées des PME familiales selon l'intention de succession et que l'intérêt de l'activité à la nouvelle génération, les traits de personnalité de prédécesseur, la relation prédécesseur-employé, la communication familiale sont autant des facteurs différenciant fortement les classes construites du fait qu'ils remplissent les critères du test *Lambda de wilks* et du *test F*. En suivant ces derniers critères, la fonction discriminante a été formulée, en appui avec le critère de qualité et de validité du modèle discriminant. La qualité de représentation des classements prouve plus de 80% des entreprises enquêtés ont été bien classées ; ce qui semble confirmés la classification ainsi obtenue.

Nonobstant, l'étude présente deux grandes limites. Premièrement, la mesure de l'intention successorale utilisée n'est pas sympathique. En d'autres mots, l'absence de la construction et validation d'une échelle de mesure de l'intention successorale a été à la base d'utiliser une mesure de celle-ci sujette à discussions. Une étude future s'avère importante pour développer une échelle de mesure de l'intention successorale en suivant les étapes succinctes de validation. Ce développement de cette échelle de mesure devrait se baser sur la formulation d'un questionnaire, la validité du contenu de celui-ci, la fiabilité de l'échelle, la validité du construit et celle nomologique telle que recommandé par Alem (2013). Deuxièmement, la taille de l'échantillon utilisée est jugée volontairement insuffisant et limite la robuste de l'analyse de classification des petites et moyennes entreprises familiales et que les résultats bruts ne sont pas directement transférables. De même, une étude qui utiliserait la régression linéaire pour expliquer l'intention successorale serait-elle adéquate. Une opportunité s'offre à l'étude future d'inclure toutes ces limites soulevées en vue de vérifier si les résultats seraient-ils similaires.

Bibliographie

Abdennadher, I. G. et Trabelsi, E. K. (2017). Perennite des organisations et developpement durable : quel role pour l'innovation technologique et l'empowerment des employes ?. *La pérennité des entreprises : enjeux et perspectives*. Pp. 8-21.

Abdesselam, R., Bonnet, J. & Pape, E. N. (2004). Les contraintes de la création et de la reprise d'entreprise : une application aux regions françaises. *Revue les Cahiers d'Economie et de Sociologies Rurales*. Pp. 33-68.

AJzen, I. (1987). Attitudes, traits and actions : Dispositional prediction of behavior in social psychology. *Advances in Experimental Social Psychology 20*. Pp. 1–63.

Ajzen, I. (1991). The theory of planned behavior. *Organizational Behavior and Human Decision processes* 50(2). Pp. 179-211. DOI:10.1016/0749-5978(91)90020-T.

Ajzen, I. (2001). Perceived behavioral control, self efficacy, locus of control and the theory of planned behavioral. *Journal of applied social phychology* 32(4). Pp. 665-684.

Alem, F. (2013). *Développement et validation d'un instrument de mesure de E- Learning readiness dans le contexte universitaire.* Quebec: Université du québec à montréal.

Allouche, J. & Amann, E. B. (1998). La confiance : une explication des performances des entreprises familiales. *Economies et Sociétés, Sciences de Gestion*. Pp. 18-2

Allouche, J. & Amann, E. B. (2002). L'actionnaire dirigeant de l'entreprise familiale. *Revue française de gestion* 5(141). Pp. 109-130.

Bangika, M. N. (2021). *Microcrédit et entrepreneuriat féminin persistant dans la ville de Lubumbashi en République Démocratique du Congo.* Lubumbashi: nd.

Bardos, M. (2001). *Analyse discriminante : Application au risque et scoring financier.* Paris: DUNOD.

Barrédy, C. (2020). The step project : an international network for business families run by academics. *Entreprendre et innover* 1(44). Pp. 64-66.

Bayad, M. et Barbot, M.-C. (2002). Proposition d'un modèle de succession dans les PME familiales : étude de cas exploratoire de la relation père-fille. 6è Congrès international francophone sur la PME, nd(nd), 1-26.

Beckhard, R. et Dyer, E. W. (1993). Managing Continuity in the Family-Owned Business. *American Management Association, nd*(nd). Pp. 5-12.

Bordas, A. (2020). Croissance, transmission... une equipe pluridisciplinaire pour répondre aux problematiques des entreprises familiales. *Entreprendre et innover* 1(44). Pp. 59-63.

Bordas, A. & Robin, F. (2020). Certificat "futur dirigeant d'entreprise familiale" d'Audencia Business School : explorer son identité entrepreneuriale. *Entreprendre et innover* 1(44). Pp. 67-73.

Bughin, C., Colot, O., Finet, A. & Cassyen, B. (2009). Transmission des entreprises familiales et gouvernance cognitive. *Centre de Recherche Warocqué* 4. Pp. 1-24.

Cabanes, R. & Lautier, E. B. (1996). *Profils d'entreprises du Sud : les politiques de gestion face aux cultures et aux statuts.* Paris: Éditions Karthala.

Cadieux, L. (2004). *La succession dans les entreprises familiales : une étude de cas sur le processus dedésengagement du prédécesseur.* Thèse de doctorat. Québec: Université du Québec à Trois-Rivières.

Cadieux, L. (2005). La succession dans les PME familiales : proposition d'un modele de réussite du processus de desengagement du prédécesseur. *Revue internationale PME* 18(3-4). Pp. 31-50.

Cadieux, L. & Brouard, E. F. (2009). *La transmission des PME : perspectives et enjeux* (éd. Entrepreneuriat & PME). Quebec: Presses de l'université de Quebec.

Cadieux, L. & Lorrain, E. J. (2002). Le processus de la succession dans les entreprises familiales : une problématique comportant des défis estimables pour les chercheurs. 6è Congrès international francophone sur la PME , nd(nd), 1-17.

Cadieux, L., Lorrain, J. & Hugron, E. P. (2002). La succession dans les entreprises familiales dirigées par les femmes : une problématique en quête de chercheurs. *Revue internationale P.M.E., 15*(1). Pp. 115–130.

Cadieux, L., Raymond, L., & St-Pierre, E. J. (2010, nd nd). Fondateurs, successeurs et repreneurs : Quel impact sur la performance de la PME ? 10e congres international francophone en entrepreneuriat et PME. Pp. 1-20.

Caillie, D. V. (1999). *PME et Entreprise familiale.* nd: nd.

Caillie, D. V., Santin, S., Crutzen, N. & Kabwigiri, E. C. (2006, Mars 17). L'analyse équilibrée des symptômes de déséquilibre de la PME à reprendre, facteur-clé du succès du processus de reprise : légitimation théorique et première validation empirique.1ères Journées George Doriot. Pp. 1-31.

Callot, P. (2006). Intelligence economique et PME : Le paradigme de l'intelligence perceptuelle. *La Revue des Sciences de Gestion, 218 (2).* Pp. 61-71.

Carricano, M. & Poujol, E. F. (2010). *Analyse de données avec SPSS.* Pearson Education France: Paris.

Charlier, P. (2014). La société en commandite : un outil de transmission pour l'entreprise familiale cotée. *Finance controle stratégie* 3(17). Pp. 1-21.

Charlier, P. & Boys, E. C. (2009). Gouvernance familiale et repartition de la valeur : etude des politiques de distribution aux actionnaires des entreprises familiales côtées. *Comptabilité controle audit*. Pp. 1-24.

Cherchem, N., & Fayolle, E. A. (2010). Culture d'entreprise, profil du dirigeant et orientation entrepreneuriale des PME : Un modéle théorique. Congrès international sur l'entrepreneuriat et la PME, AIREME (Association internationale de recherche en entrepreneuriat et PME, Bordeaux.

Chibani, F. & Henchiri, E. J. (2017). Essai d'identification des facteurs clés de pérennité de l'entreprise familiale. *La pérennité des entreprises : enjeux et perspectives. Ouvrage Collectif CSIFA 2017*. Pp. 41-57.

Coutu, M. (2003). *Modèle pour l'Élaboration d'une Stratégie Globale d'Entreprise.* Quebec: développement economique et regional des entreprises et des affaires.

Crenn, M. (2016). Mon entreprise ne restera pas dans ma famille : typologie de cédants potentiels en fonction des raisons de ce choix. *Revue de l'Entrepreneuriat* 3(15). Pp. 39-61.

Davis, J. A. & Tagiuli, E. R. (1989). The influence of life stage on father-son work relationships in family compagnies. *Family business Review* 2(1). Pp. 47-74

Davis, P. (1983). Realizing the Potential of the Family Business. *American Management Associations, nd*(nd). Pp. 47-56.

Davis, P. S. & Harveston, E. P. (1999). In the Founder's Shadow: Conflict in the Family Firm. *Family business review* 12(4). Pp. 311-323.

Degeorge, J.-M. & Fayolle, E. A. (2011). Les étudiants français ont-ils la fibre entrepreneuriale ? » dans *Entreprendre et Innover* 1(10). Pp. 21-28.

Denis, V., Gillot, E. & Mahieu, E. M. (2020). « Le conjoint de dirigeant, courroie de transmission de l'entreprise familiale », dans *Entreprendre et innover, 1(44)*, 16-26.

Diamane, M. & Koubaa, E. S. (2016). Les approches dominantes de la recherche en entrepreneuriat entrepreneuriat. *N.I.* Pp. 3-21.

Dj'andima, J.-M. F. (2007). *Code général des impots* (éd. nd). Kinshasa: Presses universitaires du congo, Dépôt légal N° JT 3.0705 - 57088.

Dokou, G. A. (2006). Accompagnement au construit stratégique comme source de la réussite de la reprise de PME. *Marché et organisations* 2(2). Pp. 22-43.

Donaldson, T. & Preston, E. L. (1995). The Stakeholder Theory of the Corporation: Concepts, Evidence and Implications. *Academy of Management Review* 1(20). Pp. 65-91.

Durst, S. & Sabbado, E. L. (2012). Transmission non familiale des pme allemandes : les enjeux de la transparence. *Entreprendre et Innover* 2(14). Pp. 86-96.

Eckrich, C. J. & Loughead, E. T. (1996). Effects of Family Business Membership and Psychological Separation on the Career Development of Late Adolescents. *Family business review* 9(4). Pp. 369-386.

Fattoum, S. & Fayolle, E. A. (2008). L'Impact de La relation prédécesseur/successeur sur le déroulement du processus de succession dans les entreprises familiales. *Revue des Sciences de Gestion* 2(230). Pp. 105-113.

FNRR. (2019). *Fonds National REDD+ de la RDC, programme d'appui à la mise en valeur durable des savanes et des forets degradées.* Kinshasa: nd.

Freyman, J. D. & Richomme-Huet, E. K. (2010). Entreprises familiales et phénomène successoral : Pour une approche intégrée des modes de transmission. *Revue française de gestion* 1(200). Pp. 161-179.

Freyman, J. D., Boussaguet, S. & Bah, E. T. (2016). Le devenir des cédants de PME : une typologie en fonction des stratégies de réinvestissement. *Revue de l'entrepreneuriat* 3(15). Pp. 63-86.

Freeman, J. (1999). Stakeholder Influence Strategies. *Academy of Management Review* 2(24). Pp. 191-205.

Frugier, D. (2020). Recits entrepreneuriaux : Le recit captivant du developpement des grands magasins, au bonheur des dames. Emile Zola, le livre de poche-classique », dans *Entreprendre et Inniver* 1(44). Pp. 74-77.

Gerber, A. (2017). *Succession d'entreprise : Guide pratique.* Geneve: Credit suisse SA.

GIambatista, R. C., Rowe, W. G. & Riaz, E. S. (2005). Nothing succeeds like succession : A critical review of leader succession literature since 1994. *The Leadership Quarterly* 16(nd). Pp. 963– 991.

Gollac, S. (2008). Travail indépendant et transmissions patrimoniales : le poids des inégalités au sein des fratries. *Économie et statistique* 417-418. Pp. 55-75.

Grazzini, F., Boissin, J.-P. & Arregle, E. J.-L. (2013). Analyse des modèles mentaux développés par les dirigeants français en matière d'acquisition ou de reprise de PME. *Management* 1(16). Pp. 49-87.

Gueguen, G. (2004). Economie de l'information et strategie entrepreneuriale. *Academie de l'entrepreneuriat*. Pp. 1-20.

Hamrouni, A. D. & Mnasser, E. K. (nd). *Les facteurs a l'origine de la reussite de la succession des entreprises familiales : Cas des entreprises tunisiennes ayant réussi leur transfert générationnel de la deuxième à la troisième génération. nd, nd(nd)*. Pp. 1-37.

Houmaidi, A. E. (2007). La succession dans l'entreprise familiale marocaine : Une approche par les ressources. *Critique économique, nd*(20). Pp. 175-195.

Jacques-Jouvenot, D. & Schepens, E. F. (2007). Transmettre et reprendre une entreprise : de l'homo oeconomicus à l'homo memor. *Revue du Mauss* 1(29). Pp. 377-391.

Jaziri, R. (2018). La pérennité des entreprises familiales après la succession : Le cas tunisien. *Revue africaine de management* 3 (1). Pp. 32-54.

Kesner, I. F., & Sebora, E. T. (1994). Executive Succession : Past, Present & Future. *Journal of Management* 20(2). Pp. 327-372.

Lobet, D. (2006). La logique du don dans la transmission des entreprises familiales. *Sociétés contemporaines* 2(62), 27-47.

Lorrain, J. & Cadieux, E. L. (2003). La succession dans les PME familiales : Une réflexion sur l'état de nos connaissances et sur nos modes d'intervention. *Organisations et territoires.* Nd(nd). Pp. 25-32.

Lwango, A. B. (2009). *L'entreprise familiale et son capital social : Fondement et limites de l'avantage concurrentiel a travers la croissance et la succession.* nd: Thèse de doctorat. Université Catholique de Louvain.

Milingita, R. A. (2013). *De la transmission d'entreprises : essai d'analyse des variables determinant la transmission, etude réalisée sur les PME à Bukavu.* Mémoire de licence. Université Catholique de Bukavu.

Mmenge, A. (2017). *Choix de financement et performance des PME de la Republique Democratque du Congo.* Mémoire de licence. Université Catholique de Bukavu.

Moal, L. L. (2002). *L'analyse discriminante sous SPSS. nd*. Pp. 1-7.

Monaco, F. (2011). *Le transfert des connaissances managériales dans les PME et TPE familiales et non familiales en situation de pré ou post succession ou de reprise.* nd. Louvain School of Management.

Moulai, S., & Boukrif, E. M. (2018). Le choix du successeur dans les PME familiales." dans *Revue africaine de management* 3(1). Pp. 158-168.

Murakami, Y., Kamei, K. & Deschamps, E. B. (2012). Pérennité et transmission des pme japonaises : les leçons du modèle français. *Entreprendre et innover* 2(14). Pp. 74-85.

Ndatabaye, E. A. (2013). *Evaluation et prevention du risque de credit par la technique de scoring, cas de BCDB/agence de Bukavu.* Mémoire de licence. Université officielle de Bukavu.

Ouhadi, S. & Benchlikha, E. M. (nd). Perception des ERP par les entrepreneurs d'entreprises familiales marocaines. *Moroccan Journal of Entrepreneurship, Innovation and Management (MJEIM)* 4(2). Pp. 140-151.

Salles, M. (2006). *Stratégies des PME et intelligence économique, Une méthode d'analyse du besoin.* Économica, 2ème édition. Paris.

Schier, G. (2014). Entreprises familiales et innovation. *Gestion 2000* 5(31). Pp. 123-138.

Sharma, P. (2001). Stakeholder management concepts in family firms", dans *International Association of Business and Society (IABS)*. Pp. 254–265.

Sharma, P., Chrisman, J. J., Pablo, A. L. & Chua, E. J. (2001). Determinants of Initial Satisfaction with the Succession Process in Family Firms : A Conceptual Model. *Entrepreneurship : Theory and Practice, nd*(nd). Pp. 17-35.

SOumaya, S. (2020). Une succession familiale, que d'émotions" dans. *Entreprendre et innovation* 1(44). Pp. 39-47.

ST-Amant, G., Theoret, R. & Dofereta, E. Y. (2014). Évaluation du risque de crédit de travailleurs autonomes : le cas d'une caisse populaire desjardins du québec. *Revue des Sciences de Gestion* 5(269-270). Pp. 149-160.

St-Jean, E. & Duhamel, E. M. (2018). *Rapport sur la situation de l'activité entrepreneuriale Québécoise.* Québèc: Global Entrepreneurship Monitor (GEM).

St-Pierre, J. (2005). La succession dans les PME familiales : quand le prédécesseur n'a pas encore dit son dernier mot!. *InfoPME* 5 (1). Pp. 1-4.

Tenenhaus, M. (2006). *Statistique : Méthode pour décrire, expliquer et prévoir.* Dunod. Paris.

Tessa, A. & Gheddache, E. L. (2010). La transmission de la PME familiale : une etude exploratoire a partir des perceptions du cedant potentiel. *Les Cahiers du CREAD* nd(91). Pp. 105-129.

Tshoma, G. (2017). Transmission du pouvoir dans l'entreprise familiale RD Congolaise : entre tension et transition. Family business conference (pp. 1-8). Lubumbashi: nd.

Wallace, D. I., Nemec, C., Worrell, D. L. & Lin, E. J. (2002). Industrial Origin of CEOs in Outside Succession : Board Preference and Stockholder Reaction. *Journal of Management and Governance, 6*(nd). Pp. 295–321.

Wang, L. Z. & Gouedard, E. M. (2020). Le rôle de l'exemplarité pour favoriser l'esprit entrepreneurial dans les entreprises familiales. *Entreprendre et innover* 1(44). Pp. 48-58.

Yezza, H., & Chabaud, E. D. (2020). Comment faire accepter la regeneration lors d'une succession familiale. *Entreprendre et innover* 1(44). Pp. 8-15.

Zellweger, T. M. & Nason, E. R. (2008). A Stakeholder Perspective on Family Firm Performance. *Family business review* 3(21). Pp. 203-216.

Zerbet, R. & Ouahi, E. L. (2020). Genre et succession dans les PME familiales marocaines . *Entreprendre et innover* 1(44). Pp. 27-38.

Evaluation de la qualité perçue de l'audit externe dans les coopératives d'épargne et de crédit (COOPEC) au Sud-Kivu, RDC

Anatole Bashugi Bahogwerhe[10], Eddy Balemba Kanyurhi[11] Di-Kuruba Dieudoné Muhinduka[12] et Janvier Kilosho Buraye[13]

Résumé

Nombreuses COOPEC sont tombées en faillite en RDC depuis les années 1990, d'autres sont sur la tangente. Cette perte de vitesse des COOPEC réside, entre autres, dans l'absence d'audit externe régulier. Ce papier empirique interroge la perception des dirigeants des COOPEC en rapport avec la qualité de l'audit externe à Bukavu, au Sud-Kivu. À partir d'un échantillon à choix raisonné, nous avons réalisé les enquêtes auprès des COOPEC qui bénéficient des services d'audit réalisés par les cabinets externes certifiés et celles qui ne recourent pas aux cabinets externes certifiés. Les informations reçues à travers des entretiens avec les gérants ont été triangulées avec les indicateurs de performance des COOPEC pour les années 2015, 2016 et 2017. Les résultats renseignent que les COOPEC qui sont auditées présentent des indicateurs de performance proches des exigences de la Banque Centrale du Congo. Ce qui laisse à croire à un effet positif de ce type d'audit externe sur la performance des COOPEC. Les dimensions de la qualité de l'audit externe ayant un effet positif sur la

[10] Chef de Travaux à l'Institut Supérieur de Commerce de Bukavu (ISC-Bukavu) ; Directeur-gérant du Bureau d'Études et d'Expertise pour le Développement des Affaires et des Projets, email : cabinet bedap@yahoo.com

[11] Professeur à la Faculté des Sciences Economiques et de gestion de l'Université Catholique de Bukavu (UCB) et Directeur adjoint du Laboratoire d'Économie Appliquée au Développement (LEAD) à l'Université Catholique de Bukavu (UCB) ; email : balemba.kanyurhi@ucbukavu.ac.cd

[12] Professeur à la Faculté des Sciences Economiques et de Gestion, Université Catholique de Bukavu (UCB), à la Faculté des Sciences Economiques et de Gestion de l'Université Évangélique en Afrique (UEA) et l'Institut Supérieur de Développement Rural de Bukavu (ISDR-Bukavu) ; email : muhinduka.dikuruba@ucbukavu.ac.cd

[13] Professeur à la Faculté des Sciences économiques et de Gestion à l'Université Catholique de Bukavu et au Département des Sciences Commerciales et Administratives à l'Institut Supérieur Pédagogique de Bukavu (ISP/Bukavu). Chercheur sénior au Centre d'Expertise en Gestion du secteur minier et au Laboratoire d'Economie Appliquée au Développement (LEAD) à l'Université Catholique de Bukavu; email : janvier.kilosho@gmail.com / kilosho.buraye@ucbukavu.ac.cd

performance et la pérennité des COOPEC à Bukavu sont : la compétence du cabinet d'audit externe, l'esprit éthique, l'esprit d'ouverture, l'indépendance, la satisfaction du client, l'appréciation du temps imparti, la spécialisation sectorielle et la créativité des membres de l'équipe d'audit. Au final, ce papier plaide pour un regard managérial axé sur ces dimensions.

Abstract

Many COOPECs have gone bankrupt in the DRC since the 1990s, and others are on the verge of collapse. One of the reasons why COOPECs are losing momentum is the lack of regular external audits. This empirical paper examines how COOPEC managers perceive the quality of the external audit in Bukavu, South Kivu. Using a reasoned-choice sample, we carried out surveys of COOPECs that benefit from audit services provided by certified external firms and those that do not use certified external firms. The information received through interviews with the managers was triangulated with the COOPEC performance indicators for 2015, 2016 and 2017. The results show that the COOPECs that are audited have performance indicators close to the requirements of the Central Bank of Congo. This suggests that this type of external audit has a positive effect on the performance of COOPECs. The dimensions of external audit quality that have a positive effect on the performance and sustainability of COOPECs in Bukavu are: the competence of the external audit firm, the ethical spirit, the spirit of openness, independence, client satisfaction, appreciation of the time available, sector specialisation and the creativity of the members of the audit team. Ultimately, this paper argues for a managerial approach based on these dimensions.

Mots clés : audit interne, coopératives d'épargne et de crédit, institution de microfinance,

1. Introduction

Le terme « audit » est aujourd'hui utilisé soit dans le sens d'écouter, vérifier, conseiller, soit dans celui d'instruction judiciaire (Verne, 2005). Dans l'un ou l'autre sens, il s'agit d'un examen indépendant d'un organisme en vue d'améliorer la confiance des parties prenantes. De ce point de vue, l'audit joue un rôle de gardien de confiance en tant que moyen par excellence d'incitation des entreprises y compris les institutions de microfinance (IMF) à garantir une information financière de qualité (Boukhalfa et Naim , 2015). Grâce à celle-ci, il devient possible à de telles entreprises de marcher dans le sens de réalisation des objectifs qui leur sont généralement assignés par le Conseil d'administration : étendre la portée, augmenter les actifs, se conformer à la réglementation et s'introduire dans les marchés des capitaux (Houda & Labelle, 2015). Il en vient que la qualité du contrôle de l'audit constitue à la fois un indicateur clé, un actif hautement stratégique (Harbour, 2012) ; en bref la clef de voûte de tout système d'aide à la décision (Bontems & Goulin, 2013; Bampoky, 2013).

En sciences de l'audit, les théories sur les qualités d'un audit externe et ses indicateurs doivent être évoqués afin de mieux cerner la perception du phénomène dans le monde des COOPEC. L'intérêt de ce sujet réside dans la défaillance en RDC du système bancaire et de microfinance. En effet, après avoir observé au Congo la faillite entre 2013 et 2016 non seulement de certaines banques classiques, en l'occurrence l'Union des Banques Congolaises (UBC) et la Banque Internationale pour l'Afrique au Congo (BIAC), mais aussi des COOPEC (Imara, Nyalukemba, Moke, Kawa, Mecreco, etc.), une étude de la perception de la qualité de l'audit externe et de ses indicateurs s'impose. Cette observation suscite la question de savoir si cette faillite ne serait pas rattachée à la « qualité de l'audit » (Gaddour, 2016).

Le choix porté à l'audit externe dans les coopératives est tributaire de deux faits complémentaires. D'abord, les COOPEC constituent la catégorie d'Institutions de Micro Finance (IMF) la plus répandue en RDC, en général, et au Sud-Kivu, en particulier. Elles représentent à elles seules approximativement 90 % des IMF au Sud-Kivu (Banque Centrale du Congo, 2014). Ensuite, le contexte est celui d'une structuration progressive du métier de l'auditeur en RDC. Dans cette perspective, il importe de souligner qu'en la matière, le pays dispose aujourd'hui de trois textes légaux et des instructions de la Banque Centrale qui régissent les structures de financement dites « de proximité ». Lesdits textes légaux sont respectivement la loi 11/020 du 15 septembre 2011 fixant les règles relatives à l'activité de la microfinance, la loi 002/2002 du 02 février 2002 portant dispositions applicables aux COOPEC et la loi 003/2002 du 02 février 2002 relative à l'activité et au contrôle des établissements de crédit. Lesdites instruction sont relatifs aux normes prudentielles de gestion (Instruction n°002), à la classification et à la provisionnement des crédits (Instruction n°003), aux indicateurs de performance (Instruction n°004), de financement des immobilisations (Instruction n°005), à l'utilisation du Plan comptable des COOPEC et IMF (Instruction n°006), à la gouvernance (Instruction n°007), au contrôle interne (Instruction n°008), à la transmission des situations périodiques (Instruction n°009), à la fixation du capital minimum des Institutions de microfinance (Instruction n°010) et au fonctionnement d'une faîtière (Instruction n°011).

Il se fait que, malgré l'existence de ces textes légaux et instructions, les COOPEC sont confrontées au spectre des scandales financiers depuis une dizaine d'années (Marachto, 2017). D'où l'hypothèse suivante : se fondant sur l'information selon laquelle 23 coopératives sur 38 n'avaient jamais été auditées par les experts externes (Rapport COOCEC, 2017), on peut à première vue en conclure que la mauvaise perception de la qualité de l'audit expliquerait le détournement de certaines COOPEC de l'audit de leurs états financiers. Et pour vérifier cette hypothèse, nous avons adopté une approche mixte, c'est-à-dire qualitative et quantitative.

Le reste de l'article est structuré comme suit. La première section présente les qualités d'un audit externe et ses indicateurs. La deuxième section analyse la structure du système financier congolais. La troisième section décrit la méthodologie utilisée pour l'évaluation des qualités d'audit dans les COOPEC du Sud-Kivu. Enfin, la quatrième section se rapporte aux résultats d'évaluation des qualités d'audit dans les COOPEC du Sud-Kivu.

2. L'audit, ses qualités et leurs indicateurs

Il convient de rappeler que dans les débats financiers, on s'intéresse à l'audit dans l'un ou l'autre de ses deux aspects : l'audit interne et l'audit externe.

L'*Institute of internal auditors* (2017) définit l'audit interne comme « une activité indépendante et objective qui donne à une organisation une assurance sur le degré de maîtrise de ses opérations, lui apporte ses conseils pour les améliorer, et contribue à créer de la valeur ajoutée. Il aide cette organisation à atteindre ses objectifs en évaluant, par une approche systématique et méthodique, ses processus de management des risques, de contrôle, et de gouvernement d'entreprise, et en faisant des propositions pour renforcer leur efficacité ». L'audit interne est donc un outil interne de management (Campion, 2000). En tant que tel, il apporte une vraie valeur à l'amélioration du système du contrôle interne en termes d'efficacité, à travers la détection des insuffisances, les forces et les faiblesses des dispositifs de contrôle interne et de maîtrise des risques opérationnels (Boukhalfa et Naim, 2015). Il est donc un outil important du contrôle interne (Isern, Abrams, & Brown, 2008) et un système de contrôle interne efficace permet notamment aux IMF qui nous concernent dans ce travail d'assumer des risques supplémentaires de façon mesurée tout en limitant les mauvaises surprises et en se prémunissant contre des pertes financières importantes. Ainsi, le contrôle interne est une composante à part entière du processus de gestion des risques (Campion, 2000).

L'audit externe, quant à lui, est un examen indépendant mené par les personnes extérieures à l'IMF. C'est l'une des étapes primordiales dans la chaîne de la transparence puisqu'il vient apporter un œil externe dans le système de contrôle en vue de vérifier qu'un processus donné est conforme aux normes et procédures en vigueur (Ghorbel, 2008; Chihi, 2014; Nzailu, 2017). L'audit externe le plus courant est l'audit des états financiers qui juge la fiabilité des rapports financiers d'une IMF à la lumière des principes comptables reconnus (Gravot, 2015). Dans le cadre d'un audit financier externe, il s'agira plus précisément de mesurer l'organisation comptable de l'entité afin d'en déceler les insuffisances, de les améliorer, et de prévenir les fraudes et les détournements (Olfert, 2017 ; Malhotra, 1998 ; Gaddour, 2016). C'est donc un moyen de contrôle externe visant l'évaluation des sécurités internes de l'organisation et permettant une reddition des comptes à toutes les parties prenantes par une opinion indépendante et compétente (Mammeri, 2013 ; Verne, 2005). L'auditeur externe a la responsabilité d'effectuer un audit de qualité conformément aux normes d'audit généralement reconnues (O'Neill et al., 2013).

Ces deux formes d'audit se complètent actuellement, l'environnement rendant nécessaire une interaction plus forte entre les auditeurs externes et les comités d'audit et une meilleure compréhension de leurs obligations respectives (Baconnier, Aubin, & Beaufret, 2009). Enfin, l'audit externe est, par définition, toujours mené par une personne extérieure à l'entité. Et cela, sur base d'un cadre légal établi et des termes de référence bien élaborés.

Le cœur de cet article étant la qualité de l'audit externe, mais le terme qualité est difficile à appréhender et donc à définir. En effet, pour certains auteurs tels que Mahmoud (2012) par exemple, on ne peut pas définir la qualité, néanmoins on peut la reconnaitre. Pour d'autres comme Henriques & Khemakhem (2015), qualité signifie : la manière d'être, bonne ou mauvaise, de quelque chose, état caractéristique ou supériorité, excellence en quelque chose. D'autres encore, à l'instar de De Angelo (1981), reconnaissent la qualité comme étant l'aptitude d'un ensemble de caractéristiques intrinsèques à satisfaire des exigences. Mais, dans l'ensemble, la qualité désigne ce que le client perçoit quand il sent que le produit ou le service rencontre ses besoins et correspond à ses attentes (Kahri, Rachid, & Amri, 2014).

De manière unanime, l'analyse de la qualité de l'audit externe repose sur les dimensions et les indicateurs repris dans le tableau 1 ci-contre.

Tableau 1 : L'audit, ses dimensions de la qualité et leurs indicateurs

Dimensions	Indicateurs
Compétence du cabinet d'audit externe	Esprit critique Plan de redressement Découverte des erreurs et fraudes
Esprit éthique	Sincérité du rapport Fidélité des chiffres
Esprit d'ouverture	Discussions profondes Bon relationnel Suivi permanent
Indépendance de l'équipe	Jugement autonome Neutralité
Satisfaction du client	Solution définitive Réponse appropriée
Temps imparti	Immersion dans l'institution Temps consacré au travail et échanges
Spécialisation sectorielle	Temps passé en audit des IMF Succès antérieurs
Créativité	Agilité d'esprit Nombre d'options par situation

Source : Analyse du contenu faite pour les auteurs

Il n'est pas question de se perdre dans l'explicitation de chacune de ces dimensions. Toutefois, il y a à retenir ici que ce sont elles qui suggéreront l'évaluation empirique, bien que la compétence et l'indépendance soient cardinales pour la réussite d'une mission d'audit, interne ou externe.

3. La structure du système financier congolais

A priori, l'émergence des IMF s'inscrit dans le prolongement de celui des COOPEC. Leur origine lointaine remonte au décret du 23 mars 1921 réglementant les coopératives essentiellement agricoles. Toutefois, au sommet de l'arsenal juridique organisant le fonctionnement des IMF en RDC se trouve l'ordonnance-loi n° 72/00 du 14 janvier 1972 relative à la protection de l'épargne et au contrôle des interventions financières. En effet, à partir de ce texte, les COOPEC sont entrées dans la catégorie d'établissements de crédit relevant de la règlementation, de l'agrément et de la supervision de la Banque Centrale du Congo par le truchement d'instructions. Au niveau national, le ministère des finances assure la tutelle juridique et la responsabilité globale du secteur financier du pays, et le ministère ayant en charge les Petites et Moyennes Entreprises et/ou l'Industrie est chargée de la promotion du secteur de la microfinance.

Conformément à la loi bancaire, la certification des états financiers est effectuée par un ou deux commissaires aux comptes, personnes physiques ou morales désignées pour un mandat de trois ans. Cette certification peut être appuyée par un audit externe. Les cabinets d'audit externe sont agréés par la Banque Centrale du Congo. Ils sont choisis par les institutions de microfinance sur une liste publiée par la Banque Centrale du Congo dont on sait qu'elle assure la supervision des institutions du secteur financier décentralisé (ISFD).

Les cabinets d'audit fonctionnent désormais dans le cadre de l'ordre national des experts-comptables de la RDC, « ONEC RDC » en sigle, créé par la loi n° 15/002 du 12 février 2015, portant création et fonctionnement des cabinets d'audit. Au terme de l'article 73 de celle-ci, l'ONEC a institué une commission spéciale chargée de l'agrément des premiers membres pour exercer durant la période transitoire ses prérogatives. Les critères de classement de cabinets d'audit externe reposent aujourd'hui, contrairement à ce qui se passe à l'international, sur une réputation plutôt informelle du fait de l'absence d'une véritable opérationnalisation de l'ordre des experts-comptables. Au total, l'ONEC compte 465 cabinets d'audit qui correspondent au nombre d'experts-comptables agréés et parmi les 465 cabinets, seuls 34 jouissent à ce jour de l'autorisation de fonctionnement et peuvent donc faire objet d'un contrôle par les instances décisionnelles. Certains d'entre ces 34, dont le Bureau d'Etudes et d'Expertise pour le Développement des Affaires et des Projets (BEDAP) où Anatole Bashugi Bahogwerhe assume les fonctions de directeur-gérant depuis quelques années, sont aujourd'hui en partenariat avec des cabinets à l'interne et/ou à l'externe dans le cadre de renforcement continu de leurs capacités.

4. Méthodologie d'évaluation des qualités d'audit dans les COOPEC du Sud-Kivu

C'est dans ce cadre que s'est mise en marche l'enquête, à commencer par une pré-enquête et l'opération de la méthodologie trivialement invoquée dans l'introduction.

La méthodologie invoquée est quali-quantitative. La dimension quantitative au sens de chiffres apparaît au stade des résultats de la pré-enquête et de l'analyse des indicateurs de la performance des COOPEC. La partie qualitative est convoquée pour l'analyse de la qualité perçue de l'audit externe, à la phase de l'enquête. La population cible de cette étude est composée des 33 coopératives d'épargne et de crédit implantées au Sud-Kivu. Les 4 COOPEC prises en compte dans l'échantillon raisonné de la phase de la pré-enquête ne font pas partie de la population qui a servi au tirage de l'échantillonnage raisonné pour la phase d'enquête. À l'une et l'autre phase, toutefois, la sélection s'est fondée sur les critères cumulatifs suivants : agrément par la Banque Centrale du Congo, appartenance à un réseau, accessibilité et disponibilité des informations, activités en ville et dans les milieux ruraux et bénéfice préalable d'au moins un audit externe.

L'enquête par entretien s'est articulée autour de 3 questions principales : *qu'entendez-vous par qualité de l'audit externe et quels sont les éléments qui vous permettent de l'apprécier ? Quelles peuvent être les incidences d'un bon audit externe sur le fonctionnement de votre COOPEC ? Quels sont les facteurs de blocage à l'émergence de l'audit externe dans les coopératives d'épargne et de crédit en RDC ?* L'enquête par entretiens en raison d'un dirigeant par COOPEC et réalisée en septembre 2018 s'est déroulée sur rendez-vous préalablement pris par téléphone, pour les uns dans les bureaux des coopératives durant les heures de travail, et pour d'autres au cours des dîners de travail à charge des chercheurs. La durée moyenne était de 60 minutes. L'analyse des données a recouru largement à l'analyse de contenu basée sur des opinions des dirigeants transcrites fidèlement au moment des entretiens pour éviter toute mauvaise interprétation, et préalablement afin de les rendre virtuelles en privilégiant l'anonymat des dirigeants de la COOPEC. Les trois premières COOPEC sont auditées (dont les deux premières sont en milieux ruraux) et les trois autres COOPEC ne sont pas auditées (dont la dernière est du milieu rural).

Toutefois, il a été procédé, au cours de l'analyse, à l'élagage d'éléments non essentiels (risques, états financiers, bilan, rapport) pour autant qu'ils ne signifiaient absolument rien, soit parce que les dirigeants avaient mal compris la question malgré les explications fournies, soit encore à cause de leur caractère mensonger ou tinté d'états d'âme. Enfin, en guise de triangulation, le texte a été soumis pour vérification à deux instances : les professionnels du monde des IMF de Bukavu et les professeurs d'universités experts dans le domaine des microfinance.

5. Discussion des résultats

5.1. Résultats de la pré-enquête

Le tableau 2 ci-dessous ressort les premières informations relatives à l'identification des COOPEC qui ont fait l'objet de notre étude. Il s'agit de Coopec-Cahi, Coope-Umoja/MECU, Coopec-Nyangezi et Coopec-Uvira, dont deux avaient déjà été soumises à l'exercice d'audit et deux autres jamais auditées.

Tableau 2. Quelques données sur les épargnes et les crédits

COOPEC (C)	Épargnants	Emprunteurs	Encours épargne (FC)	Encours crédit (FC)	Personnel	Nombre d'audits externes
C1	1039	174	115 628 672	93 002 560	5	-
C2	4096	266	603 658 364	331 570 294	7	8
C3	5703	245	1 739 01 934	1 119 272 580	13	11
C4	1724	142	392 757 157	136 743 471	6	-

Source : pré-enquête dans les COOPEC échantillonnées

Dans ce tableau, la première colonne est constituée des quatre COOPEC, avec C_i la i^ème COOPEC. Le fait que de ces quatre COOPEC deux se soumettent à l'exercice de l'audit externe a conduit à l'option d'élargissement de la surface de recherche dans le cadre d'une enquête proprement dite. Cependant, la pré-enquête a permis également d'être informé que certaines COOPEC se passent de l'audit externe en raison de son coût dans leur contexte où elles ne font pas de bonnes affaires (cf. colonnes des épargnes, emprunts, emprunts encours, épargnes et encours crédits), comme celles qui s'y exposent volontiers (cf. colonnes Épargnants, Emprunteurs).

5.2. Résultats de l'enquête proprement dite

Les COOPEC[14] concernées par l'enquête sont : Coopec-Bagira, Coopec-Pilote, Coopec-Nyantende, Coopec-Ciherano, Coopec-Fomulac et Coopec Kando.

[14] L'ordre des indices *i* de « *C* » a été fait aléatoirement pour garantir l'anonymat des COOPEC qui ont fait l'objet de nos enquêtes.

Dans ce qui suit, nous proposons d'abord une analyse des indicateurs de qualité du point de vue financier (a), ensuite une analyse des indicateurs de gestion du bilan, enfin, une analyse de la qualité perçue.

5.2.1. Analyse des indicateurs de qualité du point de vue financier

Le tableau n°3 ci-contre présente les indicateurs de qualité du point de vue financier utilisés dans le calcul du portefeuille à risque des COOPEC du Sud-Kivu.

Tableau 3 : Indicateurs de qualité dans les COOPEC du Sud-Kivu

FORMULES	COOPEC AUDITEES									COOPEC NON AUDITEES								
	C1		**C2**	**C3**						**C4**			**C5**			**C6**		
	2O17	2016	2015	2O17	2016	2015	2O17	2016	2015	2017	2016	2015	2017	2016	2015	2017	2016	2015
Capital restant dû ayant au moins un remboursement en retard	23144,02	78 023	41928,33	47830780,5	18774000	38400210	1527231 59	189 335	140 460	38681467.75	8873358	19808365	32157471	28 161,360	29011086.5	24525820.5	8003556	3490646.5
Montant brut du portefeuille des prêts	172523,17	205 269	41928,33	399561397,2	374268000	316907510	1321993512,00	705 813	971 316	1235429O7.8	73768358	67551465	71730660.1	41, 441,436	44082480.5	83427061	60193740	56778716.5
Portefeuille à risque (5%)	**13%**	**38%**	**18%**	**11,97%**	**5%**	**12%**	**12%**	**27%**	**14%**	**31%**	**12%**	**29%**	**44.83%**	**67.95%**	**66%**	**29%**	**13%**	**6%**

Source : notre traitement des données recueillies dans les livres comptables des COOPEC

D'une part, pour les coopératives non auditées au cours des exercices 2015, 2016 et 2017, le taux moyen de crédit en souffrance s'élève à 33,20 % alors que l'article 3 de l'instruction N°004 de la Banque Centrale du Congo relative aux indicateurs de performance stipule que ce ratio doit être inférieur de 5 %. D'autre part, pour les coopératives déjà auditées et pour les mêmes exercices, cette moyenne s'élève à 16,77 %, peu éloignée du seuil fixé par la Banque centrale. Et d'en conclure absolument à l'intérêt de l'audit externe.

5.2.2. Indicateurs de gestion du bilan

Les indicateurs du tableau 4 en-dessous indiquent les taux d'encaisse et d'encours de crédit.

Tableau 4 : calcul des indicateurs de gestion du bilan dans les COOPEC du Sud-Kivu

FORMULES	**COOPEC AUDITEES**									**COOPEC NON AUDITEES**								
	C1			**C2**			**C3**			**C4**			**C5**			**C6**		
	2017	2016	2015	2017	2016	2015	2017	2016	2015	2017	2016	2015	2017	2016	2015	2017	2016	2015
Disponibles	172505,4	116923	69885,68	166, 102,903,41	75045351	219320957	265977546	560481	414780	175532492,7	76, 865,220	251692147	16003662.23	13, 317,926	19630951.5	60643788.5	39, 272,904	80244786.5
Montant total de l'actif de la période	513 997,80	422 798	458871,04	718,379,023.60	427 237 275	586436299.1	1541133468	1186303	1736231	367, 020,366	215, 326,352	328264487	131, 610,273	56, 499,074	95045380	173, 518,348	124, 911,132	156684276.5
Taux d'encaisse (<20%)	**34%**	28%	**15%**	**23%**	**18%**	**37%**	**17%**	**47%**	**24%**	**48%**	**36%**	**77%**	**12%**	**24%**	**21%**	**35%**	**31%**	**51%**
Montant brut du portefeuille des prêts de la période	172523,17	420738	233872,53	399561397.2	374268 000	310762492.5	1321993512	951373	971316	123542907.8	73, 768,358	67551465	71730660.1	41, 441,436	44082480.5	83427061	60, 193,740	60193740
Montant total de l'actif de la période	513 997,80	422798	458871,04	718,379,023.60	427237 275	586436299.1	1541133468	1186303	1736231	367, 020,366	215, 326,352	328264487	131, 610,273	56, 499,074	95045380	173, 518,348	124, 911,132	156684276.5
Taux d'encours de crédit (>70%)	**34%**	**100%**	**51%**	**56%**	**88%**	**53%**	**86%**	**80%**	**56%**	**34%**	**34%**	**21%**	**55%**	**73%**	**46%**	**48%**	**48%**	**38%**

Source : données de nos enquêtes dans les COOPECs échantillonnées

Par rapport au taux d'encaisse dont le seuil est < 20 %, il est pour les coopératives non auditées de 37,2 % pour les trois ans alors que ce score pour les coopératives déjà auditées s'élève à 27 % pour les trois ans. Ces taux impliquent que l'audit externe agit positivement dans le fonctionnement de COOPEC à travers les recommandations reçues et les ajustements opérés. En revanche, par rapport au taux d'encours de crédits attendu (>70 %), il est pour les coopératives non auditées de 44,11 % et pour les coopératives auditées de 67,11 ; chiffre très loin du seuil.

5.2.3. Analyse de la qualité perçue de l'audit externe

a. La compétence du cabinet d'audit externe

Les différentes déclarations recensées sur le terrain placent la compétence des auditeurs au centre de leur préoccupation pour mieux conduire la mission d'audit externe. Ces différents aspects se résument dans les extraits suivants : *« J'attends par un audit externe de qualité, la pertinence de l'évaluation institutionnelle sur sa gouvernance et sa rentabilité » (C2). « J'apprécie un bon audit externe à travers les analyses faites, les recommandations prises (C2), les failles découvertes et le plan de redressement assorti de cette évaluation (C5, C6), les risques encourus et comment y faire face (C6), la compréhension et l'application de termes de référence (C3), la pertinence du rapport (C1) et surtout, la détection, à partir des dispositifs existants, des insuffisances en vue d'améliorer ce qui est déjà fait (C4) ».*

De différentes manières, les dirigeants de COOPEC parlent le même langage pour qualifier les éléments qui caractérisent un auditeur externe compétent. Ainsi, l'auditeur externe doit être en mesure de rassembler les éléments qui lui permettent de répondre efficacement à ses objectifs, être en mesure de les exploiter ; c'est-à-dire comprendre le contenu pour prescrire des orientations utiles. Cette qualité se résume à travers trois infinitifs : comprendre, expliquer et recommander. Ces résultats ont par le passé été attestés par différents auteurs. En effet, l'auditeur est confronté à des paramètres complexes qui requièrent des compétences accrues, fondées, outre sur des aspects techniques, sur une bonne connaissance de l'environnement de l'entité auditée, en particulier en termes politiques, économiques et sociaux affirme Donnadieu (2009). Les mêmes résultats avaient déjà été trouvés par Noubbigh (2008) pour ce qui concerne les entreprises commerciales. Pour lui, le fait d'être audité par un grand cabinet définit un audit de qualité. Ces résultats sont conformes aux premières études menées sur ce thème cher à De Angelo (1981) et confirment ceux trouvés par Nafti, Boumédienne, & Zarrouk (2011). En effet, ces derniers confirment que la formation continue des collaborateurs définit la qualité de l'audit externe et affecte significativement la gestion des résultats.

Cependant, un certain nombre de défis en marge desquels l'incompétence de toutes les parties prenantes peut freiner l'atteinte de cette qualité. Tous les dirigeants sont unanimes quant à ce : l'incapacité à comprendre le fonctionnement des COOPEC aussi bien du côté de l'auditeur et/ou des acteurs internes est un danger permanent qui rend le plus souvent les missions d'audit externe nulles (C1) (C2) (C3) (C4) (C5). Une qualité d'audit externe exige les coopératives à sélectionner des cabinets d'experts efficaces et reconnus, certifiés par les instances habilitées et non recourir au clientélisme. Elles doivent en même temps placer les hommes qu'il faut à leur place au niveau interne pour faciliter le travail, car en fait de compte les deux audits se complètent.

b. L'esprit éthique

L'on a toujours dit que « science sans conscience n'est que ruine de l'âme ». C'est en ce terme que nous pouvons qualifier la deuxième qualité dévolue à l'équipe externe pour un audit digne de soi dans les coopératives d'épargne et de crédit. En effet, une mission d'audit externe doit déboucher sur un rapport sincère et fidèle. *« La qualité de l'audit externe se matérialise par la publication d'un rapport qui reflète la réalité des données discutées (C5) et la fidélité de transcriptions (C1) ».* Cette caractéristique est pertinente d'autant plus que la plupart des dirigeants décrient la carence éthique comme soubassement des échecs de missions d'audit externe. Elle s'observe à travers certains incidents critiques notamment la corruption, l'immoralité, le manque de savoir-être, l'arrogance, la méfiance des uns envers les autres ainsi que la fourniture des données erronées ou alors la publication d'un rapport qui ne reflète pas la réalité pratique. *« Certains auditeurs viennent auditer étant déjà corrompus par la direction (C5) (C4), d'autres se substituent carrément au tribunal (C6), d'autres encore appliquent une rigueur à outrance envers le comité d'audit (C3), d'autres enfin sont arrogants (C1) ».* Un dirigeant renchérit *« dans notre environnement, le problème se situe à deux niveaux : les dirigeants qui cachent les informations, ou alors corrompent les experts externes qui le plus souvent publient des informations qui ne cadrent pas avec la réalité (C4) ».* Comme corolaire de ce qui précède, il n'est pas étonnant qu'un temps après le passage d'une mission d'audit externe que la coopérative tombe en faillite présentant certains éléments alarmants qui pourtant n'ont fait objet d'aucun signal d'alerte de la part des experts censés les redresser.

L'esprit éthique se manifeste également par l'attitude même de l'équipe des experts envers le comité voire les dirigeants. À ce sujet, deux gérants s'exclament en affirmant *« s'il est vrai que la mission de l'audit externe ait pour mission principale de découvrir puis corriger les fraudes et erreurs, elle doit également être en mesure de reconnaître le travail bien fait, félicité et encouragé (C6) (C1) ».* Quelques travaux antérieurs confirment ces résultats. Parmi les qualités d'audit externe, l'intégrité est essentielle (Riguen & Jarboui, 2015). De même, l'objectivité et la neutralité de l'auditeur sont des facteurs importants non seulement d'un audit de qualité, mais aussi un gage de viabilité financière des entreprises (Noubbigh, 2014).

c. L'esprit d'ouverture

Les dirigeants estiment que la mission d'audit non seulement est une aide et non une sanction, mais aussi doit se dérouler dans une ambiance conviviale pour son succès. Ils définissent cette qualité par des discussions profondes (échanges constructifs) qui doivent être engagées par tous les acteurs impliqués, le bon relationnel et surtout un suivi permanent. Ceci dit, la mission ne s'arrête pas seulement après publication du rapport, encore faut-il s'assurer régulièrement que les recommandations formulées ne souffrent d'aucune léthargie. La mission d'audit externe est surtout aussi une mission d'accompagnement régulier. *« L'audit externe de qualité s'apprécie à travers des discussions en amont, pendant et après la mission : données discutées, pistes de solution discutées (C6) ; les échanges entre auditeur et audités doivent être fréquents ; le partage des informations doit se passer dans la transparence et l'amitié (C3) ».*

Un autre répondant abonde dans le même sens en soutenant qu'*« un bon audit externe se réalise lorsqu'il y a un climat d'attente en termes de collaboration entre l'auditeur et l'audité, et que le rapport assorti soit bâti sur ces échanges amorcés en amont (C1) ».* Pour certains analystes, une mission d'audit externe réussie est fonction d'une mise en place d'un système efficace de contrôle interne. Intuitivement, pour permettre aux experts de faire un bon travail, l'assistance (sous toutes ses formes) de la direction se pointe en ligne de mur. De même, pour jouir indéfiniment des retombées des actions de leur intervention, les experts doivent avoir à l'esprit que sans le concours des dirigeants, ils ne peuvent pas prétendre à grand-chose. Implicitement, la mission d'audit externe est également un exercice de complémentarité Pigé (2011). Abondant dans le même sens, Bouquot et Laimay (2014) affirment qu'un dialogue régulier doit caractériser la mission pour sa réussite. Des travaux antérieurs ont insisté sur la relation entre tous les acteurs pour la qualité des résultats de l'audit externe (Nafti, Boumédienne, & Zarrouk, 2011) (Gaddour, 2016). Il s'en suit que pour mener à bon escient un audit externe, il faut que le système de contrôle interne soit efficace, qu'un climat de paix et surtout un dialogue permanent règnent entre le trio auditeurs internes, auditeurs externes et conseil dirigeants.

d. L'indépendance de l'équipe

Cette question se pose avec acuité tant que l'on connaît que les missions d'audit sont souvent initiées à la demande des dirigeants et que les honoraires payés émanent également de ces derniers. Il va de soi que pour échapper à certaines critiques, certains dirigeants sélectionneraient des cabinets acquis à leur cause surtout dans le contexte congolais où le clientélisme prend le devant sur tout autre critère objectif. Certes, l'indépendance ne doit pas être perçue dans l'absoluité, mais plutôt dans le jugement. Les différentes normes internationales d'audit insistent également sur cette qualité pour ne pas remettre en cause tout le travail amorcé par un cabinet d'audit. Les dirigeants apprécient l'indépendance de l'équipe des experts surtout par neutralité dans le jugement. « *Un auditeur externe ne doit dépendre d'aucune autre personne en dehors comme à l'intérieur de l'organisation qu'il audite (C6) et cette indépendance doit se constater dans tous ses points de vue qu'il émet (C3)* ».

Au vu de ces déclarations, les dirigeants de COOPEC n'y vont pas par le dos de la cuillère : ils insistent sur l'indépendance pure et simple. Ceci vaut son pesant d'or du fait que ces mêmes dirigeants reconnaissent bien que ce sont eux-mêmes qui enfreignent cette qualité à travers les libéralités versées aux experts. D'où les déclarations : *« Le C.A fait un double jeu : au vu de son pouvoir sur le gérant et les agents de crédit, parfois il ordonne de dissimiler les informations secrètes et sensibles ; et comme en même temps c'est lui qui choisit les experts, il les interdit moyennant corruption à donner un vrai rapport (C4) »*. Cette situation explique pourquoi la plupart des dirigeants sont restés muets à ce sujet ; se sentant eux-mêmes coupables à proposer une solution à laquelle ils constitueraient en même temps de blocage dans sa matérialisation. Maintes études ont abouti aux mêmes résultats. Plus l'équipe des experts de l'audit est indépendante, meilleure est l'information fournie (Nafti, Boumédienne, & Zarrouk(2011)). Ghorbel (2008) renchérit qu'il existe une différence des résultats selon que les auditeurs externes sont indépendants ou non. L'indépendance de l'auditeur est cardinale pour la qualité de ses prestations (Chihi, 2014). Les différentes normes révisées de l'audit reviennent et insistent régulièrement sur cette qualité fondamentale sans laquelle l'audit n'est qu'un gâchis.

e. La satisfaction du client (la COOPEC)

Comme tout concept latent, la satisfaction est un construit qui peut poser problème dans son interprétation. Les coopératives enquêtées entendent par satisfaction, le fait d'avoir trouvé une réponse appropriée aux maux qui rongent la bonne marche des affaires, et que cette solution soit définitive. Par ces actes, les dirigeants estiment qu'ils pourront faire face aux défis actuels et futurs qui rongent le bon fonctionnement des affaires, et qui remettent en cause l'atteinte de la double mission traditionnelle des IMF auxquelles les COOPEC ne sauraient se soustraire. *« ... si après toutes les recommandations, on peut passer un an, cinq ans voire dix ans après, on se rend compte que la COOPEC est devenue performante, on peut se frotter les mains, se sentir accompli et se dire que l'avenir est assuré (C4) ».* Par-là, la satisfaction n'est pas immédiate. Elle doit se constater et non se décréter ; elle est l'émanation des bons indicateurs de gestion comparativement à la situation initiale. Pour d'autres, la satisfaction peut se sentir à l'immédiat, question de trouver de bonnes réponses à toutes les questions posées.

« ... lorsque l'audité trouve satisfaction à toutes ses préoccupations auprès de l'auditeur, on se sent directement épanoui (C3) ». Ainsi, les experts trouveront les motifs qui recommandent de tenir compte des préoccupations des acteurs internes dans leur mission d'expertise, et pas seulement opérer en vase clos. Dans pareilles circonstances, qu'importent les conclusions de la mission, les dirigeants considéreront que l'audit externe a été un fiasco sans précédent. Peu de travaux ont reconnu par le passé cette dimension. Cependant, des auteurs comme Gravo (2005), Ghorbel (2008) et Tchuigoua (2010) soutiennent que la satisfaction de toutes les parties conditionne non seulement le succès des IMF, mais aussi indique que l'audit externe a été une réussite.

f. Le temps imparti

Les dirigeants de COOPEC s'insurgeraient contre un expert qui passe en revue de manière holistique la situation (financière) de l'institution pour laquelle la mission lui a été confiée. Pour se rassurer de la pertinence des éléments à sa disposition, l'auditeur externe, naturellement étrange à l'institution qu'il audite doit bien poser ses valises afin de mieux s'insérer dans l'environnement qu'il étudie. Il ne doit pas à cet effet se considérer comme un spectateur qui suit avec attention la scène à distance et qui comprend difficilement tous les épisodes du jeu. Bref, il doit être acteur (momentanément) pour mieux comprendre la scène. *« La qualité d'audit externe s'apprécie par le temps mis en place pour vérifier tous les documents nécessaires à la bonne marche de l'institution (C3) »* déclare un dirigeant d'une coopérative.

Cependant, cette exigence contraste avec les moyens dont disposent les COOPEC pour faire face (rétributions monétaires) aux dépenses liées aux honoraires des prestataires de mission d'audit externe. Cette dimension est soutenue par certains travaux antérieurs (Nafti, Boumédienne, & Zarrouk (2012). D'autres parviennent même à proposer que les experts externes améliorent leur timing dans les organisations auditées pour assurer le succès de leur mission (Riguen & Jarboui(2015)). Cependant, ces résultats ne sont pas unanimes. Noubbigh (2014) trouve que la durée des mandats favorise et augmente les accruals discrétionnaires, ce qui est de nature à diminuer la qualité du compte rendu financier. Pour lui, ces résultats confortent les thèses qui soutiennent que la durée des mandats entache l'indépendance des auditeurs, ce qui altère la qualité de l'information certifiée et publiée.

g. La spécialisation sectorielle

L'expérience est fondamentale pour mieux exercer tout métier. Le secteur de la microfinance ne s'arroge pas à la règle. Cependant, pour une bonne qualité du travail des experts, ces derniers doivent non seulement être expérimentés, mais surtout dans le secteur de la microfinance. Il ne suffit donc pas d'avoir conduit autant de mission pour jouir de l'expérience, encore faut-il que ces missions aient produit des effets escomptés, et spécialement dans le secteur des IMF. Un gérant déclare : *« la plupart des experts sont plus rodés dans la comptabilité des entreprises. Malgré leur prouesse dans ce domaine, ils devront se mettre en tête que le secteur de la microfinance fonctionne très différemment de l'économie marchande classique. Ils maîtrisent plus les plans comptables OHADA et n'ont aucune notion sur celui spécifique aux IMF. Ils auditent n'importe quoi, pourtant chez nous, nous nous attendons plus aux stratégies de mobilisation de l'épargne puis celles d'octroi de crédit, et surtout celles de recouvrement pour rembourser tout ce qui a été octroyé (C4) ».*

Par ces mots, il est fort évident que le fonctionnement et la rigueur de management de l'entreprise commerciale classique diffèrent profondément du secteur de la microfinance, et lorsqu'on mène un diagnostic dans ce secteur, il faut être informé, être suffisamment outillé. Cet acteur renchérit *« de fois lorsqu'on est en face de ces experts, nos idées divergent : pendant que nous leur montrons les matières importantes à étudier, ils n'y comprennent rien, et tentent toujours à nous dévier dans la comptabilité générale ; ce qui est contraire à nos attentes (C4) ».* Cet attribut est d'une importance capitale d'autant plus qu'on ne peut pas prétendre apporter une thérapeutique à une structure dont le fonctionnement échappe aux spécialistes. Cette cacophonie est plus gravée par les textes réglementaires en place. Non seulement les dispositions qui régissent les IMF en matière d'audit externe sont obsolètes, mais surtout sont tombées en désuétude (inadaptées). La banque centrale délègue chaque année des commissaires aux comptes pour certaines vérifications, mais reste muette quant à l'expertise externe. Les dirigeants de COOPEC soutiennent tout haut que *« la réglementation qui régit le fonctionnement des IMF en RDC est incomplète, inadaptée et obsolète (C2) ; ce qui fait que certains experts externes auditent sans appliquer les règles édictées par la BCC (C5) (C6) ».*

La nécessité de doter de ce secteur un arsenal juridique conséquent permettrait de bien suivre la croissance des IMF et éviter leur crise individuelle, qui souvent est prélude à une crise collective. L'audit externe de l'activité de crédit d'une institution de microfinance nécessite donc, au regard de ses nombreuses particularités, l'adoption d'une méthodologie spécifique, sensiblement distincte de celle applicable au secteur bancaire traditionnel, qui permettrait d'appréhender l'ensemble des risques relatifs à l'institution et son environnement (Donnadieu, 2009).

Plusieurs études antérieures ont fait mention de cette dimension pour définir un audit externe de qualité (Omri, Ghorbel, & Baklouti, 2009). La spécialisation sectorielle est cardinale pour définir un audit de qualité et prédit la performance (Nafti, Boumédienne, & Zarrouk(2012)). Ces résultats sont conformes à ceux trouvés par Mabrouki (2017) selon lesquels la spécialisation sectorielle définit la qualité d'un audit externe et améliore la profitabilité. Pour Donnadieu (2009), les états financiers des IMF doivent traduire fidèlement le risque de crédit encouru, principale cause de faillite des IMF. Pour y arriver, des audits adaptés doivent être conduits par les spécialistes en microfinance. Cette demande n'est actuellement pas satisfaite étant donné que peu d'auditeurs externes disposent d'une méthode et d'outils d'audit intégrant les caractéristiques propres de la microfinance, carences influant sur la fiabilité de leurs conclusions. Les IMF doivent faire en sorte de se doter d'un système d'information efficace et efficient qui permettrait de faire la mise à jour des revues de crédit et de suivre le risque client au jour le jour (Voukeng, 2016) par le biais des audits par les spécialistes. Bougma (2013) renchérit en affirmant que « le principal risque encouru par une IMF est le risque de perte de revenus dans le cadre de l'activité de crédit due à des erreurs de traitement, à des informations erronées, au non-respect de la politique des crédits, à une concentration excessive du risque de crédit, à de fausses garanties, à des fraudes de la part des employés et surtout à un audit conseil inadapté ». Pour sa part, Noubbigh (2014) trouve que la variable expérience de l'auditeur dans le domaine améliore la qualité de l'audit et améliore la qualité du compte rendu financier. Finalement, Ghorbel (2008) trouve que la liquidité augmente avec la durée des relations des auditeurs spécialistes.

Les écrits émanant du secteur de la microfinance s'accordent généralement à déplorer l'insuffisance des compétences des auditeurs intervenant sur ce secteur d'activité. Cette insuffisance provient du fait que la microfinance demeure à l'heure actuelle une activité relativement marginale et supposée financièrement peu attractive, en raison de sa vocation davantage sociale que lucrative, laquelle influe, du moins en théorie, sur l'importance des fonds susceptibles d'être alloués à la rémunération de prestations d'audit externe (Donnadieu, 2009). Cette question de spécialisation se pose avec intérêt surtout que le phénomène des impayés constitue un frein pour le développement de la microfinance étant donné que le portefeuille de crédit constitue l'actif productif principal des IMF et dont la maîtrise est un facteur clé de performance (Agblo & Butoyi, 2010).

h. La créativité

L'esprit créatif n'est pas l'apanage de tout spécialiste, mais c'est un atout majeur dans tout travail de consultance, et de surcroît en audit externe de la microfinance. L'expert est un touche à tout, un homme capable d'apporter des solutions magiques en situations critiques ; des orientations éclairées en période de bonnes affaires. Un gérant s'exclame en ces termes *« ... nous nous attendons à plus des stratégies pour avoir plus d'épargnes, proposition des nouveaux produits qui permettent d'attirer plus des clients par rapport aux autres, porter une réflexion profonde sur le manuel de procédure de crédit pour s'assurer de sa pertinence (C4) ».* Aux dires des interviewés, l'auditeur externe qu'importe l'aspect sur lequel doit porter sa mission doit aller au-delà en touchant des aspects qui donnent une certaine identité, une notoriété à l'institution qu'il auditionne. Son rapport doit être moins descriptif, mais plus analytique afin d'aboutir à des orientations de grande envergure qui s'éloignent de l'ordinaire, du déjà-vu.

De même, pour faciliter le travail des experts, les dirigeants fustigent eux-mêmes leur comportement en matière d'audit externe. *« Très souvent, le conseil d'administration fait appel à une mission d'audit externe, quand il y a des alertes, des signaux rouges. La mission requiert dans ce cas un caractère curatif, alors qu'elle devrait remplir la mission d'anticipation (C4) ».* Cette mission doit être considérée comme une culture, être enracinée dans le mental des dirigeants. Faire appel aux experts quand bien même les affaires tournent bien serait une mesure de précaution, et permettrait de marcher à pas pesant. L'argument sous-jacent est que la plupart de coopératives qui sont tombées en faillite ne présentaient pas extérieurement des signes alarmants. Leur chute libre peut s'expliquer par une mauvaise maîtrise de la croissance. Celle-ci mérite d'être maîtrisée avec ses exigences, ses défis et ses tournures. Peu d'études antérieures ont confirmé cette dimension. Un audit externe efficace demande plus d'intuition et de bon sens à l'expert pour apporter des innovations (Piot & Kermiche, 2009). Les dirigeants attendent donc plus que ce qui est censé être fait par les experts : plus de savoir-faire dans leurs travaux d'expertise comptable.

Finalement, le contexte actuel congolais n'augure pas un lendemain meilleur du développement de la microfinance. Malgré que les faillites soient surtout imputées à la mauvaise gestion y compris parfois les mauvaises prescriptions de solution ; l'État lui-même en est fortement coupable. *« Malgré toutes les mesures de précautions qui puissent exister, l'environnement sécuritaire, politique et macroéconomique ne rassure pas. Imaginez que vous soyez régulièrement audité, que vous appliquiez toutes les bonnes règles de gestion, mais qu'après tout, les guerres surgissent et ravagent tout, que l'inflation ruine les épargnes, que le détourneur soit libéré après pot-de-vin... (C4) ».* Cette réalité est certaine, non seulement en microfinance, mais alors dans tous les secteurs. La conjugaison d'efforts doit être collective. Chaque acteur dit pleinement jouer son rôle pour que la présence de COOPEC soit réellement bénéfique au bien être de population, à la croissance économique et au développement du pays. Comme l'affirme Schmitz (2013), les effets de la transformation sociale communautaire sont souvent retardés par la situation sécuritaire et la faiblesse du capital social d'une contrée.

6. Conclusion

La réflexion a été menée selon une approche quali-quantitative dans le secteur de microfinance dans le souci d'établir l'état de la perception de l'audit externe et de coupler cette perception aux informations financières en rapport avec la performance et la pérennité des IMF. Dans ce cadre, malgré les limites de l'échantillon, les résultats obtenus amènent à quelques conclusions et, de là, à quelques perspectives.

Au nombre de principaux résultats figurent le fait que les IMF qui sont auditées par des cabinets certifiés présentent des indicateurs de performance proches de ceux prévus par les instructions de la Banque centre du Congo. Les dimensions de la qualité de l'audit externe qui ont un effet positif sur la performance et la pérennité des IMF sont : la compétence du cabinet d'audit externe, l'esprit éthique au sein de l'équipe d'audit, l'esprit d'ouverture des membres de l'équipe d'audit, l'indépendance de l'équipe d'audit, la satisfaction du client, l'appréciation du temps imparti, la spécialisation sectorielle de l'équipe et la créativité des membres de l'équipe d'audit.

Ces résultats suggèrent, en termes d'implications managériales, d'une part, que la qualité d'audit externe ne puisse souffrir à cause de manque des moyens pour rémunérer les experts, sinon c'est la médiocrité, prélude de la faillite. En effet, s'il est certain qu'un audit externe améliore la performance des COOPEC, cette dernière serait très significative et les COOPEC atteindraient facilement leur pérennité si elles bénéficient désormais d'un audit externe de qualité. D'autre part, les subsides doivent être une panacée pour se passer de cette exigence, et les COOPEC membres d'un réseau doivent conditionner l'adhésion par une preuve d'audit par un cabinet externe certifié. À l'intérieur de chaque coopérative comme de chaque réseau, des fonds doivent être alloués, constitués sous forme de réserves obligatoires pour se prémunir de cette exigence, qui loin d'être seulement légale, regorge des retombées sociales, financières voir économiques pour toute une institution, une société et une nation.

Malgré une validité interne de cette recherche imputable possiblement au choix méthodologique stratégique et privilégié notamment une triangulation par des sujets autres que les dirigeants des IMF enquêtés, il semble que sa validité externe ne puisse se confirmer véritablement qu'à la suite d'un double exercice : d'une part, revenir auprès des mêmes dirigeants enquêtés afin de recevoir leurs opinions sur les résultats trouvés y compris les conclusions tirées et, d'autre part, mener la même étude sur des sujets similaires, mais un peu vastes dans d'autres coins pour une généralisation assurée.

Bibliographie

Agblo, J. C. & Butoyi, J. B. (2010). *Gestion du portefeuille de crédit par la réduction du taux d'impayés dans le réseau FECECAM-Bénin : Cas de la CLCAM Akassato*. Mémoire de maitrise. Université Abomey -Calavi, inédit.

Baconnier, R., Aubin, C. & Beaufret, J.-P. (2009). Comités d'audit et auditeurs externes. Rapport. IFA

Bampoky, B. (2013). Comment assurer une information financière de qualité sous le système comptable OHADA ?. *Comptabilité sans Frontières*. Nd.

Banque centrale du Congo. (2014). *Activités sur la microfinance en RDC*. Kinshasa : BCC-RDC.

Bontems, T. & Goulin, S. (2013). Qualité de l'information. *QUALITA2013. Compiègne. France.*

Bougma, M. (2013). *Audit du portefeuille de crédit au sein d'un système financier décentralisé : Cas de l'union régionale des COOPEC du Nazinon au Burkina Faso*. Mémoire de maitrise, Institut supérieur de Comptabilité, de Banque et de Finance.

Boukhalfa, B. & Naim, S. (2015). La contribution de l'audit interne à la performance de l'entreprise. Étude de cas : BATICOMPOS Beni Mansour Bejaia. Mémoire de maîtrise, Université Akli Mohand Oulhadj Bouira.

Bouquot, J. & Laimay, M. H. (2014). Améliorer la coopération entre l'audit interne et l'audit externe. *ECIIA - IFACI - CNCC*.

Campion, A. (2000). Améliorer le contrôle interne:guide pratique pour à l'usage des institutions de microfinance. Guide technique n°1 Microfinance network/GTZ.

Chihi, H. (2014). Contribution à l'étude de la qualité de l'audit légal : évaluation de la pertinence des spécificités réglementaires françaises. Thèse de doctorat. Université Paris Dauphine.

Donnadieu, L. (2009). *L'audit externe du risque de crédit appliqué au secteur de la microfinance dans les pays en développement : démarche spécifique et outils*. Ordre des experts-comptables et FIDEF. Paris.

Gaddour, I. (2016). Contribution à l'étude de la qualité de l'audit : une approche fondée sur le management des équipes et le comportement des auditeurs. Thèse de doctorat. Univesité Paris Dauphine et IHEC Carthage.

Ghorbel, F. H. (Mai 2008). Impact de la qualité de l'audit externe sur la liquidité des titres des entreprises tunisiennes cotées : investigation théorique et évidence empirique. La comptabilite, le contrôle et l'audit entre changement et stabilite. France. Pp. CD Rom. Halshs-00526021.

Gravot, T. (2005). *Processus d'audit d'IMF : Étude de cas du projet de Promotion des Petites et Moyennes Entreprises Horticoles (PPMEH) au Sénégal*. Note technique du Programme de renforcement des capacités des IMF en Afrique francophone (CAPAF).

Haouda.,A & Labelle, R. (2015). Le système légal et la qualité de l'information financière: histoire et théories sous-jacentes. *Revue Française de Gouvernance d'Entreprise* (17).

Harbour, S. (2012). Compte rendu de [*Qualité de l'audit : enjeux de l'audit interne et externe pour la gouvernance des organisations*, sous la direction de Benoît Pigé, Bruxelles, De Boeck, 2011, 290 p.] *Télescope*, *18*(3), 181–184. https://doi.org/10.7202/1013782ar

Henriques, J. L., & Khemakhem, H. (2015). Les meilleures pratiques en matière de gestion des risques opérationnels : une approche actuelle. *Chaire d'information financière et organisationnelle ESG UQAM.*

Isern, J., Abrams, J., & Brown, M. (2008). *Appraisal Guide for microfinance institutions : A Technical Guide*. Consultative Group to Assist the Poor. Washington, DC 202433.

Institute of internal auditors. (2017). Cadre de référence internationale des pratiques professionnelles. Edition 2017. Disponible au lien : https://docs.ifaci.com/wp-content/uploads/2018/05/CRIPP_2017_Definition.pdf (consulté le 13 juin 2023).

Kahri, L. E., Rachid, A. & Amri, M. (2014). La certification qualité et la performance des organisations : Quelles convergences ? Étude de cas au sein de la Nouvelle Société AMADIR dans le grand

Agadir. *International Journal of Innovation and Scientific Research* 11 (2). Pp. 598 – 610.

Mabrouki, K. (2017). Impact de la Qualité d'Audit Externe sur la Pertinence des Bénéfices Comptables : Cas des Entreprises Tunisiennes Cotées. *Journal of Economic & Financial Research* 4 (2). *Pp. 12 – 31.*

Mahmoud, S. (2012). Contribution à l'étude des déterminants de la qualité des 'informations comptables produites par les entreprises Lybiennes. Thèse de doctorat, Université d'Auvergne.

Malhotra, M. (1998). External audits of microfinance institutions – A hand book. The Consultative Group to Assist the Poorest. Volume 2. Technical Tool Series No. 3.

Mammeri, M. (2013). L'impact de l'audit interne sur la performance de l'entreprise Cas : EPE-TRANSBOIS-SPA Béjaia. Mémoire de maîtrise, Université Abderrahmane Mira de Bejaia.

Marachto, D. A. (2017). Analyse de la propriété des coopératives d'épargne et de crédit: le cas des COOPEC Kinoises. Thèse de doctorat. Université Catholique de Louvain.

Nafti, O., Boumedienne, E. et Zarrouk, R. (2012). Qualité de l'audit externe et gestion des résultats : étude post-révolution dans le contexte tunisien. *Inédit,* Institut supérieur de comptabilité et d'administration des entreprises.

Noubbigh, E. (2008). Impact de la gouvernance et de l'audit sur la performance de l'entreprise. *La comptabilité, le contrôle et l'audit entre changement et stabilité, pp.CD Rom, 2008.*

Noubbigh, E. N. (2014). Interdépendance entre Audit interne et Audit externe et leurs impacts sur la qualité du compte rendu financier dans le contexte Tunisien. Thèse de doctorat. Institut Supérieur de Gestion. Université de Tunis.

Nzonzang, J., et al. (2012). Les déterminants des impayés dans les Institutions de Microfinance en zone urbaine : le cas du réseau MUFFA (Mutuelle Financière des Femmes Africaines) au Cameroun. Université de Dschang.

O'Neill, T., Bolton, H., Goodfellow, J., Kirton, N. et Scullion, R. (2013). Amélioration de la qualité de l'audit : Le rôle du comité d'audit dans la surveillance de l'auditeur externe. Document de consultation, CPAB et CCRC.

Olfert, R. (2017). Optimiser la valeur des indicateurs de la qualité de l'audit : Quelques leçons retenues. Document de travail . Institut Deloitte pour l'innovation et la qualité en audit.

Piot, C. et Kermiche, L. (2009). A quoi servent les comités d'audit ? Un regard sur la recherche empirique. *Cahier de recherche n°2009-14 E2., 60 p.*

Riguen, R. K. et Jarboui, A. (2015). L'impact de l'ethique de l'audit externe sur la qualite de l'information. Inédit, ISAAS, Tunisie.

Riquet, C. et Poursat, C. (2013). Gérer les faillites d'institutions de microfinance collectrices d'épargne : l'expérience des autorités de supervision en Afrique. Note d'information n° 91. *CGAP*. Washington DC.

Rosenberg, R. et Isern, J. (Decembre 1998). Audit externe des institutions de microfinance : guide pratique. Série « Outil technique » n° 3. CGAP. Washington DC.

Schmitz, C. (2013). Le rôle du secteur privé dans le financement du développement – Bilan et perspectives à l'horizon 2015. Actes du Colloque 2013 d'Epargne Sans Frontière tenu le 16 avril 2013 à Paris, en partenariat avec le ministère des Affaires étrangères et l'Agence Française de Développement. *Techniques Financières et Développement n°11*. Pp. 9 – 44.

Tchuigoua, H. T. (2010). L'influence des mécanismes de gouvernance sur la performance des institutions de microfinance d'Afrique subsaharienne. CEG Working Paper n°10/026. Université Libre de Bruxelles - Solvay Brussels School of Economics and Management JEL: G21, G34.

Tchuigoua, H. T. (2012). Gouvernance et notation des institutions de microfinance : Une étude empirique des institutions de microfinance africaines. *Comptabilité Contrôle Audit* 1, Tome 18. Pp. 153 – 182. Ed. Association Francophone de Comptabilité. ISSN 1262-2788. ISBN 9782311009088. DIO 10.3917/cca.181.0153.

Partie 2

Décisions de consommation, décisions de production agricole et comportements des communautés face aux biens communs et à l'ordre public

La seconde partie porte sur les décisions de consommation, de production agricole et les comportements des communautés face aux biens communs et à l'ordre public. Elle est articulée en cinq articles.

Les déterminants du consentement à payer par les ménages pour la supplémentation de la fourniture publique d'électricité dans la ville de Bukavu

Célestin Bucekuderhwa Bashige[15] et Heureuse Labii Kadurha[16]

Résumé

Ce papier s'intéresse au consentement à payer pour un meilleur fourniture d'électricité aux ménages de Bukavu au Sud-Kivu. L'analyse porte sur un échantillon de 260 ménages sélectionnés aléatoirement. La régression par intervalles conduit aux résultats selon lesquelles l'accès à l'électricité, le type de raccordement (légal ou frauduleux) au réseau SNEL, le niveau de satisfaction, la taille du ménage, l'état matrimonial, la profession, le revenu, la localisation, et la possession d'un compte en Banque ou dans une institution de microfinance affectent significativement le consentement à payer pour la supplémentation de la fourniture en électricité. Les résultats renseignent aussi que les ménages sont disposés à payer 1,2 fois plus que ce qu'ils paient et qu'il existe à Bukavu une demande pour une supplémentation de la fourniture d'électricité pour laquelle la segmentation du marché est nécessaire et devra tenir compte des caractéristiques socioéconomiques des ménages.

Abstract

This paper focuses on the willingness to pay for a better supply of electricity to households in Bukavu in South Kivu. The analysis covers a sample of 260 randomly selected households. Interval regression leads to the results that access to electricity, type of connection (legal or fraudulent) to the SNEL network, level of satisfaction, household size, marital status, occupation, income, location, and possession of an account in a bank or in a microfinance institution significantly affect willingness to pay for electricity

---

[15] Faculté des Sciences Economiques et Laboratoire d'Economie Appliquée au Développement (LEAD) à l'Univesité Catholique de Bukavu (UCB), email : bucekuderhwa.bashige@ucbukavu.ac.cd

[16] Chercheure au Laboratoire d'Economie Appliquée au Développement (LEAD) à l'Université Catholique de Bukavu (UCB), email : labii.kad35@gmail.com

supply supplementation. The results also show that households are willing to pay 1.2 times more than than they do and that there is a demand in Bukavu for additional electricity supply for which market segmentation is necessary and should take into account the socio-economic characteristics of households.

Mots clés : consentement à payer, fourniture publique d'électricité, Bukavu, évaluation contingente, délestages

1. Introduction

L'utilisation de l'électricité dans le monde s'est largement accrue depuis les années 80 (Byrne et Mun, 2003). Elle est à la fois indispensable aux industries et aux ménages (Kamdem Kamdem, 2006) et reconnue comme l'une des clés du développement économique et social (Botton, 2006). L'usage de cette forme d'énergie favorise l'augmentation de la production, l'accès à l'information et aux services sociaux de base et même la communication (Byrne et Mun, 2003 ; Kamdem Kamdem, 2009 ; Abdullah et Mariel, 2010). Dès lors, sa fourniture est un bien d'utilité publique (Byrne et Mun, 2003 ; Salies et al., 2007) devant être accessible à toutes les couches de la population (Dornan, 2014).

Néanmoins, une multitude des personnes n'ont pas toujours accès à l'électricité. Par exemple, 16% de la population mondiale n'a pas accès à l'électricité (IEA, et al., 2021 ; Bersisa et al., 2021). Ce pourcentage est majoritairement constitué des populations vivant en Afrique Subsaharienne où 54% de la population n'avait pas accès à l'électricité en 2019 (IEA, et al., 2021). Des évidences empiriques dans certains pays d'Afrique (comme par exemple Soudan du Sud, Tchad, Burundi, République Centrafricaine et République Démocratique du Congo) montrent que la situation d'accès à l'électricité reste lamentable. En effet, elle est de 7% au Soudan du Sud, 8% au Tchad, 11% au Burundi, 14% en République centre Africaine et 19% en République Démocratique du Congo (IEA, IRENA, UN, Bank, & WHO, 2021). Ces faibles taux d'accès entrainent une forte dépendance au bois, au charbon de bois et aux dérivés du pétrole (IRENA, 2013). Abdullah et Mariel (2010) indiquent que 80% d'énergie utilisé pour la cuisson en Afrique provient de la biomasse, ce qui ne reste pas sans impact sur les conditions socio-économiques et sanitaires des ménages.

Plusieurs facteurs sont indiqués comme étant à la base du faible taux d'accès à l'électricité en Afrique. La littérature économique mentionne entre autres le manque des ressources suffisantes pour financer la production, la distribution de l'électricité, les coûts élevés de connexion au réseau électrique, la croissance démographique, le revenu des ménages, … (Abdullah et Markandya, 2010 ; Twerefou, 2014 ; Entele, 2020, Bersisa et al., 2021 et IRENA, 2013). L'IEA montre qu'avec la croissance démographique actuelle, 42 % de la population africaine n'aura pas accès à l'électricité en 2030 (IRENA, 2013).

Face à ces taux faibles d'accès à l'électricité et l'importance de cette ressource dans le développement, plusieurs programmes et politiques ont été mis en place dans divers pays dans le but d'améliorer l'accès à l'électricité. Au Kenya, l'on retrouve le programme d'électrification rurale qui a été élaboré depuis 1973 avec comme objectif d'accroitre l'électrification dans les milieux ruraux (Abdullah et Jeanty, 2011). En Tanzanie, le gouvernement a mis en place deux organes chargés d'améliorer l'accès des ménages ruraux à l'électricité en procédant à des investissements dans la production et la distribution de l'électricité (Cecelski et al, 2012). En République des Fidji, le gouvernement a décidé de financer 95% des coûts de connexion au réseau électrique et de laisser les ménages payer les 5% restants avec pour objectif d'augmenter le taux d'électrification (Dornan, 2014).

En RDC, malgré les potentielles énergétiques du pays, l'accès de populations à l'électricité demeure faible. En moyenne, 19 % de la population totale avaient accès à l'électricité en 2019 (IEA, IRENA, UN, Bank, & WHO, 2021), avec une disparité entre milieu rural et urbain, soit respectivement 1% contre 35% (Sustainable Energy For All et al., 2013). Ce taux se révèle faible par rapport à la moyenne continentale africaine qui est de 24,6 % (Sustainable Energy For All et al, 2013). Ceci dénote une certaine fragilité du secteur énergétique du pays. A la base de cette situation se trouvent, entre autres, la croissance démographique et la pauvreté de la population (Sustainable Energy For All et al, 2013). Ce dernier facteur est d'autant plus important que les coûts supportés par les ménages pour être connectés au seul réseau électrique du pays sont élevés (Musese, 2011).

Le gouvernement congolais, s'inscrivant dans la logique de l'initiative énergie durable pour tous, a mis en place plusieurs programmes pour améliorer l'accès des populations à l'électricité (Sustainable Energy For All et al, 2013). Il s'agit entre autres du programme prioritaire d'urgence à court terme dont l'objectif est de faire une mise à niveau et de renforcer les capacités nationales (institutionnelles et humaines). Deux des contraintes à la réalisation des programmes de ce type sont la faible capacité nationale de financement (public et privé) et la forte dépendance du pays au financement extérieur (public et privé) (Sustainable Energy For All et al, 2013). Ces obstacles ont été renforcés par la pauvreté des populations rurales et périurbaines ainsi l'incidence de la pauvreté sur la capacité des populations à se procurer l'énergie électrique.

La pauvreté de la population et le problème de financement que pose l'objectif d'accroissement du taux d'électrification (Sustainable Energy For All et al, 2013) démontrent clairement la nécessité de s'interroger sur le moyen d'améliorer l'accès à l'électricité dans le pays où la fourniture d'électricité est caractérisée par les imperfections de la qualité et de la continuité (Muhinduka, 2010). Pour pallier à ces imperfections, les ménages recourent alors à d'autres formes d'énergies telles que le charbon de bois, les bougies, les piles, le gaz, etc. (Kadundu et al., 2015).

Nombreuses études ont analysé le comportement des ménages en situation de précarité et d'irrégularité d'électricité (Abdullah et Mariel, 2010 ; Dedjinou, 2014 ; King, 2012 ; Ozbafli et Jenkins, 2013 ; Ozbafli et Jenkins, 2015 ; Entele, 2020 ; Bersisa et al., 2021). Les résultats agrégés montrent que les ménages sont disposés à payer plus pour une meilleure fourniture d'électricité (Ozbafli et Jenkins, 2015). L'argument sous-jacent est lié au fait que l'irrégularité ou l'absence de l'électricité entraine pour les ménages des nombreux coûts (Dedjinou, 2014 ; King, 2012) tels que la diminution du temps de loisir domestique, la diminution du niveau d'utilisation des appareils électriques, la perte d'appareils électroménagers, la perte de la nourriture, la difficulté de cuire des aliments, l'achat de lampes à pétrole, des groupes électrogènes, des bougies, des panneaux solaires, etc. (Dedjinou, 2014 ; Ozbafli et Jenkins, 2015). Bien qu'il existe une substituabilité entre les activités qui dépendent de l'électricité et celles ne dépendant pas de l'électricité au sein du ménage, laquelle substituabilité pouvant réduire ces coûts, il demeure un coût psychologique en termes de perturbation du programme des membres du ménage si l'on considère que les ménages repartissent rationnellement leur temps entre divers types d'activités (Dedjinou, 2014). Par ailleurs, la faible fiabilité de l'électricité entrave sérieusement la réalisation de certains besoins tels que ceux liés à l'éclairage (Ozbafli et Jenkins, 2015).

La présente étude porte sur le consentement à payer pour l'amélioration de la fourniture d'électricité dans la ville de Bukavu. Ce choix est dicté par l'importance qu'occupe l'analyse du consentement à payer dans la révélation des préférences des consommateurs (Kimey, 2008). Surtout, qu'il est souhaitable que les fournisseurs comprennent les préférences des consommateurs pour offrir des services qui rencontrent leurs besoins (Botton, 2006 ; Kimey, 2008). Malgré l'importance manifeste de l'analyse du consentement à payer dans l'orientation de l'offre, très peu d'études lui ont été consacrées dans le secteur de l'électricité en République Démocratique du Congo.

S'intégrant dans la suite de ces auteurs auxquels nous avons fait référence dans les paragraphes précédents, la présente étude a pour objectif d'estimer le consentement à payer des ménages pour une amélioration de la fourniture publique d'électricité. Le consentement à payer est estimé pour la fourniture mensuelle d'électricité pour les ménages de Bukavu. L'étude est conduite dans un milieu caractérisé par une précarité importante d'électricité.

En effet, les différentes recherches menées dans la ville de Bukavu sont unanimes (Bucekuderhwa, 2002 ; Muhinduka, 2010 ; Musese, 2011 ; Kadundu et al., 2015) à ce sujet. Ces études montrent que la fourniture d'électricité n'est pas fiable et est caractérisée par des coupures intempestives et des délestages. A Bukavu, plusieurs ménages préférent se raccorder frauduleusement ou, à la limite, ils s'arrangent avec les agents et/ou les ménages proches afin de bénéficier de l'électricité gratuitement ou en payant des sommes très dérisoires plutôt que de payer les factures mensuelles de la Société Nationale d'Electricité (SNEL) (Tshitenge, 2018). Pareil comportement justifie l'importance d'analyser les préférences des consommateurs d'électricité.

La présente étude utilise des données en coupe instantanée collectées dans la ville de Bukavu aux mois de novembre et décembre 2015. L'approche adoptée est largement inspirée de l'étude d'Abdullah et Jeanty (2011) qui ont utilisé la méthode d'évaluation contingente basée sur la régression par intervalles pour estimer le consentement à payer pour un raccordement au réseau électrique. La récolte des données a été effectuée en trois phases. Une enquête qualitative composée des interviews a été menée auprès des 15 ménages dont 7 de la commune d'Ibanda et 8 de la commune da Kadutu pour améliorer les items utilisés. Elle a été suivie d'une pré-enquête auprès de 30 ménages de la ville pour tester le questionnaire. Enfin, l'enquête proprement dite a été réalisée auprès de 260 ménages repartis dans les trois communes de la ville. Le traitement des données a été rendu possible grâce aux logiciels SPSS et STATA.

Outre cette introduction et la conclusion, ce papier s'articule autour de trois points à savoir la revue de littérature, la méthodologie et la discussion des résultats.

2. Revue de littérature

2.1. Méthode d'évaluation contingente (MEC) : fondement théorique et validité

La méthode d'évaluation contingente est l'une des méthodes utilisées pour évaluer le consentement à payer (CAP). Elle s'appuie sur les enquêtes par questionnaire. Les individus sont amenés à exprimer en valeur monétaire leur consentement à payer pour un bien ou un service (Devicienti et al, 2004). Cette approche se fonde sur la construction d'un marché hypothétique pour le bien que l'on veut valoriser en vue de pallier à l'absence d'un marché réel (Maresca et al., 2006 ; Meuriot et al., 2010). Plus précisément, l'évaluation contingente fournit un CAP pour un bien ou un service (Ozabafli et Jenkins, 2013).

Les fondements de l'évaluation contingente sont utilitaristes (Luchini, 2002 ; Milanesi, 2007 ; Gbinlo, 2010). C'est l'adoption de cette doctrine par la théorie économique néoclassique qui permet de conceptualiser l'évaluation monétaire des bénéfices et de la demande des biens (Milanesi, 2007). L'idée centrale de cette doctrine est que la valeur attribuée aux biens et services (comme l'électricité par exemple) par les ménages est obtenue par les préférences individuelles de ces derniers (Gbinlo, 2010) et que les individus sont les meilleurs juges de leurs préférences (Milanesi, 2007). Autrement dit, les biens ont tous une certaine utilité et toutes les substitutions sont donc possibles.

En effet, en 1844 l'on s'opposait déjà au fait que la valeur des biens publics reposait sur la substitution entre la monnaie et le bénéfice que les individus retirent de ces biens (Milanesi, 2007). Plus tard, Hicks (1939) proposa une substitution entre la quantité d'un bien et le revenu (*general purshasing power*) du consommateur qui lui permit de développer son analyse des variations compensatrices et équivalentes du revenu (Milanesi, 2007)[17]. Entre la variation compensatrice et la variation équivalente du revenu se situe la notion de surplus qui représente une approximation satisfaisante de la variation de l'utilité du consommateur qui n'est pas observable (Gbinlo, 2010). Ce résultat de Hicks (1939) est fondateur de la méthode d'évaluation contingente.

En 1939, Mäler étendu l'idée de Hicks à la substitution entre monnaie et qualité ou quantité des biens publics pour poser finalement le cadre théorique de l'évaluation monétaire des biens à travers le CAP et le consentement à recevoir (CAR) (Milanesi, 2007). Alors que le CAP est la somme maximale d'argent qu'un individu est prêt à payer plutôt que de renoncer à un bien ou service, le CAR représente la somme minimale d'argent qu'un individu exigerait pour volontairement renoncer à un bien ou un service (Gbinlo, 2010). Ainsi, le consentement à payer peut être schématisé comme suit:

$$CAP = dépense\ (Prix) + surplus\ du\ consommateur.$$

Bien que cette méthode ait été utilisée dans plusieurs études pour juger de la légitimité des programmes publiques ou de la demande pour des produits nouveaux, elle fut l'objet d'un grand débat entre de nombreux économistes (Milanesi, 2007) mettant en doute la crédibilité et la fiabilité des résultats obtenus suite aux divers biais que peut entrainer l'évaluation contingente.

---

[17] La variation compensatrice du revenu donne la somme maximale (minimale) qui doit être prélevée sur le revenu du consommateur (ajoutée au revenu du consommateur) pour que son bien-être reste inchangé malgré la baisse (la hausse) des prix. Quant à la variation équivalente, elle mesure la somme minimale (maximale) qui doit être donnée (prélevée) à un consommateur pour maintenir son bien-être à un niveau équivalent à une baisse (hausse) des prix (Milanesi, 2007 ; Gbinlo, 2010).

Ces biais surviennent lorsque les individus ne donnent pas leur véritable CAP, quand des informations contenues dans les questions influencent le CAP des personnes interrogées et lorsque les enquêtés ne répondent pas à la question posée.

En réponse à ces critiques, les défenseurs de la MEC, avec à la tête Hanemann (1994), déclarent que les problèmes ne viendraient que des enquêtes d'évaluation contingente mal conçues ou mal exécutées (Milanesi, 2007). Pour les chercheurs réunis par le NOAA (*National Oceanic and Atmospheric Administration*) les enquêtes d'évaluation contingente peuvent produire des estimations suffisamment fiables à condition de suivre une procédure visant à minimiser les biais liés à une évaluation contingente (Milanesi, 2007 ; Gbinlo, 2010).

2.2. Développement des hypothèses

Les études (Bersisa et al., 2021 ; Entele, 2020 ; Twerefou, 2014 ; Ozbafli et Jenkins, 2013 ; Gunatilake et al., 2012 ; Abdullah et Markandya, 2009 ; Farhar, 1999 ; Wiser, 2003) qui analysent les déterminants du CAP dans le secteur de l'électricité indiquent plusieurs facteurs pouvant influencer le CAP des consommateurs. Les déterminants considérés dans le cadre de cette étude concernent les caractéristiques socioéconomiques et sociodémographiques du ménage ainsi que les aspects liés à l'utilisation de l'électricité par le ménage. L'analyse des facteurs relatifs à l'utilisation de l'électricité porte sur trois variables : l'accès à l'électricité, le type de connexion et la satisfaction par les services actuels d'électricité.

Le fait d'accéder déjà à l'électricité influencerait positivement le CAP pour une meilleure fourniture d'électricité. En effet, un ménage qui accède déjà à l'électricité supporte des coûts résultant des mauvais services d'électricité (Gunatilake et al., 2012). Il serait donc plus disposé à payer pour une amélioration de ces services. Ainsi, nous formons l'hypothèse suivante :

> *H_1 : le fait d'accéder à l'électricité influencerait positivement le CAP pour la supplémentation en fourniture d'électricité.*

La relation entre le type de connexion et le CAP est enraciné dans la théorie du passager clandestin. En effet, les ménages qui sont illégalement connectés au réseau électrique sont habitués à utiliser l'électricité sans payer ou en sous payant pour ces services (Burgess, Greenstone, Ryan, & Sudarshan, 2020). Ce type de ménage serait moins disposés à payer pour une amélioration de la fourniture d'électricité sachant que d'autres paieront pour cette amélioration (Gunatilake et al., 2012 ; Yakubu, et al., 2018). Cela étant, nous avons formulé l'hypothèse suivante :

H_2 : Le fait d'avoir un raccordement légal au réseau électrique SNEL influencerait positivement le CAP pour la supplémentation en fourniture d'électricité.

La relation entre niveau de satisfaction par la qualité de la fourniture actuelle d'électricité influencerait le CAP pour l'amélioration des services d'électricité. En effet, un ménage satisfait de la qualité actuelle des services a plus confiance en la capacité de la compagnie d'électricité à améliorer ses services (Wiser, 2003 ; Cruz-Zambrano et Corchero, 2013). Par conséquent il serait disposé à payer plus pour une amélioration. Ainsi nous proposons l'hypothèse suivante :

H_3 : le fait d'avoir un niveau de satisfaction élevé par rapport à la qualité actuelle des services fournis par la SNEL influencerait positivement le CAP pour la supplémentation en fourniture d'électricité.

L'analyse des facteurs sociodémographiques et le CAP porte sur les variables suivantes : la taille du ménage, le sexe et état matrimonial du chef de ménage[18].

La relation entre la taille du ménage et le CAP est ambiguë (Jeanty, 2011 ; Abdullah et Mariel, 2010 ; Entele, 2020 ; Bersisa et al., 2021). Dans leurs études Abdullah et Jeanty (2011) et Abdullah et Mariel (2010) révèlent que plus le nombre de personnes qui composent le ménage est élevé plus variés seront les besoins en électricité et plus le ménage sera disposé à payer pour des services d'électricité qui répondent le mieux à ces besoins. Twerefou (2014) et Bersisa et al. (2021) par contre trouvent qu'au fur et à mesure que la taille du ménage augmente, plus les dépenses augmentent et moins le ménage est disposé à payer pour des services d'électricité. Pour eux, le ménage aura plutôt tendance à substituer les dépenses de première nécessité aux dépenses d'électricité considérées comme un luxe. Ainsi, notre hypothèse est formulée de la manière suivante :

H_4 : la taille du ménage influencerait négativement le CAP pour la supplémentation en fourniture d'électricité.

La relation entre le sexe du chef de ménage et le CAP pour les services d'électricité est enracinée dans les rôles de genre socialement construits et la différence des besoins énergétiques entre les hommes et les femmes qui en découle (IEA, et al., 2021 ; Clancy et al, 2002). En effet, Farhar (1998) indique que dans les pays en développement les femmes utilisent plus l'électricité (dans la cuisson et la conservation des aliments, le repassage,

---

[18] Dans ce papier, le chef du ménage est entendu comme le membre du ménage qui est reconnu par les autres membres comme étant leur responsable. C'est celui qui influence les grandes décisions du ménage.

etc.) au sein du ménage. Ainsi, alors que les hommes voient les avantages de l'électricité en termes de loisirs (radio, télévision, etc.), les femmes considèrent cette énergie comme un moyen de réduire leur charge de travail, d'améliorer leur santé (à travers la baisse de la quantité de fumé inhalée quotidiennement) mais aussi de réduire leurs dépenses (Clancy et al, 2002). En conséquence, elles seraient plus disposées à payer pour une supplémentation en fourniture d'électricité pour besoin d'efficacité (Farsi et al. 2007). Nous avons ainsi formulé l'hypothèse suivante :

> *H_5 : le fait d'être femme influencerait positivement le CAP pour la supplémentation en fourniture d'électricité.*

La relation entre l'état matrimonial et le CAP n'est pas totalement tranché. Abdullah et Jeanty (2011) trouvent que l'état civil n'influence pas significativement le CAP. Par contre, dans leurs analyses, Abdullah et Mariel (2010) révèlent l'existence d'une relation positive entre le fait d'être marié et le CAP. Ainsi, notre hypothèse est formulée de la manière suivante :

> *H_6 : le fait d'être marié influencerait positivement le CAP pour la supplémentation en fourniture d'électricité.*

Notre analyse des relations entre les facteurs socioéconomiques et le CAP porte sur neuf variables socioéconomiques : l'ancienneté dans le quartier, le niveau d'éducation du chef de ménage, la profession du chef de ménage, le revenu du ménage, le statut d'occupation, le type d'habitat, le statut de pauvreté, le milieu de résidence, possession d'un compte bancaire, possession d'une activité génératrice de revenu.

La relation entre l'ancienneté du ménage dans son quartier de résidence et le CAP est négative (Kateregga, 2009). Abdullah et Jeanty (2011) et Abdullah et Mariel (2010) trouvent que plus le nombre d'années passées par un ménage dans un quartier est élevé, moins le ménage a confiance en des changements possibles des services auxquels il a accès. Par conséquent il sera moins disposé à payer pour une supplémentation de la fourniture. A ce sujet, nous avons formulé l'hypothèse suivante :

> *H_7 : l'ancienneté dans le quartier influencerait négativement le CAP pour la supplémentation en fourniture d'électricité.*

Plusieurs auteurs (Abdullah et Jeanty, 2011 ; Gunatilake et al. 2012 ; Ozbafli et Jenkins, 2013 ; Twerefou, 2014 ; Kateregga, 2009 ; Farsi et al. 2007) s'accordent sur la relation positive qui existerait entre le niveau d'éducation et le CAP pour les services d'électricité. En effet, plus les années d'études d'un individu augmentent, plus il peut consacrer l'électricité à des usages plus gratifiants. En effet, une meilleure éducation accroit la sensibilité des ménages aux impacts négatifs sur la santé associée à l'utilisation des énergies traditionnelles (bois de chauffe, charbon de bois, kérosène, etc.)

mais aussi aux avantages de l'utilisation de l'électricité en termes d'efficacité et de commodité (Farsi et al. 2012). Nous formulons l'hythèse suivante :

> *H_8 : le niveau d'éducation influencerait positivement le CAP pour la supplémentation en fourniture d'électricité.*

La catégorie professionnelle influencerait le CAP pour les services d'électricité (Abdullah et Mariel, 2010). En effet, plus un individu exerce une activité ou un emploi lui permettant d'avoir régulièrement un revenu, plus il est à mesure de payer les factures mensuelles d'électricité et ainsi, ne pas être déconnecté du réseau électrique. Dès lors, il serait disposé à payer pour une amélioration des services d'électricité (Abdullah et Mariel, 2010). Nous avons formulé l'hypothèse suivante :

> *H_9 : le fait d'être chômeur influencerait négativement le CAP pour la supplémentation en fourniture d'électricité.*

La relation entre le statut de propriétaire et le CAP pour les services d'électricité (Bersisa et al., 2021 ; Entele, 2020 ; King, 2012 ; Farsi et al. 2007 ; Kateregga, 2009) serait basée sur le comportement des locataires. En effet, les locataires sont moins disposés à investir dans de nouvelles technologies puisqu'ils n'en bénéficieront plus en cas de déménagement (Abdullah et Jeanty, 2011). Par conséquent leur CAP pour une amélioration des services d'électricité serait faible comparativement aux propriétaires (Briand et Laré, 2019 ; Kateregga, 2009). Nous avons donc proposé l'hypothèse suivante :

> *H_{10} : le fait d'être propriétaire influencerait positivement le CAP pour la supplémentation en fourniture d'électricité.*

Le type de maison fait référence aux matériaux dans lesquels la maison est construite (Entele, 2020). Gunatilake et al. (2012) soutiennent que les ménages avec des maisons construites en matériaux durables peuvent valoriser les équipements dont ils disposent et le confort supplémentaire que des meilleurs services d'électricité peuvent leur apporter. Ainsi, nous avons formulé l'hypothèse suivante :

> *H_{11} : le fait d'habiter dans une maison en matériaux durables influencerait positivement le CAP pour la supplémentation en fourniture d'électricité.*

La relation entre le revenu du ménage et le CAP pour les services d'électricité est enracinée dans la théorie de la transition énergétique (ESMAP, 2000 ; Leach, 1992). En effet, lorsque le revenu augmente, les ménages passent d'abord de l'utilisation de combustibles traditionnels, comme le bois, à des combustibles de transition, comme le kérosène, puis à des combustibles modernes, comme l'électricité (Leach, 1992) sachant que l'électricité est généralement perçue comme étant supérieure aux combustibles traditionnels et de transition en termes d'efficacité, de confort et de facilité d'utilisation (Farsi, Filippini, & Pachauri, 2007). Ceci implique qu'à mesure que les revenus augmentent, les ménages demanderent non seulement une plus grande fourniture énergétique, mais aussi modifient également leurs habitudes de consommation en faveur de sources énergétiques de meilleure qualité (Entele, 2020 ; Lay et al., 2013 ; Gunatilake et al., 2012 ; Kateregga, 2009 ; Farsi, et al., 2007). Ainsi, nous proposons l'hypothèse suivante :

> *H_{12} : le revenu du ménage influencerait positivement le CAP pour la supplémentation en fourniture d'électricité.*

Le fait de résider dans certaines régions influencerait le CAP pour l'électricité (Entele, 2020 ; Farsi et al. 2007). En effet, Farsi et al (2007) indiquent que dans les grandes villes et les zones où les approvisionnements en combustibles modernes, comme l'électricité par exemple, sont distribués de manière plus régulière et fiable, les ménages sont plus susceptibles de choisir des combustibles modernes. En RDC, la fourniture publique d'électricité est caractérisée par un rationnement par délestage à durée variable en fonction des zones de résidence (Tshitenge, 2018). A Bukavu, la commune d'Ibanda est mieux servi et les besoins d'électricité y sont plus développés (non seulement l'éclairage mais aussi la conservation) par rapport aux autres communes (Kandundu et al, 2015). Les résidents de cette commune seraient donc disposés à payer plus pour des meilleurs services d'électricité considérant les conséquences positives que cela pourrait avoir sur l'utilisation de leurs appareils électroménagers.

> *H_{13} : le fait de résider dans la commune d'Ibanda influencerait positivement le CAP pour la supplémentation en fourniture d'électricité.*

Le fait d'avoir un compte bancaire influencerait positivement le CAP pour une meilleure fourniture d'électricité. En effet, Abdullah et Mariel (2010) estiment que les propriétaires d'un ou plusieurs comptes en banque disposent des ressources supplémentaires pour investir dans des équipements électroménagers et autres. A ce sujet, nous avons proposé l'hypothèse suivante :

> *H_{14} : le fait d'avoir un compte en banque ou dans une institution de microfinance influencerait positivement le CAP pour la supplémentation en fourniture d'électricité.*

Un ménage peut être disposé à payer pour avoir des meilleurs services d'électricité s'il possède une quelconque activité exercée à domicile et que cette activité nécessite l'électricité (Gunatilake et al., 2012 ; Kateregga, 2009). En effet, l'accès à une bonne qualité d'électricité permettrait à ce ménage d'améliorer cette activité (Abdullah et Jeanty, 2011 ; Gunatilake et al. 2012). Cela étant, nous avons proposé l'hypothèse suivante :

> H_{15} : *le fait d'avoir une activité génératrice de revenu exercée à domicile influencerait positivement le CAP pour la supplémentation en fourniture d'électricité.*

3. Méthodologie

3.1. Les données de l'étude

Les données que nous utilisons ont été recueillies lors d'une enquête réalisée aux mois de novembre et décembre 2015. En outre, une enquête qualitative et exploratoire a été conduite auprès de 15 ménages de la ville de Bukavu du 11 au 12 septembre 2015. L'objectif de cette enquête était d'une part de comprendre l'attitude des ménages face à la connexion au réseau électrique publique SNEL, d'autre part d'identifier les attributs des services d'électricité améliorés dans la perspective des ménages en vue de la rédaction du scenario hypothétique pour l'évaluation contingente (Abdullah et Jeanty, 2011).

Les ménages étaient amenés à s'exprimer sur les bénéfices d'une connexion à un réseau électrique, les différents usages de l'électricité et les caractéristiques des services d'électricité offerts par le réseau électrique publique existant. Ces interviews ont permis d'identifier les items de la qualité des services d'électricité. 10 items ont été retenus en fonction de leurs fréquences d'apparition sur base de deux critères (Neuman, 2010 cité par Kusinza, 2014). Le premier critère consistait à prendre en compte un attribut cité par au moins deux ménages. Le deuxième critère consistait à prendre aussi en compte un attribut cité par un seul ménage mais décrivant un aspect important des services d'électricité. Certains items issus des interviews ont été rencontrés dans la littérature (Kadundu et al., 2015 ; Twerefou, 2014 ; Ozbafli et Jenkins, 2013 ; Cruz-Zambrano et Corchero, 2013 ; NTF group, 2014).

A ce sujet, les études de Twerefou (2014) et d'Ozbafli et Jenkins (2013) ont retenu 4 items pour l'évaluation de la qualité de l'électricité. L'étude de Kandudu et al. (2015) a retenu 15 items contenus dans 6 dimensions. Ces items reprenaient aussi les 4 items utilisés par les études de Gunatilake et al. (2012), Abdullah et Mariel (2010), Twerefou (2014) Cruz-Zambrano et Corchero (2013) et Ozbafli et Jenkins (2013). Par ailleurs, l'étude de NTF group (2014) a retenu 6 items pour la qualité de l'électricité. Parmi les 6 items de NTF group, 2 items ont été ajouté à ceux de Kadundu et al (2015) dans une nouvelle dimension. Après confrontation des items issus de la littérature à ceux issus des interviews, une échelle de 18 items contenus dans 7 dimensions a été obtenue. Par ailleurs, les informations issues des interviews ont permis d'identifier un bon système d'électricité du point de vue des ménages et ainsi, de concevoir le scenario hypothétique d'évaluation des préférences des ménages pour un meilleur service d'électricité. A l'issue de cette enquête, un questionnaire pour l'enquête quantitative a été élaboré.

Dans le but de vérifier la bonne compréhension du questionnaire par la cible de l'étude, une pré-enquête a été conduite auprès de 30 ménages. Au cours de cette pré-enquête, une question ouverte de valorisation a été utilisée pour mesurer le consentement à payer des ménages pour bénéficier des meilleurs services d'électricité. L'objectif de l'intégration de cette question ouverte était de déterminer les montants à proposer aux personnes interrogées pour la question de valorisation dans l'enquête finale. Les données recueillies permettent de déterminer la distribution du consentement à payer que nous présentons dans le tableau suivante :

Tableau 1 : distribution du CAP

CAP (en FC)	1000	3000	4500	5000	6000	8000	9000	10000	13500	15000	18000	30000	45000	Total
Effectif	1	1	2	3	1	1	9	2	3	1	3	1	2	30

Source: données de la pré-enquête

Cette distribution est utilisée pour déterminer les montants des offres à proposer dans le questionnaire final utilisé dans l'enquête proprement dite. En effet, Arrow et al. (1993) proposent de recourir à une simple question fermée dans les enquêtes quantitatives d'évaluation contingente. Cependant, pour plus d'efficacité statistique (Alberini et al, 1997 ; Bigerna et Pollinori, 2008), les doubles questions fermées sont utilisées dans cette étude. Kanninen (1995) propose, pour les doubles questions fermées, de retenir les valeurs correspondant aux centiles 10, 30, 60 et 90 (Terra, 2005). Par conséquent, l'un de quatre montants 4.500, 8.000, 10.000, 18.000 FC devra être proposé à chaque personne interrogée lors de l'enquête proprement dite. Les résultats de cette pré-enquête (la variance des CAP pour 30 ménages est de 0,72) ont également servi à déterminer la taille de l'échantillon en utilisant la formule ci-contre : $\boldsymbol{n \geq [z^2 . v^2]/\varepsilon^2}$. L'application de cette formule a donné une taille de 276,59 qui a été amené à 280 ménages.

L'échantillon de 280 ménages a été réparti en 3 strates que sont les 3 communes de la ville de Bukavu grâce à une allocation proportionnelle[19]. La population de la ville étant de 798.637 dont 208.405 vivants dans la commune de Bagira, 283.119 dans la commune d'Ibanda et 307.113 dans la commune de Kadutu (rapport de la Mairie de Bukavu, 2012), l'échantillon a été réparti en raison de 73 ménages à Bagira, 98 à Ibanda et 109 à Kadutu. Par la suite, la répartition de

[19] La proportion (ou le poids) de la population de la commune dans la population totale de la ville de Bukavu était utilisée.

l'échantillon au sein des quartiers de chaque commune a été faite de manière égale suite à l'indisponibilité de la base de répartition sachant que la commune d'Ibanda a 3 quartiers, la commune de Kadutu a 7 quartiers et la commune de Bagira a 10 quartiers. Afin de s'assurer d'un tirage aléatoire et au vu de l'indisponibilité des listes des ménages constitutifs des communes et des quartiers, nous avons opté de choisir aléatoirement le premier ménage à enquêter dans le quartier et, à partir de ce point, sélectionner la 5ème maison après chaque enquête.

Le questionnaire d'enquête a été utilisé pour la collecte des données quantitatives. Ce questionnaire était composé de quatre modules : le premier module porte sur les caractéristiques socio démographiques et économiques du ménage, le deuxième module porte sur la consommation du ménage en énergie. Dans ce module, les questions relatives aux sources d'énergie sont conçues conformément aux recommandations de la banque mondiale (O'Sullivan et Barnes, 2006). Le troisième module porte sur l'évaluation de la qualité actuelle des services d'électricité et sur les attentes des ménages. Enfin, le quatrième module porte sur l'évaluation contingente des services d'électricité. Dans ce dernier module, deux questions fermées ont été utilisées pour estimer le consentement à payer des ménages. Chaque répondant se voit proposé l'un de 4 montants suivants ressortis de la préenquête : 4.500, 8.000, 10.000 et 18.000 Francs congolais. Pour plus de crédibilité, il était d'abord demandé au ménage son CAP pour la qualité actuelle des services et le montant à proposer à la première question d'évaluation devra être le montant directement supérieur au CAP pour la qualité actuelle des services (Gunatilake et al., 2012). Si la personne accepte le premier montant, le montant proposé à la seconde question est augmenté de 20 %, sinon il est réduit de 20 %. Ceci permet d'avoir une limite du CAP maximum du répondant (Abdullah et Jeanty, 2011). Une question supplémentaire était posée aux répondants qui refusait les 2 montants leur proposés enfin d'identifier s'il s'agit d'un manque d'intérêt pour l'amélioration ou bien d'un comportement stratégique (« *free rider* »).

La récolte des données auprès des ménages de Bukavu s'est faite de façon intermittente pendant du 7 novembre au 12 décembre 2015 avec une équipe de 3 enquêteurs. Ces enquêteurs ont été préalablement formés pour éviter, si non réduire, le biais lié à l'enquêteur. La formation portait sur la manière de mener l'enquête en mettant un accent particulier sur l'évaluation hypothétique du service et s'est faite en une journée. L'enquête s'effectuait par entretien personnel pendant en moyenne 35,6 minutes. Les répondants étaient soit le chef du ménage, soit son conjoint ou soit un membre du ménage adulte mieux informés sur la gestion de l'électricité et qui était présent à la maison le jour de l'enquête. Un total de 280 questionnaires a été lancé pour faire face aux cas de non réponse. Au final, le taux de réponse de 92,8%.

3.2. Modélisation et calcul du consentement à payer

Comme dit précédemment, cette étude utilise la double question fermée pour obtenir le CAP des ménages. Pour estimer le CAP à partir de ce type de données, Cameron et Quiggin (1994) proposent d'utiliser un modèle *probit* bivarié. Ce modèle estime deux fonctions de CAP pour chaque montant proposé (Alberini et al, 1997). Il est fondé sur l'hypothèse selon laquelle le coefficient de corrélation (*rho*) entre les termes d'erreurs de deux fonctions estimées tend vers zéro, traduisant une absence de corrélation entre le premier montant proposé et le deuxième. Quand ce coefficient de corrélation est supérieur à 0,7, le modèle *probit* bivarié n'est plus adapté (Alberini, 1995). Alberini (1995) propose, dans ce cas, de recourir au modèle de régression par intervalles (Hanemann et al. 1991). Ce dernier modèle est fondé sur la dépendance entre la réponse à la première et à la deuxième offre. Autrement dit le processus de décision pour les deux montants proposés est le même. Dans cette étude, le coefficient de corrélation (*rho*) égale à 0,9. Dès lors, le modèle *probit* bivarié n'est plus adapté pour cette étude. Le modèle de régression par intervalles sera alors utilisé.

Dans les doubles questions dichotomiques, nous avons proposé à la personne *j* une première valeur t_j. Si *j* accepte de payer ce premier montant, alors un second montant, plus élevé, t_j' lui est proposé. Par contre, si *j* refuse le premier montant, un montant inférieur t_j" est proposé. Dans ce cas, le CAP du répondant *j* figure dans l'intervalle formé par les deux montants proposés (Corso et al, 2013). Pour Corso et al (2013), la valeur de ce CAP peut être représentée par le modèle : $\boldsymbol{W_i = X_i\beta + \varepsilon_i}$ (1), avec *W*, la variable dépendante, $\mathcal{E}$ le terme d'erreur, β le vecteur des coefficients de régression et *X* l'ensemble des variables explicatives.

Le CAP *W* de l'individu *i* n'est pas directement observable mais figure dans l'intervalle constitué sur base des réponses du répondant (Corso et al, 2013). Selon la réponse donné par l'enquêté, quatre issues sont possibles (Terra, 2005 ; Abdullah et Jeanty, 2011) :

- Les deux réponses sont positives : cela signifie que le vrai consentement à payer de *j* est supérieur à t_j'. Dans ce cas, la limite supérieure de l'intervalle n'est pas connue ; il s'agit des données censurées à droite et la probabilité que le CAP de l'individu soit dans cet intervalle est :

$$\boldsymbol{\pi^{yy}(tj, tj') = p(\max W \geq tj')}$$

- Les deux réponses sont négatives : cela signifie que le vrai CAP de *j* est inférieur à t_j". Ici, la limite inférieure de l'intervalle est inconnue, on est en présence des données censurées à gauche et la probabilité que le CAP de l'individu figure dans cet intervalle est :

$$\boldsymbol{\pi^{nn}(tj, tj'') = p(\max W \leq tj'')}$$

- *J* répond « oui » à la première question et « non » à la seconde : cela signifie que le vrai consentement à payer de *j* est compris entre t_j et t_j'. Par conséquent, la probabilité, notée pour que *j* se trouve dans ce cas est :

$$\pi^{yn}(tj, tj') = p(tj \leq \max W \leq tj')$$

- *J* répond « non » à la première question et « oui » à la seconde : cela signifie que le vrai consentement à payer de *j* est compris entre t_j'' et t_j. Par conséquent, la probabilité, notée pour que *j* se trouve dans ce cas est :

$$\pi^{ny}(tj'', tj) = p(tj'' \leq \max W \leq tj)$$

La commande STATA *intreg* permet d'estimer le modèle (1) dans lequel chaque observation représente soit une donnée en intervalle soit une donnée censurée. Il s'agit d'une régression par intervalles dans laquelle la variable dépendante est scindée en deux variables. La première et la deuxième variable représentent respectivement la limite inférieure et la limite supérieure de l'intervalle. Pour obtenir le CAP moyen, le modèle (1) a été estimé sans variables explicatives. Par ailleurs, pour obtenir les déterminants de ce CAP, les variables explicatives seront intégrées dans le modèle.

3.3. Mesure des variables

La variable dépendante CAP est défini ainsi que les quinze facteurs potentiels qui ont été identifié dans la littérature comme pouvant l'influencer (Entele, 2020 ; Burgess, et al. 2020 ; Briand et Laré, 2019 ; Twerefou, 2014 ; Lay, et al., 2013 ; Gunatilake et al., 2012 ; Abdullah et Jeanty, 2011 ; Abdullah et Mariel, 2010 ; Ozbafliet Jenkins, 2013).

- *Le CAP (Consentement à payer)*

Le CAP constitue la variable dépendante. Elle mesure, en francs congolais (FC), le montant que le ménage est disposé à payer pour la supplémentation de la fourniture d'électricité. Cette variable se compose de deux sous-variables. Ces deux sous-variables représentent respectivement les deux bornes de l'intervalle dans laquelle le ménage situe son CAP pour la supplémentation de la fourniture d'électricité. Ces intervalles résultent d'un jeu d'offres réalisé avec les enquêtés (Abdullah et Jeanty, 2011; Entele, 2020 ; Arrow et al, 1993 ; Twerefou, 2014 ; Bigerna et Polinori, 2008). En effet, quatre offres ont été proposées dans le questionnaire d'enquête pour l'amélioration des services d'électricité. Concrètement, l'un des quatre montants 4.500, 8.000, 10.000 et 18.000FC a été proposé à chaque personne interrogée initialement. Le montant proposé devrait être celui qui est directement supérieur au CAP déclaré par l'individu pour la qualité actuelle des services d'électricité fourni par la SNEL. Si la personne répond « oui » au premier montant, le montant proposé à la seconde question est augmenté de 20% (soit 5.400, 9.600, 12.000 et 21.600 FC), si non, il est réduit de 20% (soit 3.600, 6.400, 8.000 et 14.400FC). Le tableau ci – dessous synthétise les différentes possibilités de réponse et les intervalles qui en découlent :

Tableau 2 : les réponses possibles à la double question fermée

Offres	Réponses			
	Non-non	Non – oui	Oui-non	Oui-oui
1ère offre	[0, 3600[	[3600, 4500[	[4500, 5400[	[5400, .]
2ème offre	[0, 6400[	[6400, 8000[	[8000, 9600[	[9600, .]
3ème offre	[0, 8000[	[8000, 10000[	[10000, 12000[	[12000, .]
4ème offre	[0, 14400[	[14400, 18000[	[18000, 21600[	[21600, .]

Source : conception à partir du questionnaire

- *Accès à l'électricité*

Cette variable est qualitative dichotomique. Elle prend la valeur 1 si le ménage accède à l'électricité et 0 si non.

- *Type de connexion*

C'est une variable dichotomique. Elle prend la valeur 1 si le ménage est légalement connecté au réseau électrique publique SNEL et 0 si le raccordement est frauduleux.

- *Niveau de satisfaction par l'offre actuelle d'électricité*

Cette variable a été captée par l'indice de satisfaction des ménages. Cet indice est construit à partir des attentes des usagers et les scores calculés à partir de la perception du service. Initialement, une liste de 18 attributs a été sélectionnée répartie dans 7 dimensions notamment « distribution », « disponibilité », « accessibilité », « discrimination », « règlementation des coupures », « respect de l'environnement » et « attention accordée au client » (Kadundu et al, 2015 ; Twerefou, 2014 ; Ozbafli et Jenkins, 2013, NTF group, 2014). Lors de l'analyse factorielle, 5 items ont été supprimés soit pour leurs communalités faibles (<0,5), soit pour une corrélation faible (<0,5) à une des composantes ou soit pour leur corrélation avec plus d'une composante (Carricano et Poujol, 2008). Ces critères ont orienté le processus d'ajout et de suppression d'items visant à synthétiser les données. Le test de Sphéricité de Bartlett (KMO = 0,78 significativité = 0,00) a permis de rejeter l'hypothèse d'absence de corrélation affirmant la validité convergente de l'échelle et la mesure de l'adéquation des données (MSA ou « *Measure of Sampling Adequacy* ») a permis d'affirmer que les variables retenues forment un ensemble cohérent et mesurent de manière adéquate le concept de satisfaction. La fiabilité de l'échelle est mesurée par l'alpha de *Cronbach* qui est égale à 0,7.

- *Taille du ménage*

Cette variable est quantitative discrète. Elle est exprimée par le nombre des personnes composant le ménage. Elle a été transformée en logarithme

- *Sexe du chef de ménage*

C'est une variable dichotomique. Elle prend la valeur 1 si le chef de ménage est une femme et 0 si non.

- *État matrimonial*

Cette variable est qualitative dichotomique. Elle prend la valeur 1 si le chef de ménage est marié et 0 si non.

- *Ancienneté dans le quartier*

C'est une variable quantitative discrète. Elle capture le nombre d'années qu'a le ménage dans son quartier de résidence. Cette variable a été transformée en logarithme.

- *Niveau d'éducation*

Cette variable est quantitative discrète. Elle est exprimée en nombre d'années d'études réussies du chef de ménage. Elle a été transformée en logarithme.

- *Catégorie professionnelle*

Cette variable renseigne sur la profession du chef de ménage. Elle comprend sept modalités : chômeur, agriculteur, artisan, commerçant, fonctionnaire, salarié dans le secteur privé et travailleur indépendant.

- *Statut de propriété*

Cette variable est dichotomique. Elle prend la valeur 1 si le ménage est propriétaire de la maison dans laquelle elle habite et 0 si non.

- *Type de maison*

C'est une variable dichotomique. Elle prend la valeur 1 si la maison d'habitation du ménage est construite en matériaux durables et 0 si non.

- *Revenu*

C'est une variable quantitative. Elle est exprimée en dépenses mensuelles par équivalent adulte. Cette variable a été transformée en logarithme.

- *Localisation*

Cette variable est qualitative. Elle indique la commune de résidence du ménage et a trois modalités : elle prend la valeur 1 si le ménage vit dans la commune d'Ibanda, pour la commune de Bagira et 3 pour la commune de Kadutu.

- *Compte en banque/IMF*

Cette variable est dichotomique. Elle prend la valeur 1 si le ménage possède un compte en banque ou dans une institution de microfinance (IMF) et 0 si non.

- *Activité génératrice de revenu*

Cette variable est dichotomique. Elle prend la valeur 1 si le ménage exerce une activité génératrice de revenu effectué à son domicile et 0 si non.

4. Discussion des résultats

4.1. Situation de fourniture publique d'électricité au secteur résidentiel à Bukavu

Les résultats de cette étude révèlent que 180 ménages soit 69% des enquêtés utilisent l'électricité commercialisée par la SNEL (tableau 3). Cependant, seulement 120 soit 66,7% des utilisateurs sont abonnés à la SNEL. 33,3% accèdent donc à l'électricité de manière frauduleuse.

Tableau 3 : Tableau relatif au type de connexion

Type de connexion	Effectifs	Fréquences
Légale	120	66,67
Illégale	60	33,33
Total	180	100

Source : résultats basés sur nos données d'enquête générés avec SATA

Cette pratique est communément appelée « *dahulage* » dans le jargon de Bukavu (Kadundu et al, 2015 ; Muhinduka, 2010) et est majoritairement effectuée par les ménages pauvres. En effet, le tableau 4 indique que dans les 120 ménages abonnés à la SNEL, 46 (soit 38,3%) sont pauvres alors que pour les 60 ménages qui utilisent l'électricité de manière informelle, 40 (soit 66,7%) sont pauvres. Cela indique que le niveau de vie influence négativement le vol d'électricité ((Razavi & Fleury, 2019 ; Yakubu, et al., 2018 ; Smith, 2004).

Tableau 4 : Tableau relatif au type de connexion et pauvreté du ménage

Type de connexion	Pauvreté[20]		Total
	Pauvres	Non pauvres	
Connexion légale	46	74	120
Connexion illégale	40	20	60
Totaux	86	94	180

Source : résultats basés sur nos données d'enquête

Par ailleurs, les ménages qui utilisent l'électricité sont servis en moyenne pendant 4 jours durant la semaine (tableau 5). Cependant, certains ménages peuvent passer une semaine entière sans être servi alors que d'autres sont servi pendant tous les jours de la semaine. Il en est de même pour la durée du service. L'électricité est disponible pour une durée allant de 0 à 24 heures avec une moyenne d'à peu près 4 interruptions par jour. Ces interruptions sont de 257 minutes en moyenne mais peuvent aller jusqu'à 1320 minutes (soit 22 heures).

Cette situation illustre parfaitement le système de rationnement par délestage mis en place par la SNEL depuis 2006 pour gérer la surcharge causée par le gap entre l'offre publique d'électricité et la demande (Tshitenge, 2018) et confirme le fait que les services publics desservant une population de consommateurs pauvre peuvent fournir un approvisionnement d'électricité de mauvaise qualité (Burgess, Greenstone, Ryan, & Sudarshan, 2020). En effet, ce système de rationnement consistant à limiter délibérément l'offre d'électricité est l'option dont disposent ces services publics d'électricité des pays à faible revenu qui perdent de l'argent sur chaque unité vendue et ne peuvent pas fermer en raison de leur mandat public (Burgess, Greenstone, Ryan, & Sudarshan, 2020).

Tableau 5 : Caractéristiques des services

Caractéristiques des services	Moyenne	Ecart-type	Min.	Max.
Nombre des jours servi pendant la semaine	4,1	1,42	0	7
Nombre d'heures de services par jour	8,1	5	0	24
Nombre interruptions par jour	3,7	2	0	12
Durée des interruptions (en minutes)	257,9	236,5	0	1320
Montant de la facture mensuelle (en FC)	8473,7	9208,2	0	45000

Source : résultats basés sur nos données d'enquête générés avec STATA

[20] La pauvreté ou non du ménage a été établi sur base des dépenses du ménage. Est considéré comme pauvre, chaque ménage dont les dépenses annuelles par équivalent adulte sont inférieures au seuil de 869210,3FC de l'enquête 1-2-3/2012.

4.2. Consentement à payer pour le raccordement au réseau électrique public

Les résultats de cette étude montrent que les ménages sans accès au réseau de la Société Nationale d'Electricité (SNEL) et ceux illégalement connectés sont disposés à payer en moyenne 28.878 FC pour être raccordé officiellement au réseau électrique de la SNEL (tableau 6). De plus, les ménages qui utilisent l'électricité de manière frauduleuse ont un CAP moyen élevé par rapport à ceux qui n'accèdent pas au réseau. Cela serait lié au fait que les ménages qui utilisent déjà l'électricité fourni par la SNEL disposent déjà des appareils électroménagers et ont pratiquement palpé les avantages de l'électricité.

Tableau 6 : CAP pour la connexion à la SNEL

	Moyenne	Ecart-type	Min.	Max.
Connexion légale	32916,7	24398,6	5000	120000
Sans connexion	23493,3	14802,7	1500	54000
Total	28878,1*	21269	1500	120000

*ne prend pas en compte les réponses de protestation

Source : résultats basés sur nos données d'enquête

Néanmoins, ces différents montants sont faibles par rapport au coût fixe d'abonnement qui s'élève en moyenne à 38700FC (Kadundu et al, 2015) confirmant les résultats de Farsi et al (2007) qui trouvent que le manque de revenus suffisants est l'un des principaux facteurs qui retardent les ménages à utiliser l'électricité car celle-ci nécessite des investissements relativement énormes. Ce résultat est également en accord avec ceux d'Abullah et Jeanty (2011) et de Gunatilake et al (2012) qui trouvent que les coûts de raccordement constituent la principale limite à l'extension de l'accès à l'électricité. Un programme allant dans le sens de subventions est nécessaire à l'exemple du programme mis en place dans la République des Fidji, où le gouvernement a décidé de financer 95% des coûts de connexion au réseau électrique et de laisser les ménages payer les 5% restants avec pour objectif d'augmenter le taux d'électrification (Dornan, 2014).

Des efforts pour accroitre le taux d'accès des ménages à l'électricité devrait être fourni pour permettre aux ménages sans connexion au réseau électrique et ceux connectés illégalement de se faire connecter. Cette augmentation de l'accès à des services d'électricité adéquats permettrait de réduire le recourt aux énergies traditionnelles dont les dépenses s'élèvent en moyenne à 16.137 FC et 17.134 FC par mois respectivement pour les ménages sans accès et ceux avec accès au réseau. Cela aurait un impact positif sur l'environnement en termes de diminution du déboisement et de la pollution. Le pouvoir public devrait intervenir en subventionnant une partie de frais de connexion au réseau ou soit repartir le paiement de ces frais sur une période plus ou moins longue pour alléger le poids de ces frais sur le budget des ménages (ESMAP, 2000).

4.3. Consentement à payer pour une meilleure fourniture d'électricité

Les résultats suggèrent qu'il existe une demande pour les meilleurs services d'électricité. Comme le montre le tableau ci-dessous, le CAP moyen pour bénéficier de l'accès à un service d'électricité de qualité s'élève à 10.401FC (95% intervalle de confiance= 9.201 FC, 11.601FC).

Tableau 7 : Estimation du CAP moyen et intervalle de confiance

N	CAP moyen	Intervalle de confiance (95%)
260	10400,83 FC	9201,09 FC; 11600,56FC

Source : estimation dans STATA 12 sur base des données d'enquête

Les ménages de Bukavu sont donc disposés à payer en moyenne 10400FC, en termes de facture mensuelle, pour bénéficier des meilleurs services d'électricité. Ce montant est largement supérieur à la moyenne de facturation de la ligne ordinaire qui est de 8473,72 FC. Ces résultats sont conformes à la théorie économique sur le bien public qui stipule que les gens ont tendances à migrer vers le milieu où les biens publics sont mieux fournis et payer plus pour ce bien (Tiebout, 1956 ; Ozbafli et Jenkins, 2015).

4.4. Déterminants du CAP pour une meilleure fourniture d'électricité

Tableau 8 : les déterminants du CAP

Variable	Modèle 1	Modèle 2	Modèle 3	Modèle 4
Accès à l'électricité	8636,67***	8672,07***	2634,30**	3020,65***
	(1220,53)	(1235,72)	(1175,45)	(1204,08)
Type de Connexion	2986,73***	3117,71***	574,57	1188,01
	(1091,46)	(1103,76)	(1050,85)	(1092,82)
Niveau de satisfaction	12737,96***	11320,86***	7964,53**	5791,9
	(3593,74)	(3777,42)	(3485,90)	(3692,33)
Taille du ménage		388,76**		352,25**
		(168,52)		(160,76)
Sexe du chef de ménage		588,41		1956,52
		(1510,52)		(1304,96)
Etat matrimonial		298,07		1963,37*
		(1363,62)		(1186,33)
Ancienneté dans le quartier			-21,35	-26,36
			(43,34)	(43,72)
Niveau d'éducation			27,31	2.3
			(95,21)	(96.7)
Catégorie professionnelle (réf: chômeur)				
Agriculteur			-26423,15***	-26837,29***
			(2638,52)	(2645,96)
Artisan			-1643,59	-1225,68
			(1824,07)	(1880,59)
Commerçant			116,42	-705,70
			(1155,21)	(1181,99)
Fonctionnaire			1467,40	627,09
			(1660,55)	(1701,50)
Salarié du secteur privé			942,36	1181,71
			(1527,85)	(1586,23)
Travailleur indépendant			2403,56*	2693,3**
			(1339,65)	(1373,62)
Statut de propriété			538,06	49,77
			(959,13)	(993,59)
Type de maison			921,08	640,96

			(1065,75)	(1095,78)
Revenu			1609,56***	2216,88***
			(566,91)	(680,16)
Localisation (réf : Ibanda)				
Bagira			-571,65	-1214,10
			(1250,95)	(1280,19)
Kadutu			-5959,52***	-5953,26***
			(1093,33)	(1146,54)
Compte en banque/IMF			-1573,39	-1885,81**
			(998,36)	(999,74)
Activité génératrice			-2311,65	-2841,72
			(1746,46)	(1778,78)
_cons	-5695,98**	-8254,46***	8615,68	-16858,47*
	(2221,78)	(2810,93)	(7128,07)	(8499,97)
*significatif à 10%, **significatif à 5%, ***significatif à 1%				
Wald chi2	63,87 (0,000)	65,4 (0,000)	199,42 (0,000)	199.23 (0,000)

Source : estimation dans STATA sur base des données d'enquête

Pour identifier les facteurs qui influencent le CAP des ménages, cette étude regroupe les variables en trois groupes. Le premier groupe reprend les variables relatives à l'utilisation de l'électricité, à l'instar des travaux de Gunatilake et al. (2012). Le deuxième groupe concerne les variables sociodémographiques et le troisième groupe comprend les variables socioéconomiques. Quatre modèles sont alors estimés pour contrôler l'effet de l'introduction de chaque groupe de variable sur la disposition des ménages à payer. La statistique de Wald pour chaque modèle indique que les quatre modèles sont globalement significatifs. Le premier modèle reprend les variables relatives à l'utilisation de l'électricité, le deuxième modèle contrôle l'effet des variables sociodémographiques, le troisième contrôle l'effet de des variables socioéconomiques et le dernier modèle intègre tous les groupes des variables dans le modèle.

La constante de chaque modèle correspond au CAP du répondant si ce dernier rapporte la modalité de référence pour les variables explicatives (Corso et al, 2013). Par conséquent, les coefficients estiment l'ajustement à la valeur du CAP pour le répondant qui rapporte une modalité autre que celle de référence.

Le premier modèle montre une relation significative entre l'accès à l'électricité, le type de connexion, le niveau de satisfaction et le CAP. En effet, comme on peut le voir dans le tableau 8, les ménages qui accèdent à l'électricité sont disposés à payer 8.636 FC de plus que les ménages sans accès à l'électricité. Même avec la prise en compte des caractéristiques socioéconomiques (Modèle 3 et 4) et démographique du ménage (modèle 2 et 4), ce lien demeure significatif et positif. Ce résultat est similaire à ceux trouvé par Gunatilake et al. (2012). Pour ces auteurs, les ménages qui utilisent déjà l'électricité ont une certaine expérience dans l'utilisation de cette énergie et connaissent les retombés de meilleurs services d'électricité sur l'utilisation de différents appareils électriques qu'ils ont déjà acquis. Ils sont plus conscients des retombés de l'accès à des meilleurs services d'électricité sur leur bien-être.

Le tableau 8 dégage aussi un lien positif entre le type de connexion et le CAP des ménages. En effet, les ménages avec une connexion légale au réseau électrique SNEL sont disposés à payer 2.986 FC de plus que les ménages raccordés frauduleusement. Gunatilake et al. (2012) ont trouvé les résultats similaires en Inde. Ce résultat traduit certainement la présence de comportements de « *free rider* » ou passagers clandestins chez les « *dahuleurs* » de l'électricité (Kadundu et al, 2015 ; Muhinduka, 2010). Cette tendance peut s'expliquer par le fait que les ménages officiellement raccordés au réseau SNEL payent les factures mensuelles d'électricité mais aussi effectuent d'autres dépenses pour faire face à l'irrégularité de l'électricité. Pour ces ménages, l'amélioration de la qualité des services leur permettrait de réduire leurs dépenses énergétiques. Cette variable demeure significative quand on prend en compte les caractéristiques sociodémographiques du ménage (modèle 2) mais ne l'est plus quand on considère aussi les caractéristiques socioéconomiques (modèle 3 et modèle 4).

Il se révèle aussi que les ménages avec un niveau de satisfaction élevé sont disposés à payer 12.737 FC de plus que ceux avec un niveau de satisfaction faible. Ceci s'explique par le fait que les clients satisfaits sont plus loyaux et sont plus enclins à acheter et à dépenser plus (Amuli, 2011). Ce résultat est conforme aux résultats de Twerefou (2014) et Abdullah et Mariel (2010).

En effet, lors des entretiens, plusieurs ménages affirmaient ne pas disposer d'électricité étant donné la mauvaise qualité des services. Ces ménages affirmaient être dans une meilleure situation par rapport à ceux qui sont connectés et qui doivent effectuer des dépenses supplémentaires pour faire face à l'irrégularité de l'électricité. Par ailleurs, toujours selon les résultats des interviews, certains ménages ne sont pas incités à payer leurs factures de consommation mensuelles à cause de la mauvaise qualité des services. Ils se fichent d'être déconnectés du réseau. Toutefois, avec l'introduction des caractéristiques socioéconomiques dans le modèle, cette variable n'influence plus significativement le CAP des ménages bien que son signe demeure positif.

En introduisant les variables sociodémographiques dans le modèle 2, les facteurs accès à l'électricité, type de connexion et niveau de satisfaction demeurent significatifs. Il s'ajoute aussi la relation positive et significative entre le CAP et la taille du ménage, relation qui demeure significative même après introduction des variables socioéconomiques (modèle 4). En effet, l'augmentation de la taille du ménage d'un pourcent entraine l'augmentation du CAP de 352 FC. Ce résultat rencontre les résultats d'Abullah et Jeanty (2011) et d'Abdullah et Mariel (2010) et peut indiquer le désir du ménage d'avoir des services qui s'adaptent aux différents besoins des divers membres qui le constitue (Abdullah et Mariel, 2010).

En introduisant les variables socioéconomiques et en retirant les caractéristiques sociodémographiques du ménage (modèle 3), la relation entre le CAP et le type de connexion n'est plus significative. Il s'observe plutôt l'apparition d'une relation significative entre le CAP et 3 autres facteurs : profession du chef de ménage, revenu du ménage et localisation du ménage. En effet, les agriculteurs sont disposés à payer 26.423FC de moins que les chômeurs alors que les travailleurs indépendants sont disposés à payer 24053 FC de plus que les chômeurs. Cette relation demeure significative même avec la prise en compte des caractéristiques sociodémographiques du ménage (modèle 4). Ce résultat est similaire à ceux d'Abdullah et Mariel (2010) qui trouvent une relation positive entre le fait de travailler et le CAP, relation justifiée par le fait que le travail procure des revenus pouvant permettre de payer les factures mensuelles d'électricité.

Le modèle 3 fait également ressortir une relation positive et significative entre le revenu et le CAP du ménage confirmant les résultats des études antérieures (Entele, 2020 ; Abdullah et Jeanty, 2011 ; Twerefou, 2014 ; Gunatilake et al., 2012 ; Farsi, et al., 2007). Cette relation positive demeure même avec la prise en compte des caractéristiques sociodémographiques du ménage (modèle 4). Ce résultat est en accord avec la théorie de la transition énergétique et indique qu'au fur et à mesure que le revenu du ménage augmente, le ménage demande une plus grande fourniture d'électricité pour des raisons de confort, d'efficacité et de facilité d'utilisation (Farsi, 2007 ; Leach, 1992).

Il ressort aussi du modèle que les ménages habitants à Kadutu sont disposés à payer 5959FC de moins par rapport aux ménages habitant à Ibanda. Ce résultat confirme ceux des études antérieures qui ont identifié la localisation parmi les facteurs influençant le paiement pour l'électricité (Entele, 2020 ; Kateregga, 2009 ; Farsi et al, 2007). Ceci peut trouver une explication dans le fait que les ménages interrogés dans la commune de Kadutu préfèrent accéder à l'électricité à travers le « Kigroupé » plutôt qu'à travers la SNEL. Ce système largement répandu dans la commune de Kadutu bénéficierait de plus de crédit étant un système développé par la communauté elle-même (Kadundu et al, 2015). Par ailleurs, le CAP élevé des ménages de la commune d'Ibanda se justifierait par le fait qu'il s'agit de la commune la mieux servi en électricité et les besoins d'électricité y sont plus développés comparativement aux communes de Kadutu et de Bagira (Kadundu et al, 2015). Ainsi entendu, pour les ménages d'Ibanda, payer une supplémentation de la fourniture d'électricité les aiderait à ne plus être obligé de recourir à d'autres sources de secours pour pallier à la mauvaise fourniture d'électricité. Il est à noter que l'influence de cette variable localisation sur le CAP demeure significative même avec la prise en compte des caractéristiques sociodémographiques du ménage (modèle 4). Ces résultats sont conformes à la théorie économique sur la fourniture des biens publiques qui montre que la disponibilité et la qualité des services publiques entrent dans le processus de décision que des consommateurs quant à la participation au financement du bien public (Tiebout, 1956).

En prenant en compte les variables relatives à l'utilisation de l'électricité ainsi que celles relatives aux caractéristiques socioéconomiques et démographiques du ménages (modèle 4), l'influence des variables type de connexion et niveau de satisfaction sur le CAP n'est plus significative. Par contre, il apparaît une relation significative entre le CAP et les variables état matrimonial et le fait d'avoir un compte en banque ou dans une institution de micro finance. En effet, il ressort du modèle 4 que les ménages dont le chef est marié sont disposés à payer 352FC de plus que les non-mariés. Ces résultats aboutissent aux mêmes conclusions que celles d'Entele (2020). Le modèle 4 indique également que les ménages disposant d'un compte en banque ou dans une IMF sont disposé à payer 1885FC de moins que ceux ne disposant pas de compte. Ce résultat est contraire à celui trouvé par Abdullah et Mariel (2010). Ceci peut être dû à une plus grande aptitude des ménages disposant d'un compte à se procurer d'autres sources alternatives d'électricité (groupe électrogène, panneau solaire, …) en dehors du réseau électrique public grâce à un crédit auprès de leur banque/IMF.

L'analyse de ces 4 modèles mets en évidence le fait que le CAP pour la supplémentation en électricité dépend aussi bien des facteurs liés à l'utilisation de l'électricité ainsi que les caractéristiques socioéconomiques et démographiques du ménage. Quel que soit les groupes de facteurs considérés, l'influence des variables accès à l'électricité, la taille, le revenu et la localisation du ménage ainsi que la profession du chef de ménage demeure significative.

5. Conclusion

Cette étude avait pour objectif d'analyser le CAP par les ménages pour la supplémentation de la fourniture d'électricité au secteur résidentiel à Bukavu ainsi que les déterminants de ce CAP. Pour atteindre cet objectif, une enquête d'évaluation contingente a été menée en trois étapes. Les données recueillies ont été traités par régression par intervalles. Les résultats indiquent qu'il existe à Bukavu une demande pour une supplémentation de la fourniture d'électricité avec un CAP moyen estimé à 10.400FC soit 1,2 fois de plus que le paiement effectué pour la fourniture publique intempestive actuelle d'électricité.

Une analyse des déterminants de ce CAP révèle que l'accès à l'électricité, le type de connexion, le niveau satisfaction par la qualité de la fourniture actuelle d'électricité, la taille du ménage, l'état matrimonial, la catégorie professionnelle, le revenu du ménage, la localisation du ménage et le fait de posséder un compte dans une banque/IMF sont les variables qui influencent significativement le CAP pour la supplémentation de la fourniture d'électricité. Concrètement, les ménages qui ont déjà accès à l'électricité, qui sont légalement connecté au réseau électrique, qui sont satisfaits de la qualité de la fourniture actuelle d'électricité, qui ont une plus grande taille de ménage, dont le chef est marié, a revenu élevé, habite dans la commune d'Ibanda et ne dispose pas d'un compte en banque/IMF sont disposés à payer plus pour la supplémentation de la fourniture d'électricité comparativement à leurs opposés.

Cette étude présente une originalité particulière pour avoir analysé le CAP des ménages pour la supplémentation de la fourniture publique d'électricité dans la ville de Bukavu. Une autre particularité et cette étude liée au fait d'avoir saisie la qualité perçue (capturé par l'indice de satisfaction) des services d'électricité par une approche multidimensionnelle. Néanmoins, cette étude souffre de certaines insuffisances. Sa première limite est de n'avoir pas comparé le CAP estimé par rapport aux estimations des études antérieures. En effet, Abdullah et Jeanty (2011) proposent de comparer les résultats obtenus d'enquêtes contingentes avec d'autres études d'évaluation non marchands menés dans le milieu d'étude. Une autre étude pourrait être menée et comparer les résultats obtenus avec ceux de la présente recherche. Une autre limite de ce travail est d'avoir estimé le CAP global pour les services d'électricité. Une étude utilisant l'économie expérimentale permettrait d'évaluer la valeur que les ménages accordent à chaque caractéristique de ces services. Par ailleurs, le fait d'avoir utilisé le CAP pour une connexion au réseau SNEL par une question ouverte serait à la base du faible montant obtenus (Terra, 2005). Une autre étude pourrait suivre toute la rigueur méthodologique qui ressort des recommandations du panel NOAA pour estimer ce

Bibliographie

Abdullah, S. & Jeanty, W. (2011). Willingness to pay for renewable energy: evidence from a contingent valuation survey in Kenya. *Renewable and sustainable energy reviews* (15). Pp. 2974-2983.

Abdullah, S. & Mariel, P. (2010). Choice experiment study on the willingness to pay to improve electricity services, *Energy Policy* 38 (8). Pp. 4570 – 4581.

Abdullah, S. & Markandya, A. (2009). *Rural electrification programs in Kenya: policy conclusion from a valuation study*. Working paper. University of Bath.

Alberini, A. (1995). Efficiency vs bias of willingness to pay estimates: bivariate and interval-data models. *Journal of environmental economics and statistics* 29. Pp.169-80.

Alberini, A., Kanninen, B. & Carson, R.T. (1997). Modeling response incentive effects in dichotomous choice contingent valuation data. *Land economics* 73(3). Pp. 309-24.

Arrow, K.; Solow,R., P. Portney, P., Leamer, E.E.; Radner, R. & Schuman, H. (1993). Report of the NOAA Panel on Contingent Valuation, dans *Federal register* 58. Pp.4602–4614.

Bersisa, M., Heshimati, A. & Mekonnen, A. (2021) Households' willingness to pay and preferences for improved cook stoves in Ethiopia. *Environmental Science and Pollution Research* 28. Pp. 58701–58720.

Bigerna, S. & Polinori, P. (2008). The willingness to pay for renewable energy sources: the case of Italy with different survey approaches and under different EU climate vision. Premiers résultats. Quaderno n° 58. Université de Perugia.

Botton, S. (2006). L'accès à l'eau et à l'électricité dans les PED : comment penser la demande. Institut du développement durable et des relations internationales. Rapport. Iddées pour le débat n°9/2006.

Briand, A. & Lare, A.L. (2013). Consentement à payer pour l'amélioration de l'accès à l'eau potable des ménages Bamakois et Ouagalais. Working papers IRD Dial Paris Dauphine, 2013(8).

Burgess, R., Greenstone, M., Ryan, N. & Sudarshan, A. (2020). The Consequences of Treating Electricity as a Right. *Journal of Economic Perspectives,* 34(1). Pp. 145-169.

Byrne, J. & Mun, Y-M. (2003). Rethinking reform in the electricity sector: power liberalisation or energy transformation?, *Electricity reform: social and environmental challenges*. Denmark: CEEP. Pp.48-76.

Cameron, T.A. & Quiggin, J. (1994). Estimation using contingent valuation data from a dichotomous choice with follow up questionnaire, *Journal of environmental economics and management* 27 (3). Pp. 218-34.

CArricano, M. & Poujol, F. (2008). *Analyse des données avec SPSS*, collection Synthex. Pearson Eduction France. 202 p.

Cecelski, E., Kaijage, E., Ngoo, G. & Oparaocha, S. (2012). Gender and poverty issues in the appraisal of support to the rural energy fund. Tanzania. Energia Report.

Clancy, J.S., Skutsch, M. & Batchelor, S. (2002). *The gender, energy, poverty nexus: finding the energy to address gender concerns in development*, London: DFID Project CNTR99851.

Corso, P.S., Ingels, J.B. & Roldos, M.I. (2013). A comparison of willingness to pay to prevent child maltreatment deaths in Ecuador and the United States, dans *international journal of Environmental Research and Public Health*. Pp. 1342-1355.

Cruz-Zambrano, M. & Corchero, C. (2013). The impact of commercial quality on electricity consumer satisfaction. Working paper. 12 p.

Dedjinou, V.F. (2014). Analyse des dommages des coupures d'électricité à Abomey-Calavi au Bénin : cas des ménages. Mémoire de maîtrise. Université d'Abomey-Calavi. 22 p.

Devicienti, F., Klytchnikova, I. & Paternostro, S. (2004). *Willingness to pay for water and energy: an introductory guide to contingent valuation and coping cost technique*, Energy working notes n°3. Energy and mining sector Board. WordBank. Disponible au lien : https://documents1.worldbank.org/curated/en/866831468158995793/pdf/374800Energy0WNotes0Nwsltr0301PUBLIC1.pdf

Dornan, M. (2014). Access to electricity in Small Island Developing States of the Pacific: issues and challenges, *Renewable and sustainable energy reviews* 31. Pp. 726-735.

Entele, B. R. (2020). Analysis of households' willingness to pay for a renewable source of electricity service connection: evidence from a double-bounded dichotomous choice survey in rural Ethiopia. *Heliyon* 6. Pp. 1-13.

ESMAP (2000). *Services énergétiques pour les pauvres de la planète*, Rapport sur l'énergie et le développement. 140 p.

Farhar, B.C. (1999). *Willingness to pay for electricity from renewable resources: a review of utility market research*. Brief series NREL/TP.550.26148. National renewable energy laboratory.

Farsi, M., Filippini, M. & Pachauri, S. (2007). Fuel Choices in Urban Indian Households, *Environment and Development Economics* 12. Pp. 757-774.

Gbinlo, R. (2010). Organisation et financement de la gestion des déchets ménagers dans les villes de l'Afrique Subsaharienne : le cas de la vile de Cotonou au Bénin. Thèse de doctorat, Université d'Orléans.

Gunatilake, H, Maddipati, N, Patail, S (2012). Willingness to pay for electricity supply improvements in rural India. *Journal of Resources, energy and development* 10(2). Pp. 55-78

IEA, IRENA, UN, WORLD BANKA et WHO (2021). Tracking SDG7 : The Energy Progress Report 2021, Washington DC: International Bank for Reconstruction and Development.

IRENA (2013). L'Afrique et les énergies renouvelables : la voie vers la croissance durable. Rapport. IRENA International Renewable Energy Agency.

Kadundu, K.P., Bucekuderhwa, B.C. & Balemba, K.E. (2015). *Etat de lieu sur l'accès à l'énergie en République Démocratique du Congo*, Laboratoire d'Economie Appliquée au Développement, Université Catholique de Bukavu.

Kamdem Kamdem, M. (2006). Privatisation et bien-être social : le cas de l'électricité au Cameroun, Mémoire maîtrise , Université de Yaoundé II, 94 p.

Kamdem Kamdem, M. (2009). L'apport de l'énergie dans l'atteinte des OMD au Cameroun. Rapport. Reseau International d'Accès aux Energies Durables (RIAED).

Kateregga, E (2009). The welfare costs of electricity outages: a contingent valuation analysis of households in the suburbs of Kampala, Jinja and Entebbe. *Journal of development and agricultural economics* 1(1). Pp. 001-011

Kimey, V. (2008). Assessment of the performance of urban water supply utilities: a case study of Korogwe and Muheza tows. Tanzania. Mémoire de maîtrise. Jesuit Historical Institute in Africa (JHIA). 67 p.

King, K. (2012). Willingness to pay to avoid outages: reliability demand survey. Bates white economic consulting. Rapport de consultance. Bates White Economic Consulting. Washington DC.

Lay, J., Ondraczek, J. & Stoever, J. (2013). Renewables in the energy transition: evidence on solar home systems and lighting fuel choici in Kenya. *Energy Economics* 40. Pp. 350-359.

Leach, G. (1992). The Energy Transition. *Energy Policy* 20(2). Pp. 116-123.

Luchini, S. (2002). De la singularité de la méthode d'évaluation contingente. *Economie et statistique* n° 357-358. Pp. 141-152

Maresca, B., Ranvier, M. & Dujin, A. (2006). Valoriser l'action publique : le consentement à payer un outil au service de la LOLF, *CREDOC*. Cahier de recherche n°224. Novembre 2006.

Meuriot, V, Aubert, M & Terraza, M. (2010). La règle de décision pour les combinaisons d'attributs dans les modèles de préférence des consommateurs. Document de recherche (DR) n° 5. *LAMETA*.

Milanesi, J. (2007). La méthode d'évaluation contingente en question : critique, requalification et illustration par la mesure de la demande en assainissement à Moshi (Tanzanie). *Economies et finances*. Université de Pau et des pays de l'Adour.

Muhinduka, D.D. (2010). Gestion additive, biens publics et fourniture de l'électricité dans la région de Bukavu, RD Congo. Thèse de doctorat, Université Catholique de Louvain. 236 p.

Musese, M. (2011). Problématique de performance et de faiblesse des secteurs de basse tension à la SNEL/Sud-Kivu. Mémoire de licence. Inédit, Université Catholique de Bukavu.

NTF GROUP (2014). *SA power networks: targeted willingness to pay research*. Rapport. 34 p.

O'Sullivan, K. & BARNES, D.F. (2006). Energy policies and multitopic household surveys: guidelines for questionnaire design in living standards measurement studies. Discussion Paper n° 17. Energy and mining sector board . ESMAP, Washington

Ozbafli, A. & Jenkins, G.P. (2015). The willingness to pay by households for improved reliability of electricity service in North Cyprus. *Energy Policy 87*. Pp. 359-369.

Razavi, R. & Fleury, M. (2019). Socio-economic predictors of electricity theft in developing countries: an indian case study, *Energy for Sustainable Development* 49. Pp. 1-10.

Salies, E., Kiesling, L & Giberson, M. (2007). L'électricité est-elle un bien public ?. *Revue de l'OFCE*. Pp. 400-404

Smith, T. (2004). Electricity theft: a comparative analysis. *Energy Policy* 32(18). Pp. 2067-2076.

SUSTAINABLE ENERGY For All, RDC et PNUD (Août 2013). Rapport national énergie durable pour tous à l'horizon 2030. Programme National et stratégie.

Terra, S. (2005). Guide de bonnes pratiques pour la mise en œuvre de la méthode d'évaluation contingente. Document de travail. Série méthode 05-M04.

Tiebout, C. M. (1956). A Pure Theory of Local Expenditures. *The Journal of Political Economy* 64 (5). Pp. 416-424

Tshitenge, M. (2018). Le service public d'électricité dans la périphérie de Kinshasa : entre régulation de contrôle et régulation autonome. *Anthropologie et développement* 48-49. Pp. 67 - 95

Twerefou, K. (2014). Willingness to pay for improved electricity supply in Ghana, *Modern economy* 5. Pp. 489-498

Wiser, R. (2003). *Using contingent valuation to explore willingness to pay for renewable energy: a comparison of collective and voluntary payment vehicles*. Lawrence Berkeley National Laboratory (LBNL)-53239. 160 p.

Yakubu, O., Babu, N. & Adjei, O., (2018). Electricity theft: Analysis of the underlying contributory factors in Ghana, *Energy policy* 123. Pp. 611-618.

Analyse de l'efficacité technique des unités de production agricoles dans le territoire de Kalehe au Sud-Kivu

Constantin Mwami-atende Mulakilwa[21], Thierry Mirindi[22], Francine Iragi Mukotanyi[23] et Janvier Kilosho Buraye[24]

Résumé

A l'Est de la RDC, la baisse de la production agricole est continue depuis plus d'une décennie. Dans cette région, peu de travaux se sont intéressés à l'efficacité productive des exploitations agricoles. Ce papier empirique analyse l'efficacité technique des unités de productions agricoles dans le territoire de Kalehe, au Sud-Kivu. Une sélection aléatoire de 150 exploitants agricoles a été réalisée sur trois catégories d'exploitants en 2018 : « family farming », « family business » et « Corporate agriculture ». A base de la méthode « Data Envelop Analysis », les résultats indiquent un score global de 0,60 et des niveaux d'efficience techniques plus ou moins homogènes, soit 0,59 ; 0,61 ; 0,59 et 0,50 respectivement pour les family business, les family farming et les corporate agriculture. La décomposition du score d'efficacité total en efficacité pure et d'échelle renseigne que les « family business » sont les plus efficaces sous les deux approches. En outre, le niveau d'efficacité d'échelle est en moyenne relativement élevé pour tous les types d'exploitation faisant partie de notre échantillon. Les unités non efficaces techniquement souffrent des problèmes liés aux pratiques de

[21] Chercheur indépendant et agent public au Pool Audit de la Direction Audit et contrôle de Gestion du ministère des Finances en République Démocratique du Congo. Email : mamcd93@gmail.com

[22] Enseigant à la Faculté des Sciences Économique et de Gestion et chercheur au Centre d'expertise en gestion du secteur minier (CEGEMI) à l'Université Catholique de Bukavu. Email : mirindi.thierry@ucbukavu.ac.cd

[23] Professeure à la Faculté des Sciences économiques et de gestion de l'Université Catholique de Bukavu. Directrice du Centre d'Expertise en gestion du secteur minier (CEGEMI) où elle est en même temps chercheure sénior. email : iragi.mukotanyi@ucbukavu.ac.cd et francira.mukotanyi@gmail.com

[24] Professeur à la Faculté des Sciences économiques et de gestion de l'Université Catholique de Bukavu et au Département des sciences commerciales et administratives à l'Institut Supérieur Pédagogique de Bukavu (ISP/Bukavu). Chercheur sénior au Centre d'Expertise en Gestion du secteur minier (CEGEMI) et au Laboratoire d'Economie Appliquée au Développement (LEAD) à l'Université Catholique de Bukavu; email : janvier.kilosho@gmail.com / kilosho.buraye@ucbukavu.ac.cd

gestion que ceux liés à la taille et à la valeur des inputs. Nous proposons différentes politiques de gestion aux exploitants agricoles.

Abstract

In eastern DRC, agricultural production has been steadily declining for over a decade. In this region, few studies have focused on the productive efficiency of farms. This empirical paper analyzes the technical efficiency of agricultural production units in Kalehe territory, South Kivu. A random selection of 150 farmers was carried out on three categories of farmers in 2018: "family farming", "family business" and "corporate agriculture". Based on the Data Envelop Analysis method, the results indicate an overall score of 0.60 and more or less homogeneous technical efficiency levels of 0.59, 0.61, 0.59 and 0.50 for family business, family farming and corporate agriculture respectively. Decomposing the total efficiency score into pure and scale efficiencies reveals that family businesses are the most efficient under both approaches. In addition, the level of scale efficiency is on average relatively high for all farm types in our sample. Units that are not technically efficient suffer from problems related to management practices as well as to the size and value of inputs. We propose different management policies for farmers.

Mots clés : efficacité technique, agriculture familiale, production agricole, modèle DEA

1. Introduction

Le secteur agricole de la République Démocratique du Congo (RDC) est important pour son économie. Rien qu'au Sud-Kivu où ce secteur est constamment menacé par les activités minières, il a contribué à concurrence de 18,3% au PIB (Banque Mondiale, 2010). Cependant, le paradoxe y apparaît lorsque l'on considère les potentialités agricoles et les besoins de son économie. Le bilan alimentaire national indique un déficit net – écart entre la production et le besoin en produits alimentaires de base – de 83% pour les céréales et 79% pour les légumineuses et un taux de couverture global[25] pour les céréales, seulement, de 13% (MINAGRI RD Congo et al., 2018). Au Sud-Kivu, ce déficit est majeur et il est d'ordre de 99% pour le riz, 65% pour le maïs, 58% pour les haricots et 11% pour le manioc[26](Consortium CRONGD Sud-Kivu, 2010). L'autonomie alimentaire, qui représente la capacité d'un ménage agricole à vivre à partir de sa propre production est également faible pour les principales cultures à l'exception du manioc. La production ne couvre que 5% et 10% des besoins de consommation des ménages respectivement pour les céréales et le haricot (MINAGRI RD Congo et al., 2018).

La baisse continue de la production depuis la dernière décennie renforce également ce paradoxe. Entre 2016 et 2017, la baisse de la production agricole était de l'ordre de 29% pendant qu'elle n'était que de 15% entre 2013 et 2016 (MINAGRI RD Congo et al., 2018). Comparée à la moyenne entre 2013-2016, la production brute a connu une baisse de 65, 64, 37 et 15% respectivement pour les haricots, le riz, le manioc et le maïs[27] (MINAGRI RD Congo et al., 2018 ; IPAPEL/SK, 2018).

Cette baisse de la production et même ce rationnement entre l'offre et la demande semblent être influencés par divers facteurs d'ordre climatique, agronomique, environnemental, économique et social auxquels font face les producteurs agricoles paysans (Stéphane et al., 2003). Parmi ces facteurs l'on peut retenir : la précarité des infrastructures de transport, la surexploitation des petites étendues disponibles, le manque d'information

---

25 Taux de couverture global = $\left(\frac{production\ brute - perte\ semences}{population\ totale * norme\ de\ consommation}\right) * 100$

26En 2010, pour le maïs l'écart était de 168729 tonnes (258696 contre 89967), 25269 (233513 contre 208243) tonnes pour le manioc, 129374 tonnes (130493 contre 1119) pour le Riz, 90338 tonnes (155676 – 65338) pour le Haricot et en fin, 91918 tonnes (107599 contre 15681) pour les arachides.

27 Initialement, elle était de 284.351,7 tonnes pour les haricots, 55.205,3 tonnes pour le riz, 110740,9 tonnes pour le maïs et 1.358.846,3 tonne pour le manioc. Se limitant à ces quelques cultures la baisse globale de la production a été en moyenne de 45% (IPAPEL/SK, 2018).

qui entrave le pouvoir de négociation des exploitants ruraux agricoles, la faible productivité des facteurs de production, la faible rentabilité de l'exploitation agricole (Mahamadou, 2014), la faible capacité de financement des opérateurs agricoles et la difficulté d'accès au crédit agricole, l'inadéquation entre l'offre de services de recherche et de vulgarisation agricole, la multiplicité des organismes nuisibles à forte incidence sur le rendement, une allocation budgétaire encore insuffisante, un cadre institutionnel moins organisé avec un déficit en ressources humaines, techniques et matérielles, etc. (MINAGRI RD Congo et al., 2018).

En somme, la dégradation de la performance du secteur agricole de la RDC nuit gravement à la croissance des petites unités agricoles et représente un obstacle dans l'accélération du processus de réduction de la pauvreté des paysans. La productivité des facteurs de production et l'efficacité des exploitations agricoles étant cruciales pour le bien-être de millions de producteurs et ménages ruraux au Sud-Kivu (PNUD, 2009), ce papier questionne l'efficacité technique de l'activité des unités de production agricole. Concrètement se travail se fixe comme objectif d'évaluer le niveau d'efficacité technique de différents types des producteurs agricoles à savoir les « family farming », les « family business » et les « corporate agriculture » et en dégager les déterminants.

La connaissance des facteurs qui influencent le niveau d'efficacité des unités de production agricoles présente un double avantage. Ce double avantage renvoie à la première contribution de ce travail. Il s'agit, premièrement, de cibler les facteurs sur lesquels les propriétaires de ces unités agricoles pourraient agir pour pouvoir améliorer leurs conditions de vie à partir des revenus que les ventes pourront procurer. Deuxièmement, pour une politique agricole provinciale accès sur l'amélioration de l'efficacité des unités de production agricoles, ce papier peut servir d'une des références pour les décideurs politiques.

Ce papier se focalise sur la province du Sud-Kivu en territoire de Kalehe dans le groupement de Mbinga Sud. Ce choix se justifie par le fait que plus de 90% des producteurs agricoles disposent d'un champ de petite taille dont la productivité est largement en dessous du rendement moyen à cause de l'absence des subventions, la quasi inexistence des crédits agricoles, l'accessibilité limitée aux intrants, le problème foncier, etc. (Luzolo, 2018). Cette photographie modeste justifie le faible niveau du revenu agricole commercial des producteurs agricoles à Mbinga Nord.

Les données ont été collectées sur un échantillon de 150 producteurs sélectionnés de façon aléatoire. La méthode utilisée ici pour estimer le niveau d'efficacité technique des exploitations est la méthode DEA. Etant donné la faible production du secteur agricole sous-étude et la forte demande suggérée par la littérature (Consortium CRONGD Sud-Kivu, 2010 ;

MINAGRI RD Congo et al., 2018), l'orientation Output a été adoptée c'est-à-dire celle où l'inefficacité est exprimée en termes d'augmentation potentielle du niveau de production pour des quantités inchangées de facteurs utilisés. Pour tester s'il existe une différence significative en termes d'efficacité technique entre les différentes catégories des producteurs, l'analyse de la variance (ANOVA) a été utilisée.

Dans la première section nous présentons brièvement la littérature théorique sur l'efficacité. Puis, après une description de la méthodologie appréhendée pour l'analyse de l'efficacité technique. La section suivante est consacrée à la discussion des résultats. Enfin, nous concluons dans la dernière section.

2. Quelques éléments de la littérature sur l'efficacité technique

2.1. Types d'exploitation agricoles

Un bon nombre d'auteurs ont tenté de catégoriser les exploitations agricoles. Certains l'ont fait suivant la taille de l'exploitation à l'exemple de Toleba et al. (2016). D'autres, par ailleurs, se sont focalisés sur l'orientation productive (Latruffe, 2005) et d'autres encore se sont penchés sur le mode de gestion ou la forme d'organisation, à l'exemple de Bélières et al. (2014). La typologie retenue dans le cadre de cette étude est celle de Bélières et al. (2013) dans la mesure où elle semble le mieux se rapporter à l'efficacité des exploitations agricoles sous-études. D'après ces auteurs il existe trois types d'agricultures à savoir l'agriculture familiale (*family farming*), l'agriculture patronale (*family business*) et l'agriculture d'entreprise (*corporate* ou *entrepreneurial agriculture*). L'agriculture familiale regroupe les exploitations caractérisées par des liens étroits entre la famille et l'unité de production, la mobilisation exclusive du travail familial et l'inclusion du capital d'exploitation dans le patrimoine familiale. L'agriculture d'entreprise se trouve aux antipodes de la première catégorie. Elle mobilise exclusivement le travail salarié permanent avec une différentiation marquée des niveaux de compétences, de hiérarchie et de rémunération. Le capital d'exploitation étant détenu par des acteurs privés ou publics déconnectés de la logique familiale. L'agriculture patronale quant à elle se trouve à cheval entre les deux catégories extrêmes. Elle combine le travail familial et le travail salarié. Le capital relève essentiellement du patrimoine familial, mais aussi des participations externes à la sphère familiale à condition que celle-ci conserve la maîtrise des décisions d'affectation.

2.2. Aperçu sur quelques travaux empiriques

Plusieurs recherches ont étudié les déterminants de l'efficacité des unités de production agricoles. Dans son étude, Latruffe (2005) examine la structure économique des exploitations agricoles individuelles polonaises et, en particulier, leur niveau d'efficacité technique à partir de la méthode DEA et détecte les principaux déterminants de cette efficacité. L'orientation input a été retenue dans cette étude afin de mettre en évidence les excès de facteurs de production des exploitations agricoles polonaises. Les données utilisées proviennent de l'enquête annuelle de l'Institut polonais d'économie agricole et agroalimentaire (IERiGZ), qui couvrent environ 1000 exploitations agricoles. Les résultats indiquent un score d'efficacité total de 0.61 renseignant qu'il existe une possibilité de gains substantiels d'efficacité pour ces exploitations, puisqu'en moyenne leur utilisation de facteurs de production pourrait être réduite de 39%, sans affecter leur niveau de production. En outre, les exploitations à orientation « élevage » sont les plus efficaces. L'analyse des déterminants de l'efficacité technique pure suggère qu'outre la petite taille et la faible intégration commerciale des exploitations, les principales contraintes à l'efficacité se situent au niveau du capital, qui est obsolète, et du travail, qui est peu diplômé.

Dans la même optique, Ben Farha (2018) a travaillé sur la performance des producteurs oléicoles dans la région de Chbika en Tunisie à travers une analyse empirique de leur efficacité technique. Pour y parvenir, un modèle de frontière stochastique de production (type *translog*) a été spécifié. Les données sur un échantillon de 70 oléiculteurs ont été mises à profit à cet effet. L'orientation output a été retenue. Il se dégage des résultats obtenus une efficacité technique moyenne de 82 % indiquant un niveau variant entre 27 % et 92 %. Ces producteurs pourraient augmenter leur efficacité de 18% sans avoir à augmenter leurs volumes d'intrants. Quant à l'analyse des déterminants de l'efficacité, il en découle que les variables telles que l'âge des chefs d'exploitations, le niveau d'instruction et l'accès au crédit sont significatives et influencent positivement le niveau d'efficacité technique des exploitations oléicoles à Chbika, alors que le revenu non agricole et l'accès à la terre réduisent l'efficacité technique de ces exploitations.

En RDC, les études de Muayila et al. (2019) et Muayila (2012) ont montré que la participation au marché de crédit intrant avait un effet positif et statistiquement significatif sur l'efficacité et la productivité des exploitations maraichères bénéficiaires de Banza-Ngungu. Au Sud-Kivu les recherches sur l'efficacité techniques des unités d'exploitations agricoles sont presque inexistantes. Les rares travaux de Ndjadi et al. (2019) informent que la productivité des exploitations agricoles à Kabare est hautement influencée par la quantité de la main-d'œuvre salariale utilisée et le prix journalier de cette dernière. D'autres facteurs comme la superficie cultivée ont une influence significative dans ce contexte caractérisé par la rareté des terres et d'infertilité du sol.

Nous pouvons relever que la majorité de ces études se sont limitées à mesurer la performance des exploitations agricoles et ont utilisé des méthodes d'estimation de frontière de production différentes. Parmi les rares qui ont analysé les données de la RDC, l'utilisation de la méthode d'enveloppes pour un milieu rural spécifique reste une nouveauté du point de vue théorique, empirique que de la contribution à la politique agricole du pays.

3. Milieu d'étude et approche méthodologique

3.1. Milieu d'étude

Le Groupement de Mbinga-Sud est l'un de sept groupements qui constituent la collectivité chefferie de Buhavu et est parmi les quinze qui font l'ensemble du Territoire de Kalehe, en province du Sud-Kivu, République Démocratique du Congo. L'agriculture dans le Groupement est une activité principale. Le manioc et le haricot sont deux produits les plus consommés. Cependant, la méthode culturale utilisée reste encore rudimentaire en ce sens que même les produits agricoles se trouvent ravagés par les insectes, mais aussi la mosaïque qui attaque les maniocs et d'autres maladies sur la bananeraie.

La production vivrière est constituée essentiellement de manioc, patate douce, haricot, maïs, pomme de terre, taro, légumes pour laquelle une grande partie est consommée dans les ménages et une autre est vendue pour satisfaire les besoins vitaux.

L'élevage représente les espèces animales diversifiées à savoir : le gros bétail, le petit bétail et la basse-cour. Cependant, il se fait pour la plupart en extensif, voire en divagation, ce qui constitue une source de conflits entre agriculteurs et éleveurs, de propagation des maladies animales et de destruction de l'environnement.

A part ce secteur, on y trouve d'autres secteurs comme le secteur minier, l'artisanat et le petit commerce.

3.2. Approche théorique de mesure d'efficacité productive

3.2.1. Modèle non paramétrique

Farrell (1957) fut parmi les premiers à proposer une approche pour l'estimation des frontières d'efficacité techniques[28] en partant de l'idée selon

[28] L'efficacité technique d'une exploitation représente sa capacité à utiliser de manière optimale la technologie existante, c'est-à-dire sa capacité à produire au maximum à technologie et quantités de facteurs de production données, indépendamment des prix de ces facteurs (Latruffe, 2005).L'efficacité technique est donc une notion qui n'intègre pas la structure de prix contrairement à l'efficacité allocative.

laquelle les informations disponibles sur une activité donnée devaient permettre l'estimation du « *best practice envelop* » pour cette activité. En effet deux grandes familles d'approches sont concurrentes dans la manière de construire la frontière et donc de calculer l'efficacité technique : l'approche paramétrique et l'approche non paramétrique (Ambapour, 2001). L'approche paramétrique suppose que la frontière est représentable par une fonction analytique (Cobb-Douglas, Translog, CES[29], Léontief, etc.) dépendant d'un nombre fini de paramètres.

En revanche, dans l'approche non paramétrique, on ne spécifie pas une forme analytique particulière pour la frontière, mais plutôt les propriétés formelles que l'ensemble de production est supposé satisfaire (Taffé, 1998). Bien que chaque approche comprenne de multiples méthodes d'estimation des frontières et d'efficacité (Albouchi et al., 2007), deux grandes méthodes sont généralement utilisées. La méthode « Data Envelopment Analysis (DEA) » pour l'approche non paramétrique et la méthode « Stochastic Frontier Analysis (SFA) » pour l'approche paramétrique.

La nature des écarts entre la production observée et la production maximale différencie les deux approches. Si l'on suppose que les écarts sont expliqués exclusivement par l'inefficacité du producteur, la frontière est qualifiée de nature déterministe (application de la DEA); si par contre, on estime que les écarts sont dus à la fois à l'inefficacité du producteur et aux éléments aléatoires - comme le climat ou la volatilité du prix des intrants ou des produits agricoles - qui ne dépendent pas du producteur, on dit que la frontière est de nature stochastique (Toléba et al., 2016). La méthode DEA présente de ce fait des limites liées à l'abstraction des erreurs de mesure et à l'influence des facteurs exogènes sur la frontière d'efficacité (Jacob et al., 2006).

Etant donné l'insuffisance de la littérature sur l'efficience technique des unités agricoles en RDC, il nous parait plausible d'émettre de l'incertitude sur la forme fonctionnelle de la technique de production étudiée. En théorie, lorsque les unités de production ont des fonctions de production difficiles à estimer, il est convenable d'opter pour la méthode DEA pour éviter les erreurs provenant d'une mauvaise spécification de la fonction de production (Ghali et al. 2014 ; Latruffe, 2005). Ainsi, nous avons choisi la méthode DEA qui est un outil de programmation linéaire initialement proposé par Charnes et al. (1978). Cette méthode compare chaque unité de production aux unités plus performantes, c'est-à-dire à celles qui constituent la frontière d'efficacité. Puis, elle mesure soit l'excès relatif de coût (approche par intrant) ou la perte relative de production (approche par production). La DEA attribue alors à chaque entreprise un score d'efficacité égal à 1 si elle est

---

[29] Constant Elasticity Substitution

efficace (sur la frontière) ou inférieur à 1 si elle est inefficace. Cet écart des meilleures pratiques établit le degré d'efficacité d'une firme (Huguenin, 2013 ; Mario et Leclerc , 2009).Par cette méthode, aucune hypothèse n'est émise sur la forme de la frontière.

De plus, cette méthode permet de prendre en compte l'aspect multi-input et multi-output des exploitations et de décomposer l'efficacité technique, alors appelée efficacité technique totale, en efficacité technique pure et en efficacité d'échelle [30](Latruffe, 2005).

Ainsi, sur base des travaux existants (Latruffe, 2005 ; Toleba et al., 2016 et Ben Farha, 2018), nous avons retenu cinq variables principales dont une comme output et quatre comme inputs. Il s'agit de la (du) :

- Production : est mesurée comme étant la quantité des produits réalisés en valeurs (dollars américains) du marché à la date de l'enquête.
- Terre : elle est mesurée par la superficie de terre cultivée en hectares (les différentes mesures ont été converties en hectares[31]).
- Travail: mesuré par le cout total de main-d'œuvre salariée de l'exploitation agricole et exprimé en dollars américains.
- Capital: représente le cout d'acquisition des équipements et matériel et est exprimé en dollars américains
- Facteurs variables : ils comprennent les charges variables ou opérationnelles des producteurs. Il s'agit des engrais, semences, produits phytosanitaires, emballages et travaux par tiers, aliments du bétail, produits vétérinaires, les couts de maintenance... Elles sont exprimées en dollars américains et sous forme de ratio par unité d'output.

Pour notre modèle théorique utilisant l'approche DEA, nous avons considéré deux hypothèses à savoir les rendements d'échelle constant (CRS) et variable (VRS). Le modèle D.E.A peut être orienté vers les Inputs ou vers les Outputs[32]. Dans cette recherche l'orientation Output est

---

[30] La première permet d'évaluer si l'application de la technologie existante est optimale dans un horizon de long terme c'est-à-dire en supposant que la taille est optimale ; pendant que la seconde permet d'évaluer les pratiques de gestion sans tenir compte de la taille optimale ou sous-optimale. L'efficacité d'échelle permet d'évaluer s'il existe un gain d'efficacité par augmentation ou diminution de la taille de l'exploitation.

[31] Parmi ces mesures il y a ha, m^2 , corde et piquet.

[32]Dans une orientation Input, le modèle DEA minimise les Inputs pour un niveau donné d'Outputs; autrement dit, il indique de combien un producteur agricole peut réduire ses Inputs tout en produisant le même niveau d'Outputs. Dans une orientation Output, le modèle DEA maximise les Outputs pour un niveau donné

privilégiée étant donné la faible production du secteur agricole et la forte demande soulignées par la littérature existante (Consortium CRONGD Sud-Kivu, 2010 ; MINAGRI RD Congo et al., 2018). Dans une perspective de maximisation de facteurs de production et sous l'hypothèse CRS (rendement d'échelle constant), le modèle DEA Multi facteurs-Multi produits est représenté par le programme linéaire suivant selon Charnels et al. (1978) :

$$\boldsymbol{Max}_{(\lambda,ko)}[\boldsymbol{k_0}] \text{sous contraintes de } \sum_{i=1}^{N} \boldsymbol{\lambda_i X_i} \leq \boldsymbol{k_o X_{i0}} \text{ et de} \sum_{i=1}^{N} \boldsymbol{\lambda_i Y_i} \geq \boldsymbol{Y_{i_o}} \quad (1)$$

$$\text{avec } \boldsymbol{\lambda_i} \geq \boldsymbol{0} \text{ ; } \boldsymbol{i} = \boldsymbol{1}, \dots, \boldsymbol{N}; \boldsymbol{k_o} \text{ étant libre.}$$

Avec N le nombre d'unités de production $(\boldsymbol{DMU_S})$, $\boldsymbol{X}$ ***et*** $\boldsymbol{Y}$ sont les vecteurs des facteurs et des produits, respectivement. La résolution de ce modèle permet d'obtenir une valeur k^*_0 qui représente le score de l'efficacité technique de la firme $\boldsymbol{i_o}$ .r

Lorsque l'on souhaite neutraliser des éventuelles inefficacités d'échelle pour pouvoir mesurer l'efficacité technique pure, le modèle DEA, sous l'hypothèse ***VRS*** (Rendement d'échelle variable), est représenté par le programme linéaire suivant (Banker et al. 1984) :

$$\boldsymbol{Max}_{(\lambda,k_o)[k_o]} \text{ sous contraintes de} \sum_{i=1}^{N} \boldsymbol{\lambda_i X_i} \leq \boldsymbol{k_o X_{i_o}} \text{ , de} \sum_{i=1}^{N} \boldsymbol{\lambda_i Y_i} \geq \boldsymbol{Y_{j_o}} \text{ et de} \sum_{i=1}^{N} \boldsymbol{\lambda_i} = \boldsymbol{1} \quad (2)$$

$$\text{avec} \boldsymbol{\lambda_i} \geq \boldsymbol{0}; \boldsymbol{i} = \boldsymbol{1}, \dots, \boldsymbol{N}; \boldsymbol{k_o} \text{ étant libre.}$$

3.2.2. Test de robustesse par le modèle paramétrique

La méthode « *Stochastic Frontier Analysis (S.F.A)* » se base sur les approches classiques de régression économétrique pour estimer une fonction de production, de coût ou de profit. Elle nécessite une spécification d'une forme fonctionnelle qui peut être de type Cobb-Douglass, Translog etc. La forme fonctionnelle choisie implique des hypothèses spécifiques sur la distribution des termes d'erreur. Le problème consiste à spécifier cette fonction et à estimer les paramètres. Ainsi, « si le modèle est mal spécifié, l'efficacité mesurée pourra être biaisée (Solhi et Mohamed Rigar, 2014).

Cette méthode parait un complément à la méthode DEA dans la mesure où, par la méthode DEA, il existe la cohérence entre les indicateurs d'efficacité et les principaux ratios techniques, économiques et financiers. Il est donc possible, à partir d'une estimation de la frontière de production, de retrouver les principales informations issues de ces ratios. La DEA renseigne ainsi sur

---

d'Inputs. Autrement dit, il indique de combien un producteur agricole peut augmenter ses Outputs avec le même niveau d'Inputs

les économies réalisables ou le potentiel de production existant (Blancard et al. 2015).Ainsi, comme chacune des deux approches nourrit son propre discours théorique qui limite la portée de leurs applications comme outil d'évaluation de l'efficacité (Benzai, 2016 ; Ambapour, 2001 ; Amara et Romain, 2000 ; Coelli et al, 1998), ils ne devraient pas être considérés comme mutuellement exclusives, mais, plus éclectiquement, comme des méthodes complémentaires. C'est la raison de tester la robustesse de la méthode DEA en la comparant à la méthode SFA. Notre modèle théorique de contrôle est représenté par l'équation suivante :

$$\boldsymbol{EE_i = \beta_0 + \beta_1 \Omega_i + \mathcal{E}_i} \quad (3)$$

Où i indique l'unité d'exploitation, EE_i l'efficience technique et $\boldsymbol{\Omega_i}$ le vecteur de variables quate, frag, forma, revagri, mofav et acccredi qui représentent, respectivement la qualité de la terre, la fragmentation de la terre, la formation agricole, le revenu agricole, le mode de faire valoir et l'accès au crédit. Au regard des travaux portant sur le modèle paramétrique (Toleba et al., 2016 ; Sarah Ben Farrah, 2001), l'estimation a été faite à partir du modèle Tobit. Les résultats permettent de savoir lequel entre les deux modèles (DEA et SFA) est adaptée. En effet, si Gamma ($\boldsymbol{\gamma}$) est significatif, les écarts entre productions observées et production maximale dépendent de l'inefficacité technique des producteurs (DEA robuste) et si Sigma carré (σ^2) est significatif, cet écart dépend des facteurs aléatoires. Le coefficient que portent les deux paramètres renseigne sur la proportion de la variation de la production attribuée à l'inefficacité des producteurs et celle attribuée aux facteurs aléatoires.

3.2.3. Collectes des données

Les données utilisées proviennent des enquêtes que nous avons menée auprès des producteurs agricoles en Juin 2018 sur base d'un plan de sondage aléatoire stratifié par allocation proportionnelle de 150 producteurs dans le groupement de Mbinga-Sud en territoire de Kalehe dans la province du Sud-Kivu. Un questionnaire a servi à collecter les informations sur les activités agricoles de ces unités de production. Le chef de l'exploitation agricole a été notre unité statistique.

Les données que nous utilisons dans ce papier sont essentiellement celles liées à la production agricole.

4. Discussions des résultats

4.1. Aspects descriptifs de l'utilisation des facteurs de production

Le tableau1 indique qu' en moyenne, sur 1 hectare de terre cultivé avec un capital de 6,7 dollars américains (USD), des charges variables ou opérationnelles de 1,3 USD et 11 USD de cout de main d'œuvre, la production réalisée en valeur par les producteurs enquêtés est de 46,3 USD en valeur. Comparativement aux informations disponibles provenant des enquêtes 1-2-3, cette production nous parait faible dans la mesure où la production moyenne en valeur au niveau de la RDC se monte à 31.938,54 usd pour la saison A (bananes et manioc) et 407.630,1 saison B (arachides, haricots, maïs, riz) sur une étendue de 670,5 hectare en moyenne.

En outre, avec les charges fiscales à hauteur 3 USD en moyenne, les enquêtés ont enregistré en moyenne un revenu agricole de 29,1 USD. Les taxes découragent les producteurs puisque dans un secteur qui devait plutôt bénéficier des subventions étant donné les aléas, elles représentent à elles seules plus de 10 pourcent du revenu agricole soit une proportion encore plus importante du coût de production.

Les résultats se rapportant aux types de producteurs agricoles indiquent que les corporate agriculture cultivent en moyenne 5,5 hectares. Les *family business* et *family farming* cultivent en moyenne respectivement 0,7 et 1,2 hectare de terre. Quant au capital, les corporate agriculture ont un capital légèrement supérieur par rapport aux *family business* et *family farming* qui possèdent chacun 6,7 et 6,6 USD en moyenne. Ces écarts dans l'allocation des facteurs de production et les coûts y relatifs se justifient par le fait que le *corporate agriculture*, par exemple, sont de grandes exploitations agricoles qui se spécialisent généralement dans les cultures d'exportation notamment le café, le thé, l'huile de palme qui, pourtant, nécessite de grandes superficies de terre, des engins pour la culture (tracteur) et une main-d'œuvre qualifiée. Il en va de même pour le *family business* dont la production est essentiellement destinée à la commercialisation. Les *farmily farming*, par contre, n'ont pas besoin des grandes étendues de terre car elles font recours à une agriculture d'autosubsistance c'est-à-dire celle dont la production n'est destinée qu'à l'autoconsommation du ménage.

En ce qui concerne le facteur travail, les résultats indiquent que les corporate agriculture ont en moyenne un coût de main-d'œuvre plus élevé, soit 250 USD, que les *family business* (7,8 USD). Notons que les *family farming* ont, toute chose restant égale par ailleurs, un coût du personnel nul puisque leur main d'œuvre est familiale. A première vue, l'écart des salaires moyens entre les deux premières catégories pourrait se justifier par la présence des travailleurs qualifiés en plus des manœuvres ordinaires permanents dans la première catégorie ; ce qui en toute logique pousse la moyenne vers le haut. Cet écart se justifie également par les différences de salaire entre les travailleurs de deux secteurs (*corporate agriculture* et *family business*) ayant la même qualification. En effet, le secteur à culture destinée à l'exportation dégage, généralement, des recettes importantes (le café, le thé, l'huile de palme, etc. sont des produits à forte valeur ajoutée) comparativement au secteur à culture destinée essentiellement au marché intérieur (mais, haricots, riz, etc.); les travailleurs du premier secteur bénéficient alors des revenus conséquents. Ceci accroit la mobilité de la main-d'œuvre du secteur à produits destiné, essentiellement, au marché intérieur vers le secteur à produits destinés à l'exportation. Ce qui représente un danger pour le bien-être de la population en ce sens que les produits issus du secteur abandonné sont de première nécessité et conditionnent largement leur sécurité alimentaire.

Les résultats se rapportant aux charges variables ou opérationnelles renseignent que les *family business* supportent de coûts d'achat des semences/engrais importants soit en moyenne 1,5 USD suivi des *corporate agriculture* et des *family farming* qui enregistrent respectivement 1,1 et 0,5 USD, en moyenne. Toutefois, les *family business* supportent en moyenne moins des taxes, soit 2,4 USD que les *family farming* et les *corporate agriculture* dont les charges fiscales se montent à 3,5 et 3,1 USD, respectivement. Pour que les *family business* soient plus efficientes que le *corporate agriculture*, elles doivent dégager un ratio de production en valeur rapportée aux charges variables plus élevé que les *corporate agriculture*. Ces derniers ont une production largement supérieure (110 dollars américains, en moyenne) aux *family business* (43,2 USD) et *family farming* (43 USD). Les *family farming* et les family business sont moins efficientes que les *corporate agriculture* puis qu'elles dégagent la production en valeur la plus faible et les coûts variables le plus importantes.

Tableau1 : Autres variables quantitatives selon le type des producteurs

Variables	Types de producteurs			Ensemble
	Familiale (Family farming)	Family business	Corporate agriculture	
Revenue extragri.	9,7	13	17,5	12,2
Surface agricole	0,7	1,2	5,5	1,2
Surface agricole ut.	0,6	1,2	5,5	1,1
Travail	-	7,9	250	11
Capital	6,7	6,6	8,4	6,7
Taxe	2,4	3,5	3,1	3
Production	43,2	43	110	46,3
Charges variables	1,1	1,5	0,5	1,3
Fragmentation	2	2	1,8	2
Revenue agricole	25,9	29,1	60,1	29,1

Sources : auteurs

4.2. Niveau d'efficacité technique des producteurs agricoles : efficacité technique totale (CRS)

Le tableau 2 rapporte les niveaux moyens d'efficacité technique totale obtenus. Le niveau moyen d'efficacité des producteurs s'élève à 60%. Ceci signifie, qu'en moyenne, les producteurs de l'échantillon ont une marge d'amélioration de la quantité d'output de 40% en maintenant inchangée le volume de chaque facteur utilisé. Ce résultat renseigne un niveau d'efficacité technique faible des producteurs et suggère des écarts importants entre les producteurs qui déterminent la frontière et les autres. Le niveau d'efficacité minimum dans l'échantillon s'établit à 0,10 tandis que le niveau maximum est de 1. Ce niveau n'a été atteint que par six producteurs agricoles sur cent cinquante (soit à peu près 5% de l'échantillon). Une de ces six entreprises se situe à la fois sur les deux frontières d'efficience (CRS et VRS). Les cinq autres sont efficientes sous l'hypothèse de rendements d'échelle constant mais inefficientes sous l'hypothèse de rendements d'échelle variable. Ils se situent sur la frontière CRS mais pas sur VRS. Cependant, toutes ses entreprises se trouvent sur la frontière CRS, elles opèrent donc à une taille maximale c'est à dire une taille qui leur permet de minimiser leur consommation moyenne de ressources (Huguenin, 2013).

Les résultats obtenus pour les trois sous-échantillons montrent que les *corporate agriculture* sont, en moyenne, relativement les moins efficaces. Leur niveau d'efficacité technique totale est de 0,50 (soit une hausse potentielle de 50%) et aucune parmi elles ne se situe sur la courbe d'efficience. Les *family business* ressort le niveau moyen d'efficacité le plus élevé (0,61) suivis par les *family farming* (0,59). Cependant, ces différence ne sont pas significatives renseignent les résultats de l'ANOVA (appendice 1).

Tableau 2 : analyse descriptives de l'efficacité technique totale

	Type des producteurs			
	Family farming	*Family business*	*Corporate agriculture*	*Ensemble*
Moyenne	0,59	0,61	0,50	0,60
Ecart-type	0,20	0,21	0,31	0,2
Minimum	0,21	0,10	0,18	0,10
Maximum	1	1	0,83	1
Nbre d'exploitations sur la frontière	3	3	0	6

Sources : compilation des auteurs

Par analogie, ce score d'efficience globale est faible par rapport à ceux trouvés dans d'autres études menées en Afrique. Il s'est établi à 80.35% dans une étude menée au Benin en 2016 (Toléba et al., 2016). Il était à 82 % dans une autre menée en Tunisie en 2017 et se situait dans la fourchette allant de 27 % et 92 % (Ben Farha, 2018). Ceci montre que les exploitations agricoles de Kalehe sont loin de figurer parmi les exploitations agricoles les plus efficientes en Afrique.

L'efficience CRS (efficience totale) est décomposée en deux parties : l'efficience VRS (efficience pure) et l'efficience d'échelle (Huguenin, 2013).

4.2.1. Efficacité technique pure des producteurs agricoles (VRS)

Le tableau 4 présente les niveaux moyens d'efficacité technique pure obtenus. Si en terme d'efficacité technique pure, les Family business sont également les plus efficaces en moyenne (niveau moyen de 0,77), il faut, cependant, constater que les *family farming* sont moins efficaces en moyenne que les *corporate agriculture* (0,74 contre 0,76). On peut aussi remarquer que l'écart entre les niveaux d'efficacité technique pure des *Family Farming* et *Corporate agriculture* (0,02) est très faible que l'écart observé entre leurs niveaux respectifs d'efficacité technique totale (0,09). La différence en termes d'efficacité technique totale, observée entre les deux types des producteurs agricoles, pourrait provenir essentiellement d'une différence dans leurs niveaux d'efficacité d'échelle (Latruffe, 2005). En d'autres termes, sur les 5 entreprises efficientes 4 ne le sont que sous l'hypothèse du rendement d'échelle variable et opèrent, à cet effet, à une taille non optimale. Pour devenir CRS efficient, elles doivent modifier leur taille (ou l'échelle à laquelle elles opèrent) (Huguenin, 2013). Les autres entreprises non efficientes sous VRS et par conséquent sous CRS (97% de l'échantillon) n'ont pas seulement un problème de taille, elles sont également gérées de manière déficiente. Ces entreprises doivent alors se déplacer d'abord, sur la courbe VRS qui est plus proche pour devenir VRS efficient (autrement dit, pour annuler leur inefficience due à une gestion perfectible) (Huguenin, 2013). Elles sont par la suite appelées à se déplacer de la courbe VRS à CRS pour devenir CRS efficient (autrement dit, pour annuler leur inefficience due à un problème de taille) (Huguenin, 2013).

Le test de variance ne confirme pas une différence significative entre les moyennes de trois sous-échantillons.

Tableau 3 : statistique descriptive de l'efficacité technique pure de l'échantillon

	Type des producteurs			
	Family farming	*Family business*	*Corporate agriculture*	*Ensemble*
Moyenne	0,74	0,77	0,76	0,75
Ecart-type	0,13	0,12	0,31	0,10
Minimum	0.45	0,52	0,69	0,45
Maximum	1	1	0,84	1
Nbre d'exploitations sur la frontière	2	3	0	5

Sources : auteurs

Les autres travaux à l'exemple de celui de Latruffe (2005) font également ressortir un score d'efficacité pure supérieur au score d'efficacité total pour l'échantillon tout comme pour les sous échantillons avec des écarts en termes de score d'efficacité total entre sous-échantillons encore plus importants. Ce qui implique que la structure d'exploitations agricoles en Afrique est telle qu'elle souffre plus des problèmes de gestion que ceux liés à la taille.

4.2.2. Efficacité d'échelle

Le tableau4 renseigne que l'efficacité d'échelle moyenne des Family business est légèrement supérieure à celle enregistrée par les family farming soit 0,80 contre 0,78. Les Corporate agriculture présentant un niveau relativement faible (soit 0,66). On remarque que le niveau d'efficacité d'échelle est en moyenne relativement élevé pour tous les types des producteurs agricoles. Ceci suggère que, du point de vue de l'efficacité technique, les producteurs de l'échantillon souffrent plutôt de mauvaises pratiques de gestion que d'une taille optimale (Latruffe, 2005).

Tableau 4: statistique descriptive de l'efficacité d'échelle de l'échantillon

	Type des producteurs			Ensemble
	Familiale (Family farming)	*Family business*	*corporate agriculture*	
Moyenne	0,78	0,80	0,66	0,79
Ecart-type	0,17	0,17	0,39	0,17
Minimum	0.43	0.16	0.43	0,32
Maximum	1	1	0.90	1
Nbre d'exploitations sur la frontière	2	3	0	5

Source : compilations des auteurs

Pour identifier la nature des rendements d'échelle, la productivité ou le score d'efficience des entreprises VRS efficients doit être analysée. Trois situations se présentent dans le cas de cette étude.

D'abord, une des 150 entreprises constituant l'échantillon (observation2) se situe sur les deux frontières (CRS et VRS) en même temps (défini leur intersection). Elle enregistre un ratio production globale (en valeur) sur le cout total (semence et matériel) de 62,5. Cette entreprise évolue dans une situation de rendements d'échelle constants c'est-à-dire qu'une variation dans la production d'output de 1% implique une variation proportionnelle dans la consommation d'input (soit, également 1%) (Huguenin, 2013). Une organisation dans une telle situation a atteint sa taille optimale (ou son échelle efficiente). Elle opère à un point où la taille n'exerce pas d'impact sur la productivité. Cette situation se produit lorsque la consommation moyenne de ressources est minimisée et ne varie pas avec une augmentation de l'output produit (Huguenin, 2013).

Ensuite, cinq autres entreprises situées sur la courbe d'efficience CRS sont distribuées dans la zone gauche avant le point d'intersection entre les courbes CRS et VRS et la zone droite. Celles qui logent la partie gauche ont un ratio inférieur à 62.5 et celles qui logent la partie droite ont un ratio supérieur à ce seuil. Les premières opèrent à un point où la taille exerce un impact positif sur la productivité puisqu'elles n'ont pas encore atteint la taille optimale. Elles évoluent, par conséquent, dans une situation de rendements d'échelle croissants (*increasing retuns to scale*). Cette situation se produit lorsque la consommation moyenne des ressources diminue avec une augmentation de l'output produit (Huguenin, 2013).

En revanche, celles qui logent la partie droite (i.e dont le ratio production sur le cout total est supérieur au le seuil 62.5) opèrent à un point où la taille exerce un impact négatif sur la productivité puisqu'elles ont dépassé la taille optimale. Elles évoluent à cet effet dans une situation de rendement d'échelle décroissant. Cette situation se produit lorsque la consommation moyenne de ressources augmente avec une augmentation de l'output produit (Huguenin, 2013). Pour améliorer leur efficacité, elles doivent réduire leur production (phase de déséconomie d'échelle).

4.3. Test de robustesse du modèle DEA

Dans ce point, il a été question de tester la robustesse de la méthode DEA à partir de la SFA. Le tableau dans l'appendice2 présente les résultats issu de la régression. Il fait état d'un sigma carré (σ^2) significatif. 14% de la variation de la production dépend des facteurs aléatoires et 86% de l'inefficience du producteur. Ainsi, les données utilisées s'apprêtent le mieux au modèle DEA (ce modèle est robuste). Le même tableau renseigne à cet égard que seuls deux facteurs expliquent le niveau de production ou l'efficience des exploitants agricoles. Il s'agit du mode de faire valoir et de la qualité de terre cultivée. Tous les deux facteurs influencent positivement l'efficacité technique. En effet, le statut de propriétaire de la terre cultivée est associé à des niveaux d'efficacité technique élevés. De ce point de vue, le gouvernement devrait promouvoir le mode de faire valoir direct à travers la mise en place des politiques visant à fragmenter les grandes superficies de terre et à les redistribuer aux paysans sous forme de lopin de terre.

Par rapport à la qualité de sol, les résultats montrent que plus un sol est de bonne qualité plus le producteur est techniquement efficace en ce sens qu'il est en mesure de faire des économies d'intrants et réaliser une bonne récolte. Les exploitants sont alors appelés à ne pas utiliser des semences améliorées ou tout autre produit permettant de rehausser leur production actuelle mais susceptibles de réduire la qualité de sol à long terme. Une diversité de pratiques agro écologiques (l'agroforesterie, l'agriculture biologique ou l'intégration agriculture-élevage) sont recommandées aux paysans mais pour qu'ils soient incités à les adopter, le gouvernement devrait définir des politiques d'appui. Il s'agit notamment de la gratification des agriculteurs qui respectent les pratiques agricoles écologiques et durables comme c'est le cas dans les PAC (Politiques Agricoles Communes). Le gouvernement tout comme les centres de recherches en agriculture (INERAAgro Paris Tech, CNRS, par exemple) peuvent rendre disponibles des fonds pour la formation des agriculteurs et les amener à prendre conscience de l'existence de différents modèles d'agriculture notamment une agriculture respectueuse de la biologie.

5. Conclusion

Dans ce travail, la préoccupation majeure était d'évaluer le niveau d'efficacité technique des différents types des producteurs agricoles à Kalehe et d'en dégager les déterminants.

Les données utilisées proviennent des enquêtes que nous avons menée auprès des producteurs agricoles en Juin 2018 sur base d'un plan de sondage aléatoire stratifié par allocation proportionnelle de 150 producteurs dans le groupement de Mbinga-Sud en territoire de Kalehe dans la province du Sud-Kivu.

L'estimation de l'efficacité technique des exploitations agricoles à partir du modèle DEA dégage un score global d'efficacité de 0.60. Ce qui signifie qu'il existe une possibilité de gains substantiels d'efficacité pour ces exploitations, puisqu'en moyenne il pourrait augmenter leur output de 40% en maintenant constant le volume des facteurs utilisés. Néanmoins il existe des différences entre producteurs. Les *family business* sont les plus efficaces, ils ont enregistrés un score d'efficacité technique moyen de 0,61. Ils sont suivis par les *family farming* (0,59) et les *corporate* agriculture (0,50) viennent en dernière position. Les *corporate agriculture* sont pourtant quasiment toutes de grande taille et se spécialisent dans les cultures à fortes valeur ajoutée notamment le café et le thé. Dans l'objectif de déceler la source de ces hétérogénéités, les scores globaux d'efficacité technique ont été éclatés en efficacités pure et d'échelle. Il se dégage à cet égard que les family business sont les plus efficaces sous les trois approches. En outre, le niveau d'efficacité d'échelle est en moyenne relativement élevé pour tous les types des producteurs agricoles. Ceci suggère que, les producteurs de l'échantillon souffrent plutôt de mauvaises pratiques de gestion que d'une taille optimale.

De ce point de vue, le gouvernement doit financer la formation et la recherche des producteurs agricoles pour les outiller en matière de gestion notamment dans la gestion des risques.

Bibliographie

Albouchi, L., Salah Bachta, M. & Jacquet, F. (2007). Estimation et décomposition de l'efficacité économique des zones irriguées pour mieux gérer les inefficacités existantes. Actes du séminaire Euro-Méditerranéen. Séance 3 : Analyse de l'offre d'eau et choix technologiques. Du 21 au 22 novembre 2005. Sousse. Tunisie.

Amara, N., & Romain, R. (2000). Mesures de l'efficacité technique : revue de la littérature. *Centre de Recherche en Économie Agroalimentaire*. Faculté des Sciences de l'Agriculture et de l'Alimentation, Université Laval, Série Recherche SR.00.07. Pp. 1-34.

Ambapour, S. (2001). Estimation des frontières de production et mesures de l'efficacité technique. Bureau d'Application des méthodes statistiques et informatiques. Document de travail. BAMSI. Brazzaville.

Banker, D., Charnes, A., & Cooper, W. (1984). Some Models for Estimating Technical and Scale Inefficiencies in Data Envelopment Analysis. *Management Science 3* (9). Pp. 1078-1092.

Banque Mondiale (2010). Etude diagnostique sur l'intégration du commerce, République Démocratique du Congo, Ministère du commerce, petites et moyennes entreprises. Extrait du site Internet de UNCTAD :
https://unctad.org/system/files/official-document/aldcinfd8_fr.pdf

Belières, J-F., Bonnal, F., Bosc, P-M, Losch, B., Marzin,J. & Sourisseau, J-M. (2014). Les agricultures famililiales du monde : Définitions, contributions et politiques publiques. A SAVOIR. Octorbre 2014. Disponible au lien : https://www.fao.org/sustainable-food-value-chains/library/details/fr/c/428392/

Ben Farah, S. (2018). Evaluation de l'efficacité technique des exploitations oléicoles en Tunisie (cas de Chbika). Mémoire de maîtrise en agroéconomie. Université LAVAL. Québec. Canada.

Benzai, Y. (2016). Mesure de l'Efficience des Banques Commerciales Algériennes par les Méthodes Paramétriques et Non Paramétriques. Thèse de doctorat. Université Abou Bakr BELKAID-TLEMCEN.

Blancard, S., Boussemart, J-P., Flahaut, J. & Lefer, H-B. (2015). Les fonctions distances pour évaluer la performance productive d'exploitations agricoles. *Economie rural 334.* Pp. 7-22. DOI : 10.4000/economierurale. 3887.

Charnes, A., Cooper, W. & Rhodes, E. (1978), Measuring the Efficiency of Decision Making Units. *European Journal of Operational Research* 2. Pp. 429-444.

Coelli, T.J., Prasada Rao, D.S., O'Donnell, C.J. & Battese, G. E. (1998). *An introduction to efficiency and productivity analysis.* 2è Ed. Springer. ISBN-13: 978-0387-24265-1.

Consortium CRONGD-AMIS Du Kivu (2010). Etude sur la dépendance alimentaire au Sud-Kivu. Rapport GRONGD. Pp. 53-69.

Farrell, M.J., (1957). The measurement of productive efficiency. *Journal of the Royal Statistical Society, Series A* 120 (3). Pp. 253-290.

Ghali, M., Daniel, K., Colson, F., & Sorin, S. (2014). L'agriculture écologiquement intensive. Une approche économique. *Économie rurale, Agricultures, alimentations, territoires 341.* Pp. 83-99.

Huguenin, J-M. (2013). Data envelopment Analysis (DEA), Un guide pédagogique à l'intention des décideurs dans le secteur public. *IDHEAP-Cahier 278/2013.* Chaire Finances publiques. 88p. ISBN 978-2-940390-56-4.

IPAPEL (Inspection Provinciale de l'Agriculture, Pêche et Elevage) – Sud-Kivu. (2018). Rapport annuel 2017. IPAPEL. Bukavu.

Jacobs, R., Smith, P. C., Street, A. (2006), *Measuring Efficiency in Health Care: Analytics Techniques and Health Policy*. Cambridge University Press. New York.

Lattruffe, L., (2005). Les exploitations agricoles polonaises à la veille de l'élargissement: efficacité des facteurs de production et structure financière. *Cahiers d'économie et sociologie rurales*, n° 74.

Luzolo, B. E. (2018). Analyse de la chaine de valeur du café dans le territoire de Kalehe : cas du groupement de Mbinga-Sud. Faculté de sciences économiques et gestion, Université Catholique de Bukavu. Inédit

Mahamadou, M. (2014). Impact de la dynamique foncière dans la lutte contre l'insécurité foncière et la pauvreté des femmes dans la région de Tahoua au Niger. Thèse de doctorat. Université de Liège. 249 p.

Mario, F. et Leclerc, A. (2009). Economies d'échelles et des gamme dans les coopératives des services financiers : une approche non paramétrique (DEA). Cahiers de recherche 09-08. Groupe de Recherche en Economie et Développement International (GREDI). Université de Sherbrooke. Disponible au lien : http://gredi.recherche.usherbrooke.ca/wpapers/GREDI-0908.pdf.

MINAGRI DR Congo, FAO et PAM (2018). Sécurité alimentaire, niveau de production agricole et animal, Evaluation de la campagne agricole 2017-2018 et Bilan alimentaire du pays. Rapport août 2018. Disponible au lien :
https://fscluster.org/sites/default/files/documents/rapport_campagne_agricole_2017-2018_1.pdf

Muayila, H., Mofilinga, C. & Mujinga, K. (2019). Impact de l'accès au crédit intrant sur les performances des exploitations agricoles de Banza-ngungu. *Revue Congolaise d'Economie et de Gestion*, Hal-01831853.

Muayila, K. (2012). Credit constraints, Production Efficiency and Economic welfare of farm-households in Hinterland of Kinshasa, Democratic Republic of Congo. Thèse de doctorat. Katholieke Universiteit Leuven.

Ndjadi, S., Basimine, C., Masudi, G., Kyalondawa, A., Mugumaarhahama, & Vwima, S. (2019). déterminants de la performance des exploitations agricoles a Kabare, Sud-Kivu, est de la république démocratique du congo. *Agronomie Africaine 31* (2). Pp. 199 – 212.

PNUD (2009). Province du Sud-Kivu, pauvreté et conditions de vie des ménages. Rapport. Mars 2009. Kinshasa, 20 p.

Solhi, S. & Mohamed Rigar, S. (2014). Pérennité et efficience des institutions de microfinance dans la région MENA. Working paper series 829. Economic Research Forum. Université Mohammed V. Agdal-Rabat. Maroc.

Appendice1 :

```
                 Number of obs =      140     R-squared     =  0.0100
                 Root MSE      = .871793      Adj R-squared = -0.0045

        Source | Partial SS    df       MS           F     Prob > F
    -----------+----------------------------------------------------
         Model | 1.05075046     2  .525375229       0.69     0.5027
               |
        typemo | 1.05075046     2  .525375229       0.69     0.5027
               |
      Residual | 104.123055   137  .760022301
    -----------+----------------------------------------------------
         Total | 105.173806   139  .756646084
```

Appendice2: Tableau des déterminants de l'efficacité technique

Score_effica_tech	coef.	Std.Err	T	p>ltl	[95% Conf.	Intervalle]
formagri	.0139467	.02391	0.58	0.561	-.0333276	.0612211
Mofav	.0292715	.0163208	1.79	0.075	-.0029976	.0615405
Quater	.0225516	.0127985	1.76	0.080	-.0027533	.0478565
Frag	- .0147697	.011161	-1.32	0.188	.036837	.0072976
accescredit	.0426137	.0464503	0.92	0.361	-.0492268	.1344542
Revagri	.0001289	.0001195	1.08	0.283	-.0001073	.0003651
constante	.6278163	.0446635	14.06	0.000	.5395087	.716124
/sigma	.140612	.0083036			.1241942	.1570298

Source : compilation des auteurs

La déforestation du massif en territoire insulaire d'Idjwi (RDC) : économie politique d'une tragédie des biens communs

Joël BARAKA AKILIMALI [33]

Résumé

Cette contribution actualise la théorie de la tragédie des biens communs de Garrett Hardin en l'appliquant à une analyse concrète de la déforestation de l'ancienne réserve naturelle de Nyamusisi sur l'île d'Idjwi, dans l'est de la RDC. Premièrement, l'analyse note que la nationalisation d'une ressource en l'absence d'une administration forte peut avoir des effets pervers, car le libre accès conduit à la surexploitation et à l'épuisement de la ressource. Deuxièmement, l'analyse note que la tragédie des biens communs peut être exacerbée par des cas de force majeure, comme une démographie soudaine et incontrôlée (effets du génocide de 1994 au Rwanda). Troisièmement, la recherche montre qu'une complexification des solutions (privées, étatiques, communautaires) est préférable dans un même espace soumis à une tragédie des biens communs.

Abstract

This paper updates Garrett Hardin's theory of the tragedy of the commons by applying it to a concrete analysis of the deforestation of the former Nyamusisi Nature Reserve on Idjwi Island in eastern DRC. First, the analysis notes that nationalisation of a resource in the absence of strong

---

[33] Socio-politiste et Juriste intéressé à la gouvernance des ressources naturelles et aux politiques et théories environnementales (*political ecology*), il a défendu sa thèse de doctorat à l'Université Catholique de Louvain le 23 septembre 2021. Il est Professeur invité à l'Université Catholique de Bukavu, Collaborateur scientifique à l'Université Catholique de Louvain (Iacchos) et Professeur associé à l'Institut Supérieur de Développement Rural de Bukavu. Ses domaines de recherches couvrent les Politiques agraires, l'aménagement du territoire, la transition du point de vue du Sud, la gouvernance des ressources naturelles (foncier, minier, forestier), l'écologie politique, les Théories critiques du développement et la Coopération au développement. email : barakajoel300@gmail.com ; joel.baraka@uclouvain.be

administration can have perverse effects, as free access leads to overexploitation and depletion of the resource. Second, the analysis notes that the tragedy of the commons can be exacerbated by force majeure, such as sudden and uncontrolled demography (effects of the 1994 Rwandan genocide). Thirdly, the research shows that a complexification of solutions (private, state, community) is preferable in the same space subjected to a tragedy of the commons.

1. Introduction

Avec la publication en 1968 dans la revue *Science* de la « tragédie des biens communs », ce texte majeur du biologiste américain Garrett Hardin a profondément fait basculer la pensée écologique contemporaine dans une perspective controversée dans diverses disciplines. Ainsi, la théorie de la tragédie des biens communs divise encore les positionnements scientifiques contemporains aussi bien en biologie et en écologie, en économie politique et en sociologie de l'environnement, en philosophie politique et même en Théorie du droit[34].

En fait, l'idée phare de Garrett Hardin, en apparence simple mais qui polarise encore les débats scientifiques de nos jours, a été de démontrer que les « biens communs » sont des biens dont l'utilisation et la jouissance sont accessibles à tous, car ces biens ne sont pas limités par la propriété privée. Ainsi, il a démontré que ces biens sont susceptibles de connaître une « tragédie des communs » (*Tragedy of commons*) : leur épuisement. Hardin a illustré son propos par l'exemple de champs où les éleveurs peuvent faire paître gratuitement leurs bêtes. La seule limite à l'utilisation des champs est l'utilisation par autrui. Chaque éleveur a donc intérêt à y amener autant d'animaux que possible, mais cela entraîne une conséquence inévitable : la transformation du champ en une terre surexploitée où plus rien ne pousse » (Musolino, 2020 : 30). Cette définition simple de la notion de la « tragédie des biens communs » met ainsi en surface les effets d'un accès libre sur la ressource, conduisant à une surexploitation faute d'une gestion organisée pour limiter les usages excessifs. Ainsi « tout le monde a intérêt à exploiter ce qui n'appartient à personne, c'est-à-dire les « biens communs »

[34] En droit interne, la question de la « tragédie des biens communs » concerne spécialement des réflexions autour de la justice sociale quant à la redistribution des ressources naturelles et à la limitation des inégalités socioéconomiques. Elle oppose ainsi l'efficacité des mécanismes juridiques pour assurer l'équilibre entre l'autonomie individuelle et la satisfaction sociétale. En droit international, cette question de la « tragédie des biens communs » concerne aussi, depuis peu, la question de la justice climatique imposant de considérer la planète et le climat comme un bien commun en justifiant dès lors l'intérêt d'une gouvernance internationale comme seule alternative contre les surexploitations des ressources naturelles en accès libre tels que l'espace extra-atmosphérique et la haute-mer.

("commons" en anglais) tels que les zones de parcours pastoraux, les stocks halieutiques, ou certaines forêts. De la somme de ces comportements individuels résulte un processus collectif qui aboutit finalement à dégrader et détruire les ressources naturelles communes ainsi utilisées » (Le Bris, Le Roy et Mattieu, 1991 : 336).

Face à cette attitude de la surexploitation qu'il s'agisse d'une ressource naturelle en particulier ou d'un écosystème en général en libre accès, Hardin propose principalement la privatisation. Ainsi note Garrett Hardin :

« On peut s'attendre à ce que chaque éleveur essaie de mettre le plus de bétail possible sur les terrains communaux. Cet arrangement peut fonctionner de manière raisonnablement satisfaisante durant des siècles, dès lors que les guerres tribales, le braconnage ou les maladies maintiennent le nombre d'hommes et d'animaux bien en deçà de ce que ces terres peuvent supporter. Mais le jour du jugement finit par arriver quand l'aspiration séculaire à la stabilité sociale devient enfin une réalité. C'est alors que la logique inhérente des communs génère irrémédiablement la tragédie. En tant qu'être rationnel, chaque éleveur cherche à maximiser ses gains. Explicitement ou implicitement, plus ou moins consciemment, il se demande : « Quelle serait l'utilité d'ajouter un animal de plus à mon troupeau ? » L'éleveur rationnel ne peut que conclure que la seule conduite rationnelle pour lui est d'ajouter cet animal à son troupeau. Puis un autre… Telle est aussi la conclusion atteinte par chacun des éleveurs partageant ces communs. C'est en cela que réside la tragédie. Chacun de ces hommes est enfermé dans un système qui le contraint à accroître son troupeau sans limites – dans un monde qui est limité. C'est vers leur ruine que tous ces hommes se précipitent, en poursuivant leur intérêt bien compris dans une société qui croit à la liberté des communs. La liberté dans un commun entraîne la ruine de tous » (Hardin, 1968, cité par Bollier, 2014 : 33).

En posant la propriété privée comme solution au problème de la surexploitation, la défense de Hardin conçoit cette alternative à la crise des ressources comme un moindre mal face aux autres solutions envisagées précédemment[35] ou concomitamment. Garrett Hardin soutient à cet effet que la surexploitation des ressources est l'explication fondamentale de l'abandon dans le passé des droits et des usages des communs au profit de la propriété individuelle (Dardot et Laval, 2015 : 138). Ainsi, il note expressément que

[35] Dès l'antiquité la question est déjà posée dans plusieurs civilisations du pourtour méditerranéen. Ainsi, le code Justinien posait par exemple dès 535, 4 typologies des propriétés des choses avoisinant la vie humaine à savoir les *Res Nulius* n'appartenant à personne ; les *Res Privatae* appartenant à des individus, les *Res publicae* appartenant à l'Etat et les *Res Communes* appartenant à tous comme l'eau et l'air (Silke Helfrich et al., 2009 : 4).

« l'alternative des communs serait trop horrible car l'injustice est préférable à la ruine absolue » (Hardin, 1968 ; cité par Bollier, 2014).

En fait, cette position de Garrett Hardin semble s'aligner dans le contexte sociopolitique de cette époque, marquée par des querelles scientifiques et politiques autour des rivalités idéologiques entre les modèles capitaliste et socialiste. En misant sur la propriété privée comme alternative à la crise des communs, Hardin semble directement ou indirectement donner du poids à l'offensive de la tradition libérale et du mode de production capitaliste. Il épouse un certain nombre d'idées de ses contemporains néolibéraux tels que Mises, Hayek, Friedman, etc. alors opposés à l'étatisme dans la gestion économique. Au début des années 1990 vont rebondir les travaux remarquables de l'économiste et politiste américaine, Elinor Ostrom, sur la gestion en commun comme une solution alternative, efficace et cruciale face à la tragédie des biens communs. Ces derniers travaux ont le mérite d'avoir dépassé les thèses de Hardin autour de la critique fondamentale reprochée à Hardin d'avoir confondu « propriété commune » et « ressource en accès libre » (Ostrom, 1990).

Cependant, loin d'envisager la théorie de Garrett Hardin comme purement abstractionelle et sans méconnaître les critiques de son inexactitude[36], la présente réflexion se propose plutôt d'entrevoir une application concrète et contemporaine autour de cette conceptualisation de la « tragédie des biens communs », en partant d'une recherche empirique. Il ne s'agit pas de légitimer dans l'absolue la thèse de Garrett Hardin mais plutôt de la réinterpréter autour des situations nouvelles ayant des traits particuliers avec la pensée de cet auteur, près d'un demi-siècle après son texte majeur. Ainsi,

[36] Comme l'observe Paul Mattieu dans sa critique, « on a eu tendance durant presque deux décennies, à déduire que l'appropriation privée des ressources naturelles (menacées de surexploitation) était le meilleur mode de gestion pour assurer le maintien et la reproduction de celles-ci : l'intérêt individuel des propriétaires consistant à préserver ce qui leur profite des revenus, l'appropriation privée des ressources devrait garantir des modes d'exploitation des ressources non destructeurs de celles-ci » (Mattieu, 1991 : 336). Cet auteur rappelle des cas d'étude qui ont démontré l'inexactitude de la théorie des communs en citant les travaux d'André Marty « qui a montré que la crise de gestion des espaces pastoraux dans le nord du Sahel n'est pas la conséquence des modes traditionnels de gestion collective (comme le prétendent ceux qui ont intérêt à accélérer l'affaiblissement de ceux-ci), mais le résultat d'un processus qui est essentiellement déterminé par l'interférence non contrôlée entre trois logiques sociales de régulation concurrentes (logique « communautaire » traditionnelle, logique marchande du profit, logique du contrôle étatique » (Mattieu, op.cit.). Il cite également les travaux de Robert Wade et de Bromley et Cernea. Ces derniers travaux insistent sur la « confusion conceptuelle fréquemment opérée entre « ressource de propriété commune » (ou communautaire) et « ressource d'accès libre » (dont personne n'est propriétaire » (op.cit.).

la présente recherche, autour d'un cas d'étude concret au-delà de l'hypothèse abstraite développée par Garrett Hardin tient à démontrer les limites d'une nationalisation qui ne s'accompagne pas des mesures concrètes telles qu'il résulte du contexte de la Réserve forestière de Nyamusisi, un immense massif forestier aujourd'hui déboisé sur l'île d'Idjwi dans l'Est de la RD Congo.

En fait, le massif forestier de Nyamusisi qui correspond à la Réserve forestière du même nom, fut juridiquement constituée sur l'île d'Idjwi dans l'Est de la République Démocratique du Congo à travers l'Ordonnance n°52 /137 du 2 mai 1952 qui nationalisa cet espace au titre d'une forêt classée. Cette réserve classée à l'origine sur 4917 hectares partant des données de 1935 soit 16,6% de la superficie de l'île (Reyko, 1935) avait des sous-zones comportant forêt primaire, forêt secondaire et galeries forestières (Buchekabirhi, 2010). C'était un domaine foncier et forestier de l'Etat, totalement classé (MECNT, 2010 :75) et ne pouvant à ce titre, être occupé par des usages privatifs qu'en vertu des lois. En l'absence d'une mesure de désaffectation régulière à ce jour, le massif forestier de Nyamusisi qui correspond à la réserve forestière du même nom est théoriquement protégé dans l'ensemble de la partie centrale de l'ile d'Idjwi dans l'Est de la RD Congo. Son régime juridique la catégorise dans les « forêts classées »[37] au regard de la réglementation forestière en RD Congo. Ce régime de classement exclut à cet effet, en principe, toutes formes d'utilisations privatives qui ne rentrent pas dans la vocation écologique d'une réserve forestière telle que celle de Nyamusisi.

Néanmoins, nos observations[38] faites sur le terrain entre 2016 et 2017 conduisent à constater une totale dégradation de ce massif, à la suite d'une déforestation dramatique qui a rasé en l'espace de moins de 20 ans (1994-2014) la totalité de la forêt classée à Nyamusisi. Ce massif est aujourd'hui transformé, essentiellement aux usages agricoles.

En effet, la littérature existante sur la déforestation du massif de Nyamusisi attribue ces dégradations à plusieurs causes notamment l'inexistence d'une autorité de régulation et de la conservation permanente sur le terrain depuis la création de cette réserve officieusement en 1935 et officiellement en 1952 (Baraka-Akilimali, 2017) ; l'afflux dramatique des réfugiés rwandais en 1994 sur le territoire insulaire d'Idjwi (Buchekabirhi, 2010) ; la démographie locale galopante au cours de 5 dernières décennies dans un

---

[37] Le code forestier congolais définit les forêts classées comme celles qui sont soumises, en application d'un acte de classement, à un régime juridique restrictif concernant les droits d'usage et d'exploitation ; elles sont affectées à une vocation particulière, notamment écologique.

[38] Deux traversées à pied, respectivement du Nord au Sud et du Sud au Nord en Mars 2016 et en Avril 2017.

contexte caractérisé par l'amenuisement des ressources foncières et des revenus alternatifs à l'agriculture (MECNT, 2010); la conversion de la forêt de Nyamusisi à l'agriculture ; l'abattage des arbres pour la production du charbon de bois (Baraka-Akilimali, 2017 et Buchekabirhi, 2010); la conflictualité de pouvoir entre l'autorité coutumière et celle étatique posant une situation de pluralisme juridique compétitif et nocif (Baraka-Akilimali, 2017); etc. L'une des conséquences directes de la déforestation de Nyamusisi demeure écologique car la biodiversité forestière de ce massif n'avait pas encore été suffisamment recensée. Celle-ci incluait des primates (des singes et des oiseaux endémiques) mais elle a été sensiblement affectée tel qu'il résulte de nombreuses études (Kizungu, 2015 ; Kazadi, 2002).

Partant de tout ce qui précède, il se pose un paradoxe important à savoir qu'en dépit d'une mesure administrative de classement de l'espace forestier de Nyamusisi, au titre d'une nationalisation, telle qu'elle résulte de l'Ordonnance n°52 /137 du 2 mai 1952 ; celle-ci n'a pas empêché la déforestation du dit massif forestier.

Un tel exemple de Nyamusisi pose alors les limites de la nationalisation comme solution à la tragédie des biens communs. Dès lors, la présente recherche se propose de répondre à la question principale de savoir « comment un site forestier totalement protégé par une ordonnance de classement s'est substitué en un véritable exemple de dégradation rappelant l'hypothèse d'une « tragédie des biens communs » ? Autrement dit, « comment la nationalisation qui est pourtant présentée comme une solution contre la tragédie des biens communs n'a pas permis à la réserve forestière de Nyamusisi d'échapper aux dégradations liées à la surexploitation des usages particuliers » ?

La méthodologie choisie à travers la présente recherche est essentiellement qualitative et ressort d'un long terrain fait en 2016-2017 et complété en 2018 et 2019 dans le territoire insulaire d'Idjwi. Outre l'observation et les interviews de près d'une centaine d'habitants riverains du massif de Nyamusisi ou impliqués directement ou indirectement dans sa gouvernance ; la recherche a mobilisé des matériaux documentaires à titre complémentaire. L'analyse mobilise par ailleurs les cadres théoriques de Geist et Lambin et de la *political ecology* au titre d'approche d'analyse des dégradations intervenues au Massif forestier de Nyamusisi pour mieux analyser l'hypothèse d'une « tragédie des biens communs ».

Nous allons à la suite du présent point (1) analyser les mécanismes de la dégradation de la Réserve de Nyamusisi en mobilisant le cadre de Geist et Lambin (2), y associer le cadre d'analyse de la « Political ecology » (3) pour mieux discuter par la suite les solutions classiques envisagées à la tragédie des biens communs (4) et enfin conclure (5).

2. Analyse des dégradations écosystémiques du massif de Nyamusisi à partir du cadre de Geist et Lambin

Le cadre de Geist et Lambin ressort d'une étude intéressante parue dans la revue *BioScience* (Geist et Lambin, 2002 ; Ansoms, 2015). Ce cadre de Geist et Lambin qui se pose dans la compréhension des causes de la déforestation, a l'avantage de mettre l'accent sur une approche systémique de la déforestation en se fondant sur les combinaisons synergiques entre des facteurs multiples. En mobilisant les causes de la déforestation tropicale dans une perspective multifactorielle, ce cadre d'analyse insiste sur l'importance de la complexité d'analyse autour de la gestion des forêts tropicales dont les dégradations tiennent d'une combinaison des facteurs. Ainsi, « les combinaisons causales varient dans l'espace et dans le temps pour donner lieu à des séquences régionales et historiques particulières de déforestation » (Perz, 2002 ; Lambin, Geist, 2003 cités par Scouvant et Lambin, 2006 : 243). Cependant, tout en posant l'hypothèse d'une multiplicité des facteurs dans l'appréciation des causes de la dégradation des forêts tropicales ; les auteurs différencient les causes des déforestations à différents niveaux (Pearce, Brown, 1994 ; Sponsel et al., 1996 ; Kaimowitz, Angelsen, 1998 ; Contreras-Hermosilla, 2000 ; Geist, Lambin, 2002 cités par Scouvant et Lambin, 2006 : 243). Ainsi, « les changements d'utilisation du sol sont le résultat de décisions prises par les acteurs locaux qui répondent aux opportunités et contraintes créées par de multiples facteurs à différents niveaux d'organisation du système socio-écologique. Le rôle relatif de ces facteurs peut être conceptualisé de manière hiérarchique : les causes proximales sont les actions humaines associées à l'utilisation du sol qui affectent directement le milieu naturel ; les causes ultimes sont les facteurs fondamentaux qui sous-tendent les causes proximales » (Scouvant et Lambin, 2006 : 243).

En synthèse, à travers le cadre d'analyse de Geist et Lambin, ces auteurs affirment le caractère multifactoriel des causes de la déforestation comme étant à la fois directes ou indirectes qu'ils localisent au niveau local et au niveau régional tout en reconnaissant que le phénomène est d'ampleur mondiale. Pour An Ansoms, cette étude de Geist et Lambin révolutionne la perception mono-causale de la déforestation telle que la démographie ou la rotation des terres (Ansoms, 2015) en complexifiant la perception jusqu'ici souvent simpliste. Le cadre de Geist et Lambin est constamment utilisé en RDC notamment dans les études officielles (MECNT, 2011). C'est au regard de sa réalité hétéroclite des causes de la déforestation et des dégradations des ressources naturelles que nous le préférons en application au contexte lié à l'ancienne forêt de Nyamusisi sur l'île d'Idjwi dans l'Est de la RD Congo.

De prime à bord, il faut dire que les causes s'imbriquent et s'influencent mutuellement au point que les séparer ne serait pas chose aisée pour l'analyse. Il en va pour dire qu'on ne fera pas de la systématisation ici entre causes directes et indirectes. Les principales causes identifiées par nos recherches documentaires et de terrain comprennent respectivement un groupement de trois séries des facteurs à la base des dégradations de la réserve de Nyamusisi.

Tout d'abord, il s'agit de *l'afflux massif des réfugiés rwandais sur l'île d'Idjwi en 1994*. En fait, en 1994, la République du Rwanda, frontalière de la RDC de par l'île d'Idjwi notamment avait fait l'objet d'une guerre civile ayant débouché au génocide qui conduisit à l'afflux des réfugiés rwandais essentiellement hutus sur le territoire de la RDC (Braeckman, 2000). Cette situation a conduit à l'arrivée massive des dizaines des milliers des réfugiés sur l'île d'idjwi et qui se sont aussitôt rués sur les ressources forestières de la réserve de Nyamusisi pour leur survie. Bien que les liens entre le génocide au Rwanda et la dégradation des écosystèmes naturels dans l'Est de la RD Congo en particulier soit à ce jour peu documenté[39], il a pourtant conduit à des désastres particulièrement à Idjwi où la vulnérabilité liée à l'exiguïté du territoire a décuplé les conséquences écologiques notamment sur la Réserve de Nyamusisi.

A ce sujet, Isaac Buchekabirhi note qu'à ce jour la réserve forestière de Nyamusisi se trouve dans un état de totale déforestation dont la cause la plus fatale remonte en 1994 avec l'afflux des réfugiés Hutus rwandais qui ont investi la réserve de Nyamusisi en y exploitant la braise pour sa commercialisation et en abattant les arbres pour la construction des abris de fortune. Le chiffre des réfugiés déversés sur l'île d'Idjwi en 1994 donne une idée sur l'ampleur des pressions sur une forêt d'à peine 5000 hectares. À cet effet, Isaac Buchekabirhi observe que « par le fait de la guerre au Rwanda, plus de 300.000 réfugiés se sont déversés sur l'île d'Idjwi et ont rasé la forêt de Nyamusisi en moins de cinq mois. Une véritable catastrophe causée par l'homme et qui n'a jamais été compensée ni par les organisations internationales impliquées dans la gestion des réfugiés ni par les Etats impliqués dans ce conflit qui a culminé dans le génocide du Rwanda en 1994 » (Buchekabirhi, 2010 : 47). Bien que ce chiffre soit à prendre avec des réserves, l'on peut imaginer a priori l'ampleur de la catastrophe humanitaire sur l'île d'Idjwi qui inéluctablement ne devait déboucher qu'à la disparition de la forêt de Nyamusisi pour la survie de ces populations réfugiées dans un contexte où les organisations humanitaires étaient elles-mêmes débordées

---

[39] Quelques travaux mettent cependant le lien entre la dégradation des ressources naturelles avec toute la dynamique de la guerre en général dans l'Est de la RDC (Samu, 2001 ; Shuku, 2003).

pour l'encadrement des réfugiés qu'on trouvait partout selon un témoignage recueilli sur place.

Cependant, plusieurs observateurs locaux admettent qu'avant 1994, l'autorité coutumière confrontée déjà à une forte démographie, avait déjà enregistré des demandes pour l'obtention des espaces arables généralement au profit de sa clientèle politique locale. Certaines demandes ont été favorables à l'occupation du Massif forestier notamment par certains notables locaux proches du Mwami entrainant ainsi le début de la déforestation alors que les paysannes y allaient également, régulièrement, à la recherche du bois mort[40].

Cependant, l'auteur précité reconnaît également cet état des faits mais il observe que la décision de l'autorité coutumière n'a pas entrainé des graves dévastations comme celles intervenues après 1994. C'est après cette année 1994, marquée par la désacralisation totale de la Réserve de Nyamusisi que la population locale est également entrée massivement dans la dynamique de la déforestation en occupant illégalement des vastes étendues forestières pour des coupes de bois dans la commercialisation de la braise et/ou pour la conversion à l'agriculture (Buchekabirhi, 2010). Cet état des faits lié à la compétition dans l'occupation d'une réserve « désacralisée » a alors traduit le cas de figure d'une tragédie des biens communs décrite dans la pensée de Garett Hardin tant de nombreux espaces en libre accès ne donnaient pas lieu à aucune exclusion dans l'exploitation.

Ensuite c'est la question de la *démographie galopante sur l'île d'Idjwi et ses conséquences sur la préservation des ressources en général et de la Réserve de Nyamusisi en particulier* qui mérite également d'être mise en lumière pour comprendre la dynamique de la disparition de la Réserve de Nyamusisi. Contrairement à ce qui précède, la question liée à la démographie sur l'île d'Idjwi est de loin antérieure à l'année 1994. On parle même d'une population non seulement nombreuse mais également prolifique par rapport à la taille minuscule de l'archipel d'Idjwi et au rythme de sa croissance démographique au point qu'entre 1958 et 1995, le taux d'accroissement moyen annuel est dans l'ensemble de 33% (Mpangukano, 1996 : 19). En 1927, l'ile d'Idjwi ne comptait que 7000 habitants. Vers 1965, 51000 habitants, en 2004, autour de 155406 habitants. Le rapport de la Zone de sante basé sur des recensements ménage par ménage donne une population de 197187habitants en 2008 (MECNT, 2011 :83). Il ressort de ces chiffres que la population s'est multipliée par 20, voire par 30 fois en moins d'un siècle et cela n'a pas manqué de générer des fortes demandes pour la satisfaction des besoins agricoles et des bois de chauffe pour la survie des

[40] Entretiens dans les villages de Mugote, Lubuye et Bwando, Avril 2017.

populations en croissance galopante dans un environnement limité par les revenus et qui ne pouvait se passer de la forêt.

Cette explication en lien avec la démographie, loin d'être figée dans une lecture malthusienne du reste insuffisante mérite d'être mise en corrélation avec l'insuffisance des revenus alternatifs dans un contexte où c'est le seul secteur primaire qui a longtemps occupé les paysans dans cet environnement rural et longtemps enclavé du reste du monde. Ainsi, dans l'ensemble, les ressources génératrices de revenu sur l'île d'Idjwi sont respectivement les ressources agricoles, animales, ligneuses, minérales et le revenu des échanges commerciaux. Globalement, l'agriculture demeure la pourvoyeuse d'une grande partie de la population et face à l'émergence grandissante des paysans sans terre ; la Réserve de Nyamusisi s'est longtemps présentée comme une aubaine pour ces catégories marginales croissantes.

Une étude de 1995 faisait déjà état de 92% des chefs de ménages qui déclaraient ne plus être capables de nourrir convenablement leurs familles au point qu'en certaines périodes de l'année il se manifestait une pénurie alimentaire poussée appelée localement « Kashogola ». Durant cette période en début de saison de pluie, les familles se nourrissent des feuilles vertes de haricot ou de manioc accompagnées de bananes (Mpangukano, 1996 : 28). Le phénomène des « paysans sans terre » s'est donc progressivement imposée et a poussé de nombreux paysans à se déplacer au sein de la réserve de Nyamusisi pour y acquérir des lopins de terres avec la connivence de l'autorité locale qui y perçoit des redevances de toutes sortes au regard des témoignages recueillis sur place. S'il y a plus de 20 ans que l'on notait déjà des difficultés liées à la sécurité alimentaire du fait de la non disponibilité des terres arables alimentaires dans certains villages d'Idjwi, la situation s'est empirée avec le temps suite à la survenance des maladies phytosanitaires qui ont attaqué certaines plantes vitales de l'île notamment le *wilt bactérien* qui a touché les bananiers en sus des dégradations des sols (baisse de productivité, érosions, etc.), ce qui a radicalement amenuisé les ressources agricoles des paysans.

La recherche des nouvelles terres considérées comme arables ne pouvait dès lors se passer de l'option de la Réserve forestière de Nyamusisi dans un contexte d'accès libre de ses nombreuses parties. Cette situation porte à la problématique de la conversion de la forêt à l'agriculture parmi les effets de la déforestation et de la dégradation de la réserve de Nyamusisi. L'argument de la productivité immense résultant du sol défriché dans la réserve forestière de Nyamusisi en ce qu'il s'agit d'une terre très fertile est la principale motivation conduisant la conversion de la forêt à l'agriculture en plus de question des paysans sans terres déjà abordée précédemment. Buchekabirhi rappelle à cet effet que « quand on brûle une forêt afin de planter de l'herbe pour le bétail ou de mettre la terre en culture, ce qu'on plante pousse à peu près bien pendant quelques années grâce au maintien des substances nutritives dans les cendres. C'est pourquoi la majorité des terres défrichées sous les tropiques deviennent rapidement stériles et sont abandonnées. Les forêts tropicales sont des écosystèmes très productifs capables de convertir efficacement la lumière du soleil en matière végétale. Cependant, elles ne peuvent le faire que tant qu'elles sont intactes. Une fois détruites, elles peuvent mettre des siècles à se régénérer, et certaines ne le feront peut-être jamais parce que les conditions qui existaient au moment de leur formation initiale ont disparu » (Buchekabirhi 2010 : 22). C'est en quelque sorte la situation qui prévaut à Idjwi où une grande part de la déforestation s'effectuant au sein de cette réserve a lieu pour des raisons d'agriculture. Cette situation a poussé les paysans à l'abattage de la forêt pour convertir la terre jadis forestière à la culture agricole notamment des maniocs et surtout des haricots qui selon plusieurs témoignages recueillis sur place démontrent que ces deux cultures y sont florissantes bien qu'avec des résultats graduels au cours des années ; ce qui conforte la position de cet auteur. Ainsi note une paysanne impliquée dans l'agriculture à Nyamusisi :

« Quand j'ai commencé à cultiver ce champ en 2001, j'accédais en saison normale sans complications climatiques jusqu'à 10 sacs d'haricots voire plus[41]. Au fur et à mesure que je cultivais ce champs les rendements ont baissé au point qu'aujourd'hui je peine à réaliser 5 sacs en saison ordinaire. Il y a parfois d'éboulements des terres et des coulées d'eau qui ont des conséquences désastreuses pour les cultures ici. Les gens ont tendance à se ruer davantage vers des nouvelles terres sans forcément prendre soin des anciennes terres. Ceux qui ont eu accès aux dernières réserves de Nyamusisi en 2008 font d'importantes productions actuellement car ils ont acquis des terres encore très fertiles. Nous, bénéficiaires des terrains ici autour des années 2000, ne produisons plus suffisamment des récoltes »[42].

Enfin, une dernière série des causes liées à la dégradation de la Réserve de Nyamusisi tient à la coupe des bois pour la *transformation en Charbon de bois (braises) d'un côté et l'exploitation des minerais (coltan, wolframite et mercure rouge) de l'autre côté.* A priori, l'on serait porté à croire que l'exploitation du charbon de bois est portée pour la consommation locale mais loin s'en faut. Partant des simples observations faites sur terrain, il en résulte que la majeure partie des sacs de braise issus de l'île d'Idjwi au cours de 3 décennies passées ont particulièrement été destinés à la commercialisation dans les villes de Goma et de Bukavu. Au Beach Muhanzi dans la ville de Bukavu, un lieu de commerce du charbon de bois, une commerçante de ce charbon appelé en langue locale « Makala », livre ce

[41] Un sac étant estimé à 30kgs.

[42] Entretiens avec une agricultrice d'haricots et des maniocs à Musama/Idjwi, 2017.

témoignage sur la dynamique de son commerce en lien avec la disparition de la forêt de Nyamusisi en ces termes :

« Jusqu'en 2013, je réceptionnais chaque semaine entre 20 et 25 sacs de « makala » qui venaient essentiellement d'Idjwi où se trouvaient mes fournisseurs. Ceux-ci étaient souvent des femmes des militaires impliquées dans ce commerce ou des particuliers qui collaborent avec les pygmées rompus dans la fabrication des « makala ». Ce commerce est un des plus florissants ici au marché Muhanzi et les clients ne manquent pas. Cependant, depuis la disparition de la forêt de Nyamusisi les fournisseurs sont devenus minimes sur l'axe Idjwi et nous devons compter sur d'autres fournisseurs pour éviter la rupture de stock particulièrement lors de l'approche des festivités en comptant ainsi sur d'autres milieux ruraux tels que Luhihi ou Minova à travers notre réseau de vendeuses des « Makala »[43].

Quant aux minerais, une étude note que la cassitérite est exploitée artisanalement à Shenge dans le Groupement Kihumba à Nyamusisi dans la rivière Mureme ; le wolframite est exploité à Kamole au Nord de l'ile. Le coltan a été découvert dans la forêt Nyamusisi et est l'une des causes de la déforestation à ce jour (MECNT, 2011 : 79). Notons que Kihumaba et Kamole sont des entités territoriales situées en dehors de la réserve de Nyamusisi mais les mineurs de ces coins et d'ailleurs ont par la suite été portés à faire des prospections et même des exploitations minières indépendantes au péril de la forêt à la recherche des gisements miniers dans celle-ci une fois les ressources épuisées dans leurs villages respectifs. Plusieurs sources[44] font état de l'exploitation du coltan (tantale) au sein de la Réserve de Nyamusisi entre 2003 et 2009 au sein en particulier du côté des villages Chasi et Buzibu. L'on note une baisse d'intérêt dans l'exploitation de ce minerai à Idjwi et dans la forêt de Nyamusisi notamment à cause de la faible teneur de ces gisements en tantale.

3. « Political ecology » des dégradations du massif forestier de Nyamusisi et de sa Réserve écologique

La « political ecology » est un cadre d'analyse important pour comprendre les dégradations d'une ressource naturelle. À en croire ses théoriciens (Benjaminsen et Gautier, 2012), ce modèle met en conjonction un *pattern* d'interactions environnement-sociétés avec 3 éléments que sont les intérêts économiques, les changements écologiques et les luttes politiques. Il s'ensuit au sein de ce *pattern* la dimension politique des rapports homme-environnement, en lien notamment avec des mouvements

[43] Entretiens à Bukavu avec une commerçante de Braise, avril 2019.
[44] Entretiens à Musama, Bwando, Lubuye et Mugote, Avril 2017.

sociaux nés des inégalités des droits d'accès et d'usage de la ressource (Paulson *et al.,* 2003 ; De Sartre, 2014 ; Walker, 2006). La *Political ecology* à en croire l'ouvrage d'EcoPolis n°21 « offre une ressource précieuse pour analyser la façon dont se configure la « scène » environnementaliste où se croisent scientifiques, gestionnaires, décideurs, militants et entrepreneurs, ceci en posant sur les idées de l'anthropologie et de façon résolument engagée » (De Sartre (dir.) *et al.* 2014 : 9).

Des auteurs tels que Vayda et Walters (1999) ont critiqué le fait pour la *political ecology* de porter une considération particulière à la dimension politique des interactions environnement-société et des changements environnementaux qui faisait passer davantage ce modèle comme réactions contre « une écologie sans politique » et des « études politiques sans écologie ».Il reste vrai que l'engagement politique caractéristique de la *political ecology* amène quelques fois à mettre l'accent sur les politiques d'accès et de contrôle de la ressource (Benjaminsen et Gautier, 2012) aux dépens des implications biophysiques des conflits que ces politiques engendrent (Turner, 1997). Toutefois, certains auteurs tels que Zimmerer ont fait observer que l'environnement n'est jamais absent des recherches en *political ecology* (Zimmerer *et ali., 2003*) comme objet ou co-sujet. Il est à noter que la traduction française de *political ecology* par « écologie politique » ne reflète pas la même réalité. La *political ecology* est un paradigme de pensée et de recherche scientifique portée au début par les géographes et mettant l'accent sur le droit d'accès et de contrôle de la ressource naturelle. En France, le socle de la political ecology est d'orientation politique (partis verts) et moins universitaire comme aux Etats-Unis (Whiteside, 2002, cité par Benjaminsen et Gautier, 2012). L'écologie politique est comprise dans le rapport aux terroirs, aux territoires et aux paysages (*Ibidem,* 2012), ce qui n'a rien à voir au modèle théorique en question. Cette différence conceptuelle nous fait préférer la terminologie anglaise à l'instar de tous les auteurs francophones ayant fait usage de ce modèle d'analyse théorique qu'est la *polical ecology* qui a l'avantage d'insister sur la démarche scientifique alors que la terminologie française « d'écologie politique » tend à se limiter au seul aspect politique.

Nous allons mobiliser la *political ecology* à partir d'une triple lecture allant des enjeux économiques en passant par les enjeux socio-environnementaux pour chuter sur les enjeux politiques.

Tout d'abord, s'agissant des enjeux économiques dans la ruée sur les ressources naturelles de la réserve forestière de Nyamusisi, ces enjeux mettent en confrontation divers acteurs dans la dégradation de la réserve de Nyamusisi. Les enjeux autour du foncier agricole très fertile de la Réserve de Nyamusisi induit des gros revenus et constitue à cet effet la matrice principale de la ruée économique à Nyamusisi. Les discours et les pratiques tendent à cet effet à légitimer la déforestation en tant que moyen de faciliter l'atteinte d'importantes récoltes et partant une certaine croissance économique à partir de l'agriculture et une survie face à la précarité grandissante dans certains groupements. Si pour le pouvoir coutumier au travers des fonctionnaires locaux, on estime souvent que sans cette réserve « les gens seraient morts de faim dans les groupements moins favorisés par la fertilité tel qu'à Nyakalengwa et dans divers îlots voisins en surpeuplement »[45]; les paysans eux-aussi mettent en avant garde la productivité des terres du Massif de Nyamusisi et s'en réjouissent au regard des retombées financières qu'elle emporte avec une intense possibilité de cumuler plusieurs cultures[46]. Cependant, les rapports à la terre dans ce Massif de Nyamusisi reste marquée par des grandes inégalités agraires dans l'accès et la jouissance de la terre.

En fait, les morcellements désordonnés du Massif de Nyamusisi ont beaucoup plus bénéficié en grandes terres aux élites locales jouissant d'une grande influence auprès de l'autorité coutumière. Alors qu'il est interdit par la loi congolaise[47] au conservateur des titres fonciers d'accorder des droits des concessions foncières[48] allant au-delà de 10 hectares en milieu rural ; nous avons constaté lors de notre terrain de recherche une asymétrie d'information bénéficiant généralement aux élites au détriment des paysans. Ainsi, dans cette accentuation de l'économie du marché, certaines élites locales à Idjwi ont pu accéder à des hectares immenses des terres dans l'ancienne réserve de Nyamusisi en trichant par la stratégie de morcellements en lots distincts de 10 hectares conduisant à de nombreux contrats de locations disjoints. Cette stratégie fondée sur une asymétrie d'informations dans les marchés fonciers locaux a donc été le mode opératoire notamment dans l'accaparement des terres de la réserve de Nyamusisi par des élites[49]. Ces élites ont acquis ces terres par des contreparties jugées dérisoires alors que les fruits dont ils en tirent par métayage sont largement supérieurs au coût investi dans l'acquisition de leurs terres ; ce qui crée un sentiment de frustrations chez nombreux petits paysans qui ont l'impression d'enrichir davantage les grands concessionnaires des terres. Un paysan nous montrant une concession d'un ancien chef de groupement d'environ 100 hectares affirme que « presque toutes les bonnes terres en espace et en fertilité dans ce massif sont

---

45 Entretiens à Rambo/Idjwi, avril 2017.

46 Entretiens à Chasi/Idjwi, 22/04/2017.

47 Articles 154 et 155 de la loi n°73-021 du 20 juillet 1973, telle que modifiée et complétée par celle n°80-008 du 18 juillet 1980 ainsi que l'article 13, dernier alinéa de l'ordonnance portant mesures d'application de la loi foncière.

48 Entretien avec un notable local à Mugote, 17 avril 2017.

49 Entretiens avec un fonctionnaire de l'ancienne Circonscription foncière de Kalehe-Idjwi, Avril 2017.

contrôlées par les hauts fonctionnaires du Mwami qui ont bénéficié parfois gratuitement ou à vil prix de ces terres alors que nous nous devons y cultiver chaque année et partager encore nos récoltes avec eux »[50].

Il s'observe par ailleurs de plus en plus une conversion des cultures agricoles vers les cultures industrielles dont le quinquina qui est particulièrement la plus présente dans les grandes concessions des terres[51]. Cette réalité a pour effet de renforcer les inégalités sociales car les cultures industrielles excluent non seulement les petits paysans de la possibilité des métayages mais aussi elles prennent beaucoup d'années avant d'être récoltées (7 ans au moins pour le quinquina) avant la maturation. Dès lors, l'enjeu économique pousse d'autres paysans à s'orienter davantage vers la recherche des nouvelles terres en accès libre particulièrement autour des ravins quand bien même l'accès et le contrôle devient de plus en plus compétitif en général. L'enjeu économique du charbon de bois complète la compétition autour de la Réserve de Nyamusisi. Un paysan affirme :

« Les arbres forestiers étant épuisés partout ; les vendeurs de Makala en particulier les pygmées, s'activent actuellement à déraciner même les restes d'arbres enfouis dans la terre, généralement des racines des vieux arbres antérieurement coupés pour les entasser et les mettre sous four aux fins de la transformation en « Makala ». La production de la braise paye mieux que la poterie et les autres instruments artisanaux de quoi ils vivaient depuis des années en échange de l'agriculture mieux assurée par le groupe majoritaire des « Bahavu »[52].

Comme vu précédemment, la ruée vers les minerais n'est pas non plus à négliger dans la concurrence d'acteurs autour de la ruée d'enjeux économiques qu'offre l'espace du Massif de Nyamusisi. Bien plus étonnant, des superstitions insistantes dans les narratifs locaux faisaient état de la présence des bouteilles de mercure rouge dans les bornes coloniales posées par l'autorité coloniale pour marquer les limites de la Réserve forestière constituée en 1952, ce qui a conduit à leur quasi destruction à la recherche de cette substance à Nyamusisi[53].

Ensuite à ce qui précède, les enjeux environnementaux et sociaux posent des dégradations des ressources naturelles du fait de l'interconnectivité entre elles sous l'effet anthropique, conduisant à des changements climatiques. Les discours autour des dégradations des ressources naturelles et des

---

[50] Entretiens à Musama avec les paysans, 20 Avril 2017.

[51] Observations et entretiens de terrain à Musama et Bwando, Avril 2017.

[52] Entretien au sous-village de Butimbo/Bwando, Avril 2017.

[53] Toutes les bornes posées par l'autorité coloniale pour cadastrer la forêt classée ont souvent été abolies Quelques bornes sont encore présentes dans les collines surplombant les villages de Chasi et Buzibu.

changements climatiques sont perçus différemment par les paysans abordés lors de nos recherches de terrain. Si plusieurs paysans exploitants de ce Massif de Nyamusisi semblent reconnaitre le fait de l'homme dans la dégradation des ressources naturelles et dans les changements climatiques ; quelques-uns en revanche ne perçoivent pas directement le lien existant entre l'action de l'homme et les dérèglements climatiques au niveau local[54]. L'autorité est quasiment consciente des dégradations naturelles mais dans l'ensemble elle allègue le motif lié au manque des moyens financiers et techniques nécessaires à la gestion de l'environnement suite au manque des frais de fonctionnement des administrations locales et au manque des salaires conséquents en plus de la rébellion du RCD (1998-2003) dont le directoire a sensiblement négligé les questions écologiques. Les changements et les dégradations du Massif de Nyamusisi et de sa Réserve juridiquement constituée s'observe en particulier dans le dernier carré des singes de l'endroit appelé « Bulolero » situé dans l'Est de la Réserve à la frontière entre les Chefferies Rubenga et Ntambuka. Ce carré de près de 5 hectares maximum constitués sur un ravin demeure la dernière partie du territoire de l'ancienne Réserve de Nyamusisi encore sous couvert forestier sauvage. Nos observations de ce site font état d'une extinction sérieuse et persistante en cours contre les primates qui y survivent difficilement car étant sérieusement menacés à ce jour. De part et d'autre du ravin forestier très accidenté, ils se cachent des signes et le relief fortement accidenté comme tout accès humain facilite leur survie précaire. On trouve des champs progressant à toute lisière et qui constituent une sérieuse menace contre ces derniers singes estimés selon les villageois à près d'une centaine[55].

Ces singes qui survivent au site de Bulelero sont de la race de « cercopithecus mitis schoutedeni » tels que repérés par une Association Sans But Lucratif locale dénommée PEX (« Primates Expertise »). Cette association qui y a fixé des panneaux interdisant tout braconnage et des sensibilisations contre les auteurs depuis 2012 a permis de dissuader un tant soit peu la survie de derniers singes de la défunte Réserve de Nyamusisi. Si le discours pénaliste de cette ASBL locale semble avoir plus ou moins dissuadé les villageois contre toute tentative de braconnage, le fait agricole lui s'en passe et reste en totale progression sur ce petit espace. L'autorité locale semble ne pas s'y intéresser tandis que l'Institut Congolais pour la Conservation de la Nature (ICCN), service public congolais chargé de la conservation, ne s'y est pas penché depuis plus de 70 ans d'existence officielle de cette Réserve née officiellement et morte matériellement sans avoir fait l'objet d'une protection institutionnelle. Le Bureau provincial de

---

[54] Entretiens dans les villages de Chasi, Musama, Lubuye, Bwando et Buhoro II/Idjwi, Avril 2017.

[55] Entretiens et observations de terrain au site de Bulelero/Idjwi, 20/04/2017.

cet organe étatique avance également le manque des moyens financiers et matériels pour s'investir dans la protection de cet écosystème[56].

Enfin, les enjeux politiques sont essentiellement liés à la préservation d'une instrumentalisation de la gouvernance du Massif de Nyamusisi au titre d'un capital politique dans le chef de l'autorité coutumière usant d'un populisme dans le souci de sa légitimation politique. Ainsi, un notable local nous a confié que chaque fois qu'une demande de terre est faite au Mwami par les paysans, il est rare que celui-ci n'y accède pas « en bon père des Bahavu qu'il aime bien et il demande souvent à ses hauts fonctionnaires dits « Barhambo » de toujours trouver une terre à donner aux requérants qu'il s'agisse d'une demande à l'intérieur de la réserve de Nyamusisi ou hors celle-ci » (entretien avec un notable local à Mugote, avril 2017). En réalité ce discours un déficit dans la gouvernance locale qui a favorisé la dégradation de la réserve de Nyamuisisi malgré une implication de préservation restée formelle. Le souci de légitimation politique se construit dans un contexte de « démocratisation » où les pouvoirs traditionnels de l'autorité coutumière sont de plus en plus remis en cause en particulier par les jeunes générations. La terre reste coutumièrement très influencée par l'autorité du Mwami (à travers les tributs de « kalinzi ») et celui-ci en use pour asseoir sa légitimation politique par des concessions foncières notamment aux petits paysans, aux pygmées souvent précarisés et aux autres masses populaires de l'île qui ne voient guère dans la modernité étatiste une bonne alternative à l'autorité coutumière préférant dès lors se ranger dans la légitimité du Mwami. Des terres ont été ainsi données dans cette visée dans la réserve de Nyamusisi pour consolider le pouvoir traditionnel des chefs coutumiers et gérer un tant soit peu les inégalités agraires sur l'île d'Idjwi.

Cependant, la préservation de l'influence politique à l'heure des élections multipartistes pose un déséquilibre dans les rapports traditionnels des pouvoirs politiques jadis marqués par la seule personne du Mwami. Alors que le Mwami était le seul maître à bord de la navette politique en milieu coutumier, ce chambardement politico-juridique le place dans un environnement concurrentiel dans la sphère d'influence politique. Il n'hésite plus dès lors à user de tous les pouvoirs à sa portée pour maintenir son influence politique dans un tel contexte politique. La terre qui reste d'un grand symbolisme vital en milieu rural est alors mise à contribution par les chefs coutumiers qui doivent dès lors l'instrumentaliser dans le maintien de leur poids politique au travers des alliances avec les élites locales souvent employées dans l'administration coutumière (chefs de village). Des terres ont été données à ces chefs locaux dans la réserve de Nyamusisi visiblement

[56] Entretiens avec un cadre local de l'ICCN à Bukavu, 05 Mai 2019.

dans cet but politique en vue de leur mobilisation dans la sphère d'influence coutumière.

4. Leçons d'économie politique face aux dégradations écosystémiques issues de la tragédie des biens communs dans la défunte Réserve forestière de Nyamusisi

Les nombreuses dégradations factuelles analysées précédemment démontrent à suffisance qu'en l'absence d'une autorité spéciale de gestion, de type ICCN depuis la création de la Réserve forestière de Nyamusisi en 1952 jusqu'à son extinction quasi-totale en début des années 2000 ; la « tragédie des biens communs » loin d'être une simple hypothèse est en réalité un fait établi à Nyamusisi. Cependant, parler de la tragédie des biens communs en lien avec le massif de Nyamusisi reste malaisé rigoureusement dès lors que l'Ordonnance n°52 /137 du 2 mai 1952 place le domaine de Nyamusisi au rang de réserve forestière emportant toutes les attributions de la domanialité publique au titre de l'incessibilité, de l'inaliénabilité et de l'imprescriptibilité. Cependant, nous avons vu tout au long des développements précédents que cette ordonnance s'est avérée être une lettre morte particulièrement au début des années 1990 où des ruées terribles aux causes multiformes se sont opérées contre les ressources naturelles de cette Réserve de Nyamusisi. En effet, si juridiquement l'on ne saurait relever la théorie de la tragédie des biens communs quant à une ressource délimitée protégée par un texte la classant en domaine privé de l'Etat ; il s'avère que cette tragédie reste factuellement relevable au regard d'un certain nombre des considérations pratiques suffisamment documentées.

Parmi les trois solutions envisagées classiquement dans la littérature pour faire face à la « tragédie des biens communs », les deux premières semblent avoir porté des limites en ce qui concerne la Réserve forestière de Nyamusisi.

D'un côté, la *nationalisation* qui était le régime de départ semble caduque dans les faits car l'ordonnance de 1952 créant la Réserve forestière de Nyamusisi n'a été exécutée que dans la pose des bornes, elles-mêmes enlevées à ce jour suite à la ruée superstitieuse autour du mercure rouge qu'on croyait caché par les colons dans ces bornes. Cette caducité de fait a mené au déficit criant de la protection matérielle de la forêt de Nyamusisi. Il y a lieu de dire qu'une politique de recouvrement des droits domaniaux étatiques ne saura guère rétablir la forêt de Nyamusisi dans son intégrité physique originelle tandis qu'elle pourrait entrainer une forte résistance des populations locales. Un passage en force de la puissance publique pourrait être considéré comme du « colonialisme vert » (Blanc G., 2020) c'est-à-dire une manière brutale d'envisager la conservation de la nature dans une exclusion des populations locales dans l'accès aux ressources. Il en ressort qu'une tentative d'une nouvelle « nationalisation » par mesure renforcée de domanialité ne pourrait aboutir qu'à l'accentuation des conflits sociaux. Il est dès lors pratiquement nécessaire de revoir cette ordonnance pour formellement déclasser la Réserve forestière de Nyamusisi qui n'existe plus, que de nom.

D'un autre côté, la *privatisation* peut s'apprécier par un régime foncier coutumier du « Kalinzi » à défaut d'être substitué par le régime légal des concessions ordinaires. Ce dernier régime concessionnaire s'est posé partant de nombreux contrats d'emphytéose qui ont été signés dans ce domaine de Nyamusisi au cours de deux décennies passées. Dès lors, l'abrogation tacite ou formelle de l'Ordonnance n°52 /137 du 2 mai'1952 créant la Réserve forestière de Nyamusisi ne consacrera que des situations consolidées localement bien qu'elles soient source d'inégalités agraires criantes. Ces inégalités s'observent face à de nombreux particuliers qui disposent localement d'immenses étendues foncières en violation des prescrits légaux sur des titres d'occupation des terres dans les milieux ruraux au-delà de 10 hectares.

Sur un autre angle, il se pose l'opportunité de la *gestion des communs* telle que théorisée par Ostrom (1990). Celle-ci s'opérationnaliserait dans le cas de Nyamusisi à partir de 3 cas.

Il s'agit respectivement du cas de la *foresterie communautaire*, de l'*agroforesterie* et enfin de *l'innovation des méthodes agricoles à travers des techniques de permaculture sociale*. À propos de la Foresterie communautaire qui est déjà une avancée législative issue du code forestier de 2002 (Vermeulen et Karsenty, 2009), l'idée serait de fondre l'Ordonnance n°52 /137 du 2 mai 1952 en changeant non seulement la dimension originelle de la réserve de Nyamusisi (de 5000ha à plus ou moins 1000ha à reconstituer après enquête minutieuse de terrain et en dédiant cette nouvelle surface à un cadre de la reforestation communautaire impliquant un certain nombre des droits d'exploitation aux populations paysannes. Il s'agirait d'aboutir dès lors une harmonie entre les enjeux économiques et ceux socio-environnementaux dans la logique d'encastrement (Polanyi, 1944) des politiques forestières. Cette foresterie communautaire partirait en particulier des derniers vestiges de la forêt de Nyamusisi en particulier dans le dernier carré des singes de Bulolero. Quant à *l'Agroforesterie,* celle-ci serait appliquée au travers des politiques publiques emportant une série des projets communautaires sur le reste du territoire concerné par les limites forestières de la défunte réserve de Nyamusisi. Ainsi, tout en faisant de l'agriculture, un projet communautaire d'agroforesterie, on parviendrait à réimplanter la forêt sur les espaces déboisés en usant de *l'innovation* dans les choix d'arbres à la fois compatible avec l'agriculture et capables de se régénérer en peu de temps, contrairement aux choix d'eucalyptus observé sur le terrain et qui posent trop des défis écologiques. Cette innovation doit également porter sur les choix des méthodes et des cutures pour plus d'efficience dans la sécurité alimentaire et foncière.

5. Conclusion

L'analyse précédente a démontré d'une part que la surexploitation d'une ressource en accès libre peut être due à des circonstances exceptionnelles, insurmontables mais aussi à des types des territoires particuliers tels que les îles dont la vulnérabilité socio-agraire n'est pas toujours celle des zones continentales pensées dans la littérature dominantes. Cet état des faits colle à l'île d'Idjwi dans l'Est de la RDC à travers le processus de la déforestation de ses essences forestières au cours de 3 décennies passées. Le caractère imprévisible et insurmontable lié à l'afflux des réfugiés rwandais dont la présence massive sur l'île a sensiblement impacté l'équilibre forestier local traduit ainsi le cas de figure inattendu mais favorable à la surexploitation des ressources naturelles au Massif de Nyamusisi en particulier. Le caractère insulaire du territoire d'Idjwi en rajoute à la vulnérabilité dans ce processus de la dégradation du Massif de Nyamusisi qui a vu, au-delà de la démographie, d'autres causes ultimes accentuer la pression sur le territoire. Il s'agit notamment des causes politiques imbriquées aux causes issues du régime foncier marqué par un pluralisme juridique parfois antagonique entre la domanialité publique de l'Etat et le droit coutumier lui-même dévoyé par l'autoritarisme des chefs coutumiers. Tous ces facteurs à la fois démographiques, politiques et juridiques traduisent la complexité dans la déforestation de Nyamusisi et alimentent le bienfondé du recours au cadre théorique de Geist et Lambin. Bien plus, l'analyse faite des réalités empiriques semble encore complexifiée par des enjeux globaux en lien notamment avec les changements climatiques dans un contexte de transition socio-écologique faisant face à plusieurs contraintes qui échappent en partie au contrôle d'acteurs locaux.

Dans l'ensemble, la recherche révèle 3 grands enseignements qui enrichissent la littérature existante notamment autour de l'économie politique appliquée à la théorie de la tragédie des biens communs.

Le premier enseignement tient au constat que la nationalisation d'une ressource dans un Etat en déliquescence avancée, voire « failli », ne peut qu'engendrer le désordre et conduire aux effets pervers, propres à la tragédie des biens communs, faute d'une puissance publique de régulation efficace. Alors qu'on opposerait à l'Etat central, l'existence des autorités locales comme ses représentant, l'analyse de la déforestation de Nyamusisi révèle en réalité, que celles-ci sont dans une hybridation institutionnelle qui compose avec le pluralisme juridique, lequel accentue l'insécurité juridique et socioéconomique sur le statut réel de la forêt « classée ». Il ressort des observations tirées de l'expérience du massif de Nyamusisi le constat qu'un Etat absent localement et qui nationalise les ressources en général et la terre en particulier ne favorise que les méandres d'un accès libre sur la ressource nationalisée car l'acte de classement ou l'interdiction de déforestation sans mesures réelles d'accompagnent ne suffisent pas à dissuader les populations locales. Bien que la forte sécurisation militarisée des aires protégées ne soit pas non plus une solution efficace contre les pressions sur la forêt en RDC, l'absence d'une telle sécurisation comme à Nyamusisi sur l'île d'Idjwi traduit quant à elle une ressource livrée à la surexploitation et à la disparition. Dans l'ensemble, ce cas d'Idjwi rappelle le contexte africain, marqué par l'échec des centralismes politiques post-coloniaux d'un côté et l'échec néolibéral du désengagement des Etats africains de l'autre côté. De ce double échec, le maintien d'une nationalisation pourrait davantage s'évérer plus cynique qu'une privatisation encadrée.

Ensuite, la tragédie des biens communs peut résulter d'un cas de force majeur comme l'a démontré le cas d'étude de Nyamusisi dont le destin a très vite basculé, plus tôt que prévu, à la suite du génocide rwandais dont les effets sur la forêt locale étaient imprévisibles voire inattendus. Cependant, le caractère insurmontable de ces effets reste à nuancer car il tient plus à la faiblesse et à la déliquescence de l'Etat congolais en particulier qui aurait pu envisager des conditions suffisantes d'encadrement de ces réfugiés pour qu'ils ne s'en prennent pas aux essences forestières classées.

Enfin, dans une approche prospectiviste tirée de la réalité propre au massif de Nyamusisi, la recherche démontre qu'une complexification des solutions sur le même espace est importante en associant le modèle privatif, le modèle de la gestion des communs et le modèle étatiste plutôt que d'envisager des solutions autour de leur dissociation et/ou opposition. En fait, la réalité actuelle à Nyamusisi est irréversible s'il faille envisager retourner dans l'état initial de la forêt d'il y a 30 ans. Il faut dès lors, envisager des mesures pragmatistes d'atténuation et des mesures d'adaptation non seulement vis-à-vis des changements climatiques qui s'y observent mais également vis-à-vis des évolutions dans les changements agraires. Il s'agit dès lors d'une démarche de résilience qui puisse aboutir à composer avec des solutions inclusives telles que l'agroforesterie, la définition des zones tampons, la reforestation communautaire et le maintien d'un classement ciblé autour des sources des rivières, des zones de reproduction animale et des zones de maintien de la flore sauvage. C'est cela qu'on a tenté de qualifier « d'économie politique d'une tragédie des biens communs » à travers cet article.

Bibliographie

Ansoms, A. (2015). *Ressources naturelles et développement durable. MOOC.* disponible au : https://oer.uclouvain.be/jspui/handle/20.500.12279/335

Baraka, J., Bahati, D. & Ansoms, A. (2021). Pressions sur les terres au Sud Kivu : quelles alternatives face à la saturation agraire sur l'île d'Idjwi ?. *Anthropologie et Développement*. Open Access.

Baraka Akilimali, J. (2017). Territoire et foncier en Afrique contemporaine. De la marchandisation des droits fonciers vers la redéfinition des dynamiques paysannes en territoire insulaire d'Idjwi (RDC). Mémoire de Master de spécialisation. Université Catholique de Louvain/Université de Liège campus d'Arlon.

Benjaminsen Tor, A. et Gautier, D. (2010). *Environnement, discours et pouvoir : l'approche political ecology*. Éditions Quae, Paris.

Blanc, G. (2020). *L'invention du colonialisme vert. Pour en finir avec le mythe de l'Eden africain*. Éditions Flammarion, Paris.

Bollier, D. (2014). *La Renaissance des communs. Pour une société de coopération et de partage*. Éditions Charles Léopold Mayer. Paris.

Buchekabirhi, I. (2010). *La destruction de la réserve forestière de Nyamusisi (Idjwi) et les droits de l'homme*, Mémoire de Maitrise en Droits de l'homme, CERDHO. Université Catholique de Bukavu. Inédit. 2009-2010.

Dardot, P. et Laval, C. (2015). *Commun, Essai sur la révolution au XXIe siècle*. Paris. La Découverte.

De Satre, X.A. et al. (dir.). (2014). *Political ecology des services écosystémiques*. Bruxelles. Ecopolis-21.

Geis, T.H.J. & Lambin, E.F. (2002). Proximate causes and underlying driving forces of tropical deforestation. *BioScience* 52 (2). Pp. 143-150.

Hardin, G.(1968). The tragedy of the commons. *Science Review* Pp. 1243-1248.

Kaimowitz, D., S & Mith, J. (2001). Soybean technology and the loss of natural vegetation in Brazil and Bolivia, in, Ngelsen A. & Kaimowitz, D. (eds), *Agricultural Technologies and Tropical Deforestation. United Kingdom: CABI Publishing and CIFOR*. Pp. 195-211Contreras-Hermosilla, 2000;

Karafuli, K. et al. (2015). *Quid sur la déforestation de la réserve forestière de Nyamusisi*. Editions Universitaires Européennes.

Kazadi, M. et al. (2015). Floristic Survey and Wild Oilseed Plants Frequency in Lwiro and Idjwi Island Ecosystems. *Journal of advanced botany and zoology*, disponible au : *http://scienceq.org/Journals/JABZ.php* (consulté le 04 septembre 2020).

Kizungu, B. et al. (2002). Inventaire des oiseaux de l'ile Idjwi (Lac Kivu, République Démocratique du Congo) et statut de ses forets. *Malimbus* 24. Pp. 15-22.

Lambin, E.F. & Geist, H.J. (2003). Regional differences in tropical deforestation ». *Environment* 45 (6). Pp. 22-36.

Lambin, E.F., Geist, H.J. & Lepers, E. (2003). Dynamics of land-use and land-cover change in tropical regions. *Annual Review of Environmental Resources* 28. Pp. 205-241.

Le Bris, E., Le Roy, E. & Mattieu, P. (1991). *L'appropriation de la terre en Afrique noire. Manuel d'analyse, de décision et de gestion foncières*. Paris : Karthala.

MECNT. (2011). *Etude qualitative sur les causes de la déforestation et de la dégradation des forêts en République Démocratique du Congo*. Version finale. Ministère de l'Environnement, Conservation de la nature et Tourisme.

Mpangukano, L. (1996). Surpeuplement de l'Archipel d'Idjwi et sa décongestion par l'émigration spontanée. Mémoire de Licence au Département de Géographie. Institut Supérieur Pédagogique. ISP-Bukavu, inédit, 1995-1996.

Musolino, M. (2020). *Les Grandes Théories économiques*. Paris : éditions First-Paris.

Ostrom, E. (1990). *Governing the Commons: The evolution of institutions for collective action*, Cambridge: Cambridge University Press.

Pearce, D.W. & Brown, K. (1994). Saving the world's tropical forests. In. Pearce, D.W. & Brown, K. (eds), *The causes of tropical deforestation: The economic and statistical analysis of factors giving rise to the loss of the tropical forests*. London: University College London.

Perz, S.G. (2002). The changing social contexts of deforestation in the Brazilian Amazon. *Social Science Quarterly* 83 (1). P p. 35-52.

Polanyi, K. (1944). *La grande transformation : aux origines politiques et économiques de notre temps*, Ed. Gallimard.

République Démocratique du Congo. (1952). Ordonnance n°52 /137 du 2 mai 1952 portant création de la réserve forestière de Nyamusisi sur l'île d'Idjwi.

République Démocratique du Congo. (2002). Code forestier de la République Démocratique du Congo du 11 aout 2002. Journal Officiel.

Reyko. (1935). Répartition des terres à Idjwi, Rapport de commis de l'administration du Congo Belge-Ruanda-Urundi.

Scouvant, M. & Lambin, E. (2006). Approche systémique des causes de la déforestation en Amazonie brésilienne : syndromes, synergies et rétroactions. *L'Espace géographique*. 2006/3 Tome 35. Pp.241-254.

Silke, H. et al. (2009). *Biens communs. La prospérité par le partage*. Heinrich Böll Stifutung, Berlin.

Sponsel, L.E., Headland, T.N. & Bailey, R.C. (eds) (1996). *Tropical Deforestation: The Human Dimension*, New York: Columbia University Press.

Vermeulen, C. & Karsenty, A. (2014). Concessions forestières des communautés locales : une avancée potentielle pour la foresterie sociale en RDC. In, MARYSSE, S. et OMASAMBO TSHONDA, J. (2015). Poltiques, territoires et ressources naturelles : changements et continuités, (eds). *Conjonctures congolaises* n°86. 97-112. L'Harmattan, Paris.

Walker, P.A. (2006). Political ecology: where is the policy?. *Progress in human geography* 30 (3). Pp. 382-395.

Whiteside, K.H. (2002). *Divide nature- French contribution to political ecology.* Cambridge The MIT Press, MA.

Zabaday, N. (1992*)*. Les actions de développement communautaire dans la zone rurale et insulaire d'Idjwi. Mémoire de Licence au Département de Géographie. Institut Supérieur Pédagogique de Bukavu, ISP-Bukavu.

Zimmerer, K.S. & Basset, T.J. (2003). *Political ecology: an interagrative approch to geography and environment-development studies*. New York. The Guildford Press.

Mise en œuvre de l'approche « conservation communautaire » dans la gestion du Parc National de Kahuzi-Biega : défis et perspectives

Daniel Batachoka Mastaki[57], Déo Kujirakwinja[58], Lionel Bisimwa Matabaro[59], Didier Mugalihya Mulumeoderhwa[60] et Léonard Mubalama Kakira[61]

Résumé

La République Démocratique du Congo (RDC) renferme un réseau d'aires protégées qui représente environ 13% de son territoire incluant cinq sites du patrimoine mondial dont le Parc National de Kahuzi-Biega (PNKB). Comme dans d'autres pays, la gestion des aires protégées a longtemps reposé sur l'approche de la contrainte, avec très peu ou pas d'implication des communautés riveraines. Avec l'évolution des approches de conservation dans le monde, la RDC a adopté la stratégie de conservation communautaire visant l'implication des populations riveraines pour la conservation du PNKB. Cette étude analyse les défis et les perspectives de la mise en œuvre de l'approche de "Conservation Communautaire" autour du PNKB (Kabare et Kalehe). Cette recherche a recouru à la technique documentaire, aux entretiens individuels et en groupe. Les données collectées ont été traitées à l'aide du logiciel SPSS. L'analyse sociale CLIP (Collaboration et conflits, Légitimité, Intérêts, Pouvoir) a servi à identifier les contraintes de l'implication de parties prenantes. Il s'observe que malgré l'application de l'approche de "Conservation Communautaire", la persistance de conflits entre les populations riveraines et les gestionnaires du Parc est manifeste.

---

[57] Enseignant à l'Institut Supérieur de Développement Rural de Kaziba et chercheur au Centre de Recherche en Gestion de la Biodiversité et Changement climatique (CRGBC), RD Congo.

[58] Enseignant à l'Institut Supérieur du Tourisme de Goma (RD Congo) et doctorant en Sciences de l'Environnement de l'Université de Rhodes (Afrique du Sud)

[59] Chercheur au Centre « Angaza Institute » à l'Institut Supérieur de Développement Rural-Bukavu (en RD Congo) et doctorant à Ecole de Sciences Humaines et Sociales (ESHS), Service de Sociologie et Anthropologie de l'Université de Mons (UMONS, en Belgique).

[60] Chercheur à l'association "Recherche Action pour la Conservation et le Développement", RD Congo

[61] Département de Environnement et Développement durable, Centre de Recherche en Gestion de la Biodiversité et Changement climatique (CRBC) à l'Institut Supérieur de Développement Rural-Bukavu ; RD Congo.

L'étude propose de promouvoir la conservation communautaire fondée sur la durabilité et le consensus entre toutes les parties prenantes, d'améliorer la gestion du secteur de l'écotourisme et de créer la zone tampon juridique et fonctionnelle autour du PNKB pour réduire les conflits liés à l'accès des ressources naturelles par la distance entre les limites du PNKB et les riverains.

Abstract

The Democratic Republic of Congo (DRC) has a network of protected areas representing around 13% of its territory, including five World Heritage sites, one of which is the Kahuzi-Biega National Park (KBNP). As in other countries, the management of protected areas has long been based on the constraint approach, with little or no involvement of local communities. With the evolution of conservation approaches in the world, the DRC has adopted the community conservation strategy aiming at the involvement of riparian populations for the conservation of the KBNP. This study analyses the challenges and prospects of implementing the 'Community Conservation' approach around the KBNP (Kabare and Kalehe). The research used documentary techniques, individual and group interviews. The data collected was processed with SPSS software. The social analysis CLIP (Collaboration and Conflict, Legitimacy, Interests, Power) was used to identify the constraints to stakeholder involvement. It was found that despite the application of the "Community Conservation" approach, conflicts between the local population and the park managers persist. The study suggests to promote community conservation based on sustainability and consensus among all stakeholders, to improve the management of the ecotourism sector and to create a legal and functional buffer zone around the KBNP to reduce conflicts related to access to natural resources by the distance between the boundaries of the KBNP and local residents.

Mots clés : conservation communautaire, participation, zone périphérique, gestion, PNKB.

1. Introduction

La gestion des aires protégées (APs) à travers le monde s'est longtemps basée sur l'approche policière excluant les communautés locales ainsi que tout autre acteur non étatique (Vikanza, 2011 ; Hutton et Adams, 2007). Les approches actuelles de gestion des APs sont désormais basées sur l'intégration des parties prenantes dans la gestion afin de conserver durablement la biodiversité (Armitage et al., 2009). Cette mutation s'est manifestée en réponse aux conséquences des approches policières de gestion des ressources naturelles (Buttoud et Nguinguiri, 2016). L'implication des différents acteurs dans la gestion des APs est même devenue l'un des éléments d'évaluation de la bonne gouvernance des APs dans la gestion durable des écosystèmes et des espèces (Kotharia et al., 2013). Non seulement pour une gestion non conflictuelle des APs mais surtout pour concilier les actions de conservation et le développement (Doumenge et al., 2015 ; Stolton et Dudley, 2010 ; Rodary et al., 2003). Comme partout au monde (Stolton et Dudley, 2010), en République Démocratique du Congo (RDC), les aires protégées constituent le principal outil historique pour protéger la biodiversité contre les pressions anthropiques (Doumenge et al., 2015 ; Pouillard, 2016). Comme susmentionné, depuis la création des premières APs pendant la colonisation, le contexte a considérablement évolué. Les communautés locales deviennent de plus en plus impliquées pour rendre durables les APs et enclencher le développement des milieux contigus aux espaces protégés.

En RDC, quoi que le Parc National de Kahuzi-Biega (PNKB) ait succédé à une réserve créée pendant la période coloniale (1937) et étendue (1975) sans consultations avec les communautés (Mutimanwa, 2002), il demeure l'un des sites ayant longtemps expérimenté l'implication des communautés riveraines ainsi que le développement local dans ses interventions de conservation (Mudinga et al., 2013 ; Kujirakwinja et al., 2013). Cependant, le PNKB malgré son statut de Site du Patrimoine Mondial (SPM) de l'UNESCO, est confronté à plusieurs menaces anthropiques liées à l'exploitation directe des ressources naturelles (braconnage, exploitation minière et forestière), l'invasion de ses limites affectant ainsi la perte de la biodiversité et la fragmentation de son habitat (Kasereka et al., 2006 ; Kujirakwinja et al., 2010). Comme SPM en péril depuis 1997, le site peine à se relever des défis associés à une grande densité démographique tels que l'exiguïté des terres arables et des espaces vitaux, la rareté des services écosystémiques et l'inadéquation des moyens financiers du Parc face aux menaces (UICN/PAPACO, 2010 ; Pelissier et al. 2015). Par exemple, on note que dans certaines régions riveraines du PNKB à l'instar du territoire de Kabare, la densité est supérieure à 450 habitants au km^2 (CAID, 2017) comparée à 30 habitants au km^2 au niveau national. C'est dans ce cadre que Murhula (2013) note que 'la convoitise des terres du PNKB conduit à la violation de ses limites, aux prélèvements du bois de feu, de construction et du charbon de bois et à la chasse illégale.

Face à ces difficultés de gestion, l'Institut Congolais pour la Conservation de la Nature (ICCN) a développé en 2006 la stratégie de conservation communautaire au PNKB et cela, conformément à la stratégie nationale de la conservation communautaire incluant différentes orientations d'inclusion des différents acteurs. L'implication effective des communautés locales dans la conservation est l'une des pièces maîtresses de cette approche devant conduire à une amélioration de la gestion du PNKB. Cette implication se base sur la mise en place des structures de gouvernance à différents niveaux (Mudinga et al., 2013). Par exemple, les Comités de Conservation

Communautaire (CCC) ont été créées au niveau des groupements pour mobiliser les populations locales pour la conservation du PNKB (Mudinga et al., 2013). Ces structures ainsi créées n'ont pas d'existence légale et d'autonomie financière. Par ailleurs, la loi n°14/003 du 11 février 2014 dans son exposé de motifs reconnaît l'obligation d'informer et de faire participer les populations riveraines ainsi que tous les acteurs concernés, tant publics que privés, à la mise en œuvre de la politique nationale en la matière. Force est de constater qu'elle n'a pas encore apporté de réelles options à la gestion participative. Lors de sa création, la configuration du PNKB n'avait pas pris en compte l'établissement des zones tampons pouvant répondre aux besoins des communautés locales, surtout dans sa partie initiale de la haute altitude où la forêt a disparu dans ses environs. Afin de dissiper ces conflits, certains conservationnistes (par exemple Mubalama 2010) suggèrent des scénarii flexibles et adaptés au contexte du PNKB comme la création de plusieurs zones tampons entourant des habitats à multiples usages et corridors.

Au regard de ce constat, la question fondamentale de cette étude est d'identifier les contraintes de la mise en œuvre de l'approche " Conservation Communautaire" au PNKB. Il devient important de mener des investigations afin d'appréhender les défis de cette approche au PNKB. L'intérêt final de la recherche étant de proposer des alternatives qui permettront d'un côté, d'améliorer les conditions de vie des populations riveraines, et de l'autre, de préserver durablement les ressources naturelles du Parc.

2. Considérations théoriques sur la conservation communautaire

Au cours des trois dernières décennies, la réflexion sur le développement a évolué, passant d'une approche descendante à une approche ascendante participative permettant d'élargir la base de soutien et de construire des circonscriptions plus inclusives, notamment dans la conservation (Berkes, 2021 ; Ribot, 2002 ; Barrow et Murphree, 1998). Une littérature théorique et pratique de plus en plus importante s'est développée, montrant une pléthore de positions différentes pour travailler avec les communautés, ainsi que les moyens et les mécanismes par lesquels les utilisateurs des ressources peuvent être mieux impliqués dans la conservation et en bénéficier (Barrow et Murphree, 1998). La gestion des APs implique plusieurs pratiques de collaboration entre les acteurs et de participation des acteurs au niveau local. Selon Hobley (1996), ce processus passe à de niveaux plus faibles de participation aux niveaux plus élevés de participation comme la délégation de pouvoir. Etant donné que les communautés dépendent directement des ressources naturelles pour leur subsistance, il devient important de concilier les actions de conservation et le développement. Ce dilemme s'inscrit dans le cadre du débat plus large sur la préservation par rapport à l'utilisation durable et sur la participation des populations rurales aux décisions qui affectent leur vie (Berkes, 2004).

De ce bouillonnement de préoccupations et de cette effervescence d'activités est né le concept de la conservation communautaire (Mahajan et al., 2020). La conservation communautaire promeut l'idée que le succès de la conservation passe par l'engagement des communautés locales et peut apporter des avantages économiques (Vargas et Díaz, 2014 ; Brooks et al., 2012 ; Berkes, 2007 ; 2004). Le cadre théorique appelé "cadre de la conservation communautaire" est un cadre de diagnostic pour comprendre et évaluer la conservation communautaire et s'appuie sur trois théories fondamentales de la sociologie (théorie de l'action collective), des sciences politiques (théorie de la gouvernance) et de l'économie (théorie de la diffusion de l'innovation). Le cadre reconnaît trois processus sociaux conceptuellement distincts mais liés : (i) l'émergence et l'établissement de systèmes de gouvernance communautaire ; (ii) la persistance des systèmes de gouvernance communautaire et leurs impacts sur les écosystèmes et les personnes ; et (iii) la diffusion (adoption et propagation) des systèmes de gouvernance communautaire et/ou des pratiques de conservation (Mahajan et al., 2020).

Dans les APs non soumises au contrôle des communautés, selon Roe et al. (2009), ces derniers participent principalement en tant que bénéficiaires passives aux avantages et retombées qui sont générés. Les programmes de conservation communautaire peuvent apporter des avantages économiques aux communautés, ce qui les rend plus favorables à la protection de la faune (Vargas et Díaz, 2014). Pour sa réussite, la conservation communautaire exige des principes comme ceux de la sécurité de l'occupation, les égalités locales, la dévolution de l'autorité dans la prise de décisions et la création des moyens de subsistance appropriés et durables (Kotharia et al., 2013). Selon Forgie et al. (2001), les initiatives de conservation communautaire sont des activités ascendantes et exerce une pression sur les agences gouvernementales dans de nombreuses régions du monde. Ces initiatives ont deux postulats. Les personnes qui participent à la prise de décision seront plus enclines à mettre en œuvre toute solution qui en résulte et disposent d'informations et d'un soutien suffisants, sont capables de déterminer eux-mêmes quelle est la solution la plus appropriée.

3. Milieu d'étude et approche méthodologique

3.1. Brève présentation du Parc National de Kahuzi-Biega

Le PNKB est l'un des cinq SPM de l'UNESCO en RDC. Sa dénomination se réfère à deux montagnes dominant sa partie haute altitude Kahuzi (3308m) et Biega (2790 m). Cette étude est à circonscrire dans la partie de la haute altitude dont deux territoires y sont concernés : Kabare et Kalehe.

Le choix de cette partie s'explique par les faits que :

- les pressions anthropiques sont plus denses dans cette partie (Kujirakwinja et al., 2010) ;
- les conflits parfois violents opposent les communautés voisines pour l'accès et/ou l'exploitation « illégale » des ressources (Kujirakwinja et al., 2013) ;
- la persistance des gorilles des plaines orientales (*Gorilla beringei graueri*) et leur importance touristique (Plumptre et al., 2016) ;
- la situation sécuritaire plus ou moins stable et caractérisée par la présence limitée des milices (Plumptre et al., 2016);
- la densité démographique élevée (Mudinga et al., 2013 ; 2021) et enfin ;
- l'accessibilité routière à la zone (Plumptre et al., 2016).

Les limites des secteurs de gestion du PNKB qui concernent notre étude sont reprises dans la figure 1 ci-contre.

Figure 1. Les secteurs de gestion du PNKB

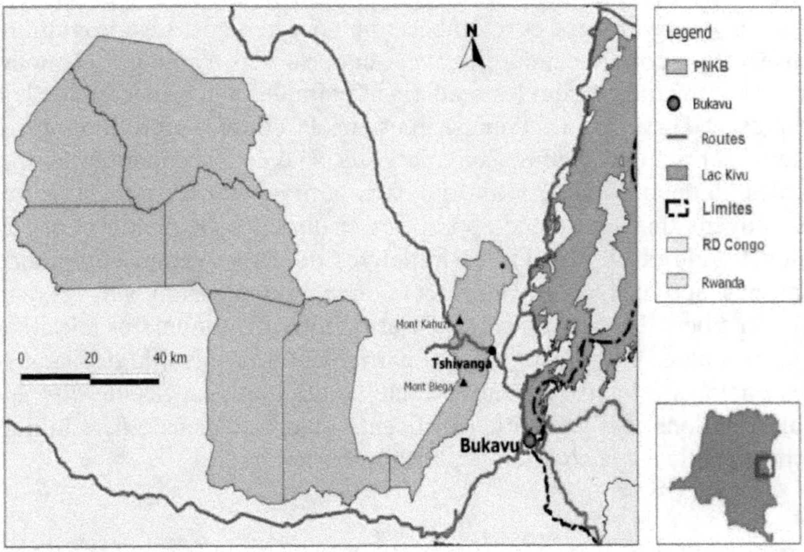

Source : (ICCN/PNKB, 2018)

Historiquement, le PNKB existe comme une réserve intégrale créée par l'administration coloniale en 1937 pour combattre la déforestation dans l'ancienne province du Kivu (Ulungu-Kinyamba, 2015) et protéger les gorilles des plaines de l'est (*Gorilla beringei graueri*). Juridiquement, comme Parc National, le PNKB a été créé en 1970, pour le secteur de la haute altitude et ses limites ont été étendues à la région de la basse altitude en 1975. L'extension de 1975, a fait passer sa superficie de 60.000 hectares à 600.000 hectares (Mudinga et al., 2013).

Le PNKB est localisé à l'Est de la RDC et son altitude varie entre 600 m et 3308 m. Le PNKB couvre une partie des territoires administratifs des Provinces du Sud-Kivu, du Nord-Kivu et du Maniema.

Le PNKB est connu pour ses valeurs universelles exceptionnelles comprenant les habitats continus de la haute et basse altitude, ses gorilles endémiques à la RDC ainsi que d'autres espèces endémiques de la région (Plumptre et al., 2007). La diversité de ses richesses faunique et floristique inclue les espèces endémiques des différents taxons (Magambu et al., 2013 ; Masumbuko, 2011 ; Plumptre et al., 2007). Actuellement, environ 180 individus de gorilles habitués ou semi-habitués y sont suivis régulièrement (Plumptre et al., 2016).

3.2. Démarche méthodologique

La démarche méthodologique est mixte et inclue des approches qualitatives et quantitatives. Elle est partie de l'exploitation de la littérature existante et de l'analyse de contenu des différents rapports du PNKB. Pour compléter les informations manquantes, des enquêtes socio-anthropologiques ont été réalisées dans les territoires de Kabare et de Kalehe, où 7 entretiens individuels et 4 discussions focalisées ont été conduits dans 14 villages. Il s'agit de villages de Cibingu, Kajeje, Kakondo, Kalemba, Buyungule, Cibinda, Kaboneke, Kashodu, Muyange et Cisiru à Kabare et Kahungu, Lemera, Bumoga et Hembe à Kalehe. Une analyse du contenu a été appliquée pour le traitement des informations issues de ces entretiens.

La taille de l'échantillon est de 134 personnes. Cet échantillon a regroupé 90 chefs des ménages, 1 agent du programme conservation communautaire du PNKB, 2 responsables des entreprises agro-industrielles riveraines au PNKB, 3 ouvriers des fermes qui sont à la lisière du Parc, 1 agent du centre de recherche INERA et 37 membres de la communauté ayant participé à quatre discussions en groupes focalisés (*focus group*) parmi lesquels, quatre chefs d'entités (chefs de localités). L'entretien a été réalisé auprès des autorités locales et des concessionnaires (propriétaires des terres – entreprises publiques, privées et personnes physiques). Les questionnaires et les fiches de collecte de données ont été utilisés comme outil de collecte des informations.

Les groupements riverains du PNKB ont été sélectionnés sur base de la récurrence des pressions humaines sur le Parc et/ou de la prédation des cultures. Le choix des groupements et des villages retenus pour les *focus group* s'est fait aléatoirement à partir du logiciel Excel (1-14 villages). La sélection des ménages à interviewer dans chaque village s'est faite de manière systématique dans un rayon de 3 km à la périphérie du Parc et pratiquant l'agriculture et/ou l'élevage.

Quatre *focus group* de 8 à 11 participants ont été respectivement tenus à Kajeje (groupement de Mudaka) avec 9 personnes, 10 personnes à Muyange (groupement de Miti) dans le territoire de Kabare, 10 personnes à Bumoga (groupement de Kalonge) et enfin, 8 personnes à Mikonzi (groupement Bitale) dans le territoire de Kalehe. La première étape du traitement est passée par la transcription des entretiens recueillis au cours de la période d'enquête. L'outil SMART (*Spatial Monitoring And Reporting Tool*) utilisé par le programme recherche-monitoring du PNKB nous a permis de dégager la répartition spatiale des menaces. Les données brutes ont été saisies et dépouillées à l'aide du logiciel Microsoft Excel. Le traitement de données a été fait par le logiciel SPSS 25.0[62] pour des analyses descriptives. La technique d'analyse sociale « arbre des problèmes » nous a été utile au cours de cette démarche afin de comprendre les contours de la mise en œuvre de l'approche conservation communautaire au PNKB.

4. Discussion des résultats

4.1. Contexte démographique, socio-économique et domaniale autour du Parc National de Kahuzi-Biega

4.1.1. Contexte démographique

Comme décrit ci-dessus, la compréhension de la densité humaine peut être constatée par la taille de ménages dans une zone (Figure 2).

---

[62] IBM Corp. Released 2017. IBM SPSS Statistics for Windows, Version 25.0. Armonk, NY: IBM Corp.

Figure 2. Répartition de la taille des ménages des enquêtés comprise entre trois tranches de 1-5, 6-10 et 11-15

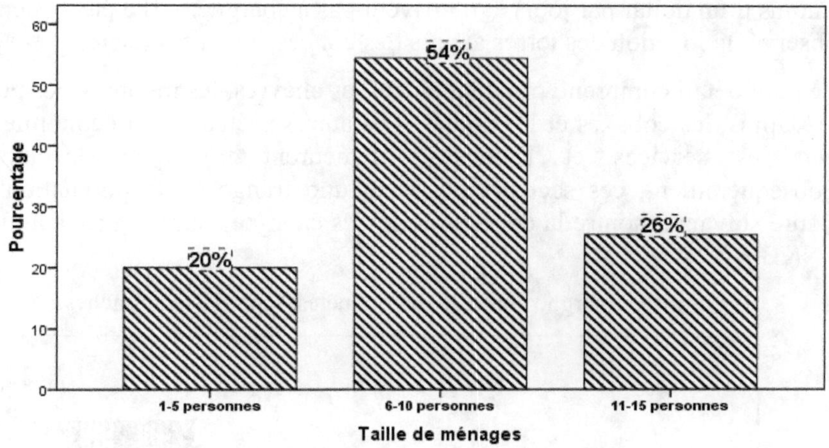

Source : compilation des auteurs

La taille moyenne des ménages autour du PNKB est de 8 personnes. Elle varie entre 1-15 personnes. La majorité des ménages des répondants compterait 6 et 10 (54 % des enquêtés).

Ces résultats sont supérieurs aux données publiées par l'Institut National de la Statistique (INS) (2014), par rapport à la moyenne nationale qui était de 5 personnes. Cette densité élevée confirmerait la croissance démographique de la zone.

Les données de l'INS en 2015 renseignent que la croissance démographique dans la partie haute altitude du PNKB est une réalité. La densité de la population de Kabare est passée de 253 habitants/Km^2 (2009) à 450 habitants/Km^2 (2017). Le territoire de Kalehe a une densité relativement faible de 22 habitants/Km^2 (2009) et de 143 habitants/Km^2 (2017).

4.1.2. Contexte socio-économique

Les ménages autour du PNKB exercent plusieurs activités socio-économiques : l'agriculture, l'élevage, le braconnage, la carbonisation, le petit commerce, ... dans le but de subvenir à leurs besoins vitaux (Lunga, 2017 ; ICCN, 2018). L'agriculture est l'activité principale de la population riveraine du PNKB. Soixante-quatorze pour cent de personnes interrogées pratiquent cette activité. L'élevage extensif du petit et du gros bétail est également associé à l'agriculture.

L'agriculture est de type familial et de subsistance. Elle est pratiquée sur des étendues restreintes et ne permet pas aux ménages de couvrir leurs besoins alimentaires. Cette disposition de dépendance place les ménages dans une situation économique inconfortable car la majorité vit avec un revenu faible (moins d'un dollar par jour) et n'arrivent pas à épargner. Il a été également observé, la location des terres auprès des concessionnaires terriers.

Le petit bétail comprend principalement les chèvres, les moutons, les porcs, les lapins, les cobayes et les poules. Les autres secteurs de l'économie tels que les services et l'industrie demeurent très peu développés. Subséquemment, ces secteurs occupent une frange de la population. La figure suivante montre la configuration des épargnes de ménages autour du PNKB.

Figure 3. Epargne annuelle des enquêtés, réparties en tranches

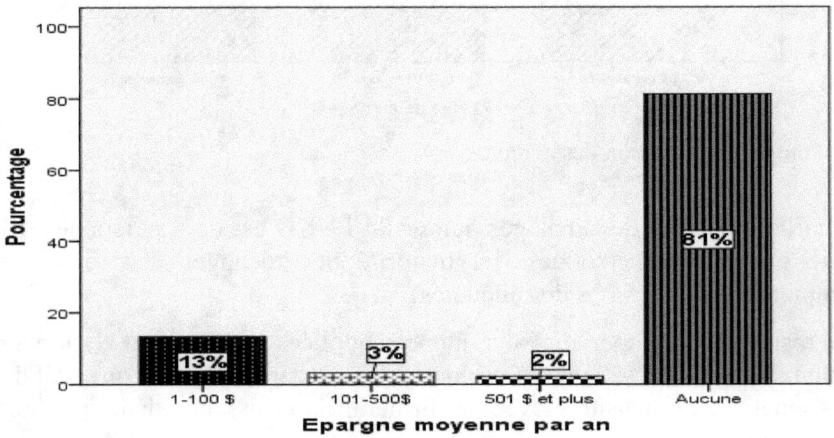

Source : compilation des auteurs

De cette figure, il ressort que 81 % des enquêtés n'ont pas d'épargne. Treize pourcent des enquêtés affirment qu'ils parviennent à économiser entre 1 à 100 $ par an, contre 3 % qui ont une épargne comprise entre 101 et 500 $ et 2 % de ménages enquêtés épargnent plus de 500 $ l'année. Dans les ménages enquêtés le niveau d'instruction des chefs de ménages est très bas car 60 % des enquêtés sont analphabètes. Ceux qui ont le niveau de l'école secondaire représentent 16 % des enquêtés. La majorité n'a fréquenté que l'école primaire et/ou le cycle d'orientation. L'essentiel du revenu des ménages (60%) est consacré à l'alimentation et au paiement des frais scolaires. Les soins de santé, l'investissement et les loisirs restent des besoins non satisfaits.

4.1.3. Occupation des terres par les petits exploitants agricoles autour du Parc National de Kahuzi-Biega

La location des terres est le mode d'accès à la terre agricole pour soixante et un pourcent de ménages enquêtés. Par ailleurs, 61 % de ces mêmes ménages enquêtés sont propriétaires de leurs parcelles d'habitations. Lors de l'héritage, le terroir est fréquemment fragmenté au regard du nombre limité de champs par ménage. Les principales cultures vivrières pratiquées dans tous les groupements enquêtés sont : le manioc (*Manihot esculenta*), le haricot (*Phaseolus vulgaris*), le sorgho (*Sorghum bicolor*), le bananier (*Musa sp.*) et la pomme de terre (*Solanum tuberosum*).

Ces cultures constituent aussi des aliments de base (Mubalama et al., 2020). Les maladies des cultures sont présentes dans toute la zone périphérique et diminuent très significativement le rendement agricole. Il s'agit de la mosaïque du manioc et du *Wilt* bactérien du bananier et de la pomme de terre. Des entreprises agropastorales existent dans la zone périphérique du Parc et sont des parties prenantes dans la gestion du Parc car elles octroient l'emploi aux membres de la communauté et l'application de leur stratégie de cultures de rente qui jouent un rôle tampon à la lisière du Parc.

Tableau 1. Plantations et entreprises agroindustrielles autour du Parc

Nom de la plantation/propriété foncière	Superficie (ha)	Nombre		
		Vaches	Moutons	Chèvres
INERA (Institut national d'études et de recherches agronomiques)	1114	Non révélé	Non révélé	Non révélé
GLP (Great Lakes Plantations)-Mbayo	1740	0	0	0
Me LUBALA	20	30	0	40
KASHAMBALIRWA	250	8	0	50
SAPL (Sté Agropastorale de Lemera)	1200	500	0	100
Ferme KIBALA (Concession CRSN-Lwiro)	350	15	5	70

Source : données d'enquête, juillet 2018

L'élevage du gros bétail est pratiqué par certains propriétaires des terres qui sont à la lisière du Parc. Il s'agit de la SAPL, les étendues de l'INERA et la concession du CRSN-Lwiro occupée par une entreprise privée (Ferme KIBALA). L'accès à la terre est un défi majeur pour les populations voisines du Parc dans sa partie haute altitude. Le type d'exploitation et/ou d'accès à la terre dans le Bushi sont: le *Bwassa, Mushigo* et *Bugule* (Safari et Bakwi, 2010). Au-delà de ces trois modes d'accès à la terre, le *Bwimo* est le mode qui domine auprès des ménages enquêtés comme illustré ci-dessous.

Figure 4. Répartition des enquêtés selon les modalités d'accès à la terre

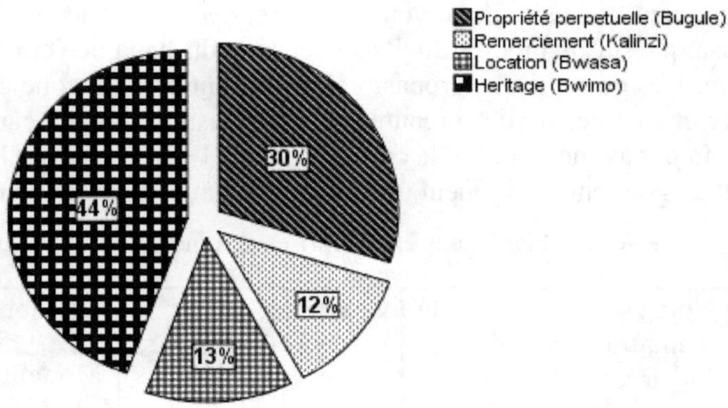

Source : compilation des auteurs

4.1.4. Sources des conflits parc-population au Parc National de Kahuzi-Biega

Les *focus group* ont révélé, par ordre de récurrence les conflits qui opposent les communautés locales et les gestionnaires du Parc. Il s'agit notamment, des (i) conflits liés à la déprédation des cultures par les singes, (ii) à la proximité des habitations et champs à la limite du PNKB, (iii) à l'accès aux ressources (extraction des plantes médicinales et autres produits forestiers non ligneux, le braconnage, la coupe du bois, la carbonisation), (iv) à l'accès aux avantages du Parc et (v) à la non indemnisation. Ces différentes sources des conflits sont une résultante de la pression démographique, des conditions socio-économiques des communautés locales ainsi que des relations entre la communauté et les gestionnaires du Parc.

Figure 5. Perception des ménages riverains sur la présence du Parc

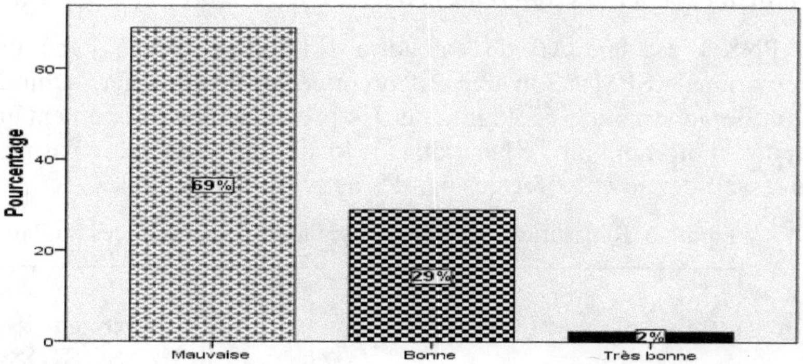

Source : compilation des auteurs

Cette figure décrit la perception des ménages riverains du PNKB. Soixante-neuf pourcent de ménages enquêtés déclarent que la relation qu'ils entretiennent avec les gestionnaires du Parc est moins satisfaisante. Vingt-neuf pourcent de la population enquêtée estiment qu'il y a une bonne collaboration avec les gestionnaires du Parc et 2 % assurent entretenir des très bons liens avec les gestionnaires du Parc. Deux raisons expliqueraient ce format répulsif des ménages vis-à-vis des gestionnaires du Parc. Il s'agit de la récurrence des incidents entre les gestionnaires du Parc et les ménages à travers des conflits ci-haut évoqués. Et également, le manque d'information ou la faible conscientisation de la population sur les services qu'offre le Parc bien qu'ils ne soient pas exploités tel qu'elle estime.

Contrairement à la première catégorie, environ un tiers de ménages enquêtés pense que les interactions avec les gestionnaires du Parc sont bonnes. Trois raisons expliquent l'appréciation positive de certains ménages vis-à-vis des gestionnaires du Parc par les ménages. Il s'agit d'actions de développement (scolarisation des enfants, distribution des semences agricoles, adduction d'eau potable), de l'emploi et de la conscientisation et/ou d'actions de sensibilisation sur les services écosystémiques qu'offre le PNKB. Notons que le Parc fournit aux communautés riveraines des biens et services dont le degré de convoitise par les populations est certainement différent.

4.1.5. Activités humaines illégales au Parc National de Kahuzi-Biega

En ce qui concerne les activités humaines au PNKB, il a été mentionné *supra* les différentes sources des conflits entre les communautés riveraines et le Parc. Au cours des entretiens individuels, le responsable du programme de la conservation communautaire, s'est référé à la stratégie nationale de conservation communautaire de l'ICCN et celle du PNKB, pour nous déclarer ce qui suit : « *Nous nous investissons malgré la modicité des moyens pour impliquer la communauté dans la conservation du Parc et de réduire à cet effet, les différentes menaces que le Parc subit* », a-t-il déclaré.

Le PNKB est une AP de catégorie II (Dudley, 2008) avec un statut international (SPM). Son objectif premier est de protéger la biodiversité naturelle, la structure écologique et les processus environnementaux sous-jacents, et promouvoir l'éducation et le loisir. Il n'en demeure pas moins que ses ressources soient affectées par des activités anthropiques.

Figure 6. Répartition des ménages vis-à-vis des ressources du Parc

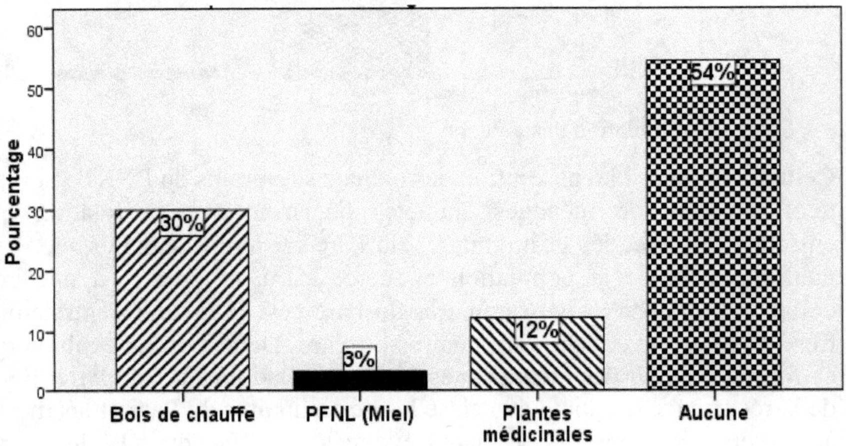

Source : compilation des auteurs

La présente figure renseigne les différentes ressources utilisées par les ménages dans le passé. Le bois de chauffe est en première position avec une proportion de 30 % de ménages enquêtés. Les plantes médicinales sont importantes pour les communautés riveraines du Parc dont 12 % d'enquêtés déclarent qu'il les extraie. Trois pourcents des ménages enquêtés disent qu'ils exploitent les Produits Forestiers Non Ligneux (PFNL) : le miel et les chenilles. Cinquante-quatre pourcent des enquêtés ont eu des réserves quant à l'utilisation des ressources du Parc. Ces enquêtés ont considéré l'entretien comme un espionnage.

Lors d'un *focus-groups* (tenu à Kabare), un participant a déclaré ce qui suit : « *les plantes médicinales aident à nous soigner mais c'est l'affaire de spécialistes, il n'est pas donné à toute la communauté d'avoir une bonne connaissance quant à leur utilisation. Nous n'avons pas accès à la médicine moderne qui coûte cher et nous n'avons pas de moyens. Les plantes essentielles pour notre survie se trouvent dans le Parc. Les gestionnaires pourraient nous laisser l'accès à une moindre mesure de les exploiter. Nous n'avons pas de terres car les terres agricoles appartiennent à d'autres tribus.* »

Notons que les peuples pygmées continuent d'affirmer avoir été dépossédés de leurs terres ancestrales lors de la création et/ou de l'extension du Parc, et pour ce faire, ils réclament compensation. Un autre participant à nos *focus group* (tenus à Kabare) de la tribu « *Twa* » affirme ceci : *« Nous avons le droit de chasser le gibier dans le PNKB, car nous n'avons pas assez de possibilités pour survivre et toute notre culture a sa base dans la forêt. Personne ne peut m'empêcher de chercher quelque chose dans le Parc. Même si on nous attrape, on va nous libérer car nous sommes victimes. »*

La chasse illégale ou le braconnage est un phénomène récurrent à la fois pour consommer du gibier, mais aussi pour protéger les récoltes des dégâts des prédateurs.

Les figures 7 et 8 présentent les différentes pressions (distribution des menaces à l'intérieur et à la périphérie du Parc) qu'exerce la population riveraine dans la partie de la haute altitude du PNKB au cours de l'année 2017 et au premier semestre de l'année 2018.

Figure 7. Répartition des menaces dans le secteur de haute altitude en 2017 (PNKB, 2018)

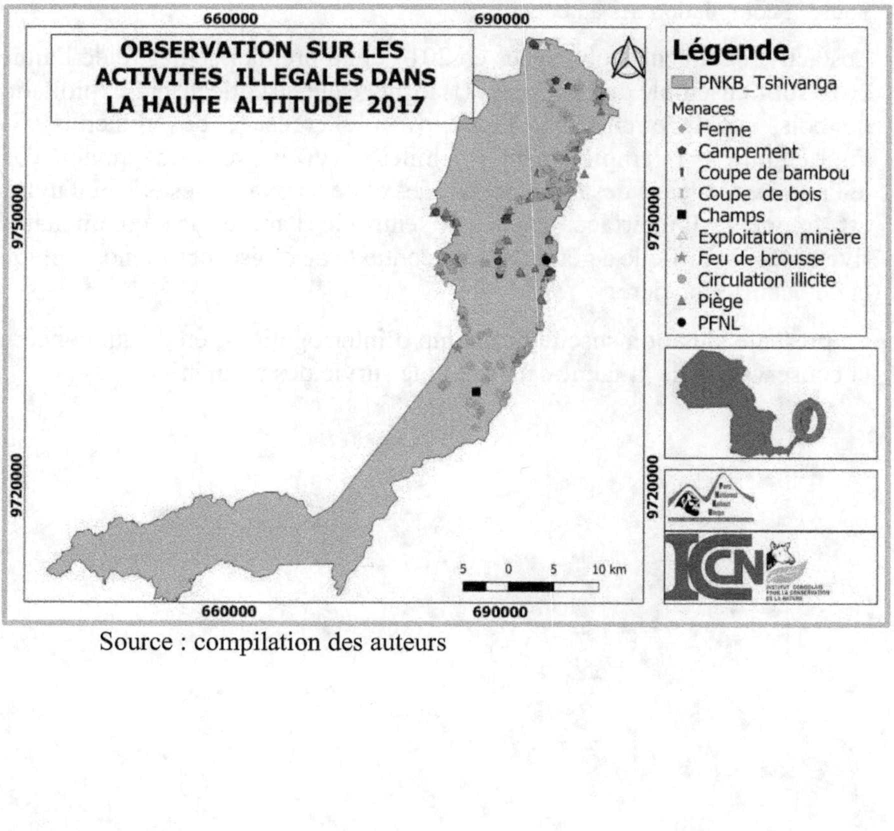

Source : compilation des auteurs

Figure 8. Répartition des menaces dans le secteur de haute altitude, 1er semestre 2018 (PNKB, 2018)

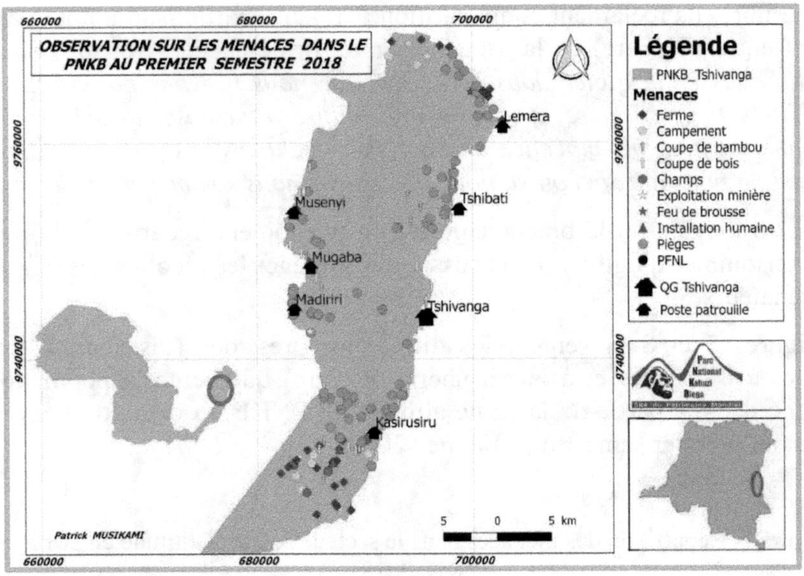

Source : compilation des auteurs

Les activités illégales observées en 2017 et au premier semestre de l'année 2018 sur l'ensemble du Parc sont : (i) le piégeage, la collecte et l'exploitation de bois, (ii) la circulation illicite, (iii) le creusage des minerais, (iv) l'agriculture, (v) l'empiétement de limites et (vi) la présence humaine dans le Parc. Le piégeage des animaux par des collets métalliques et/ou en nylons est fréquent. L'interface qui existe entre le Parc et les communautés riveraines est difficile à gérer dans un contexte de croissance démographique et de pénurie foncière.

La présente situation suscite beaucoup d'interrogations, en ce qui concerne la conservation de la faune sauvage et la survie des populations.

Tableau 2. Matériels des braconniers saisis et activités illégales en 2017 et premier semestre de 2018

N°	Activités illégales et objets saisis	Nombre	
		2017	Premier semestre 2018
	Collets métalliques	376	363
	Collets nylons	84	-
	Campements braconniers	32	8
	Villages (occupation humaines)	10	-
	Fermes	10	10
	Feu de brousse	5	2
	Champs	30	25
	Exploitation minière	19	7
	Carbonisation	58	-
	Coupe de bois	30	30

Source: *Spatial Monitoring And Reporting Tools* (SMART), août 2018

Le tableau ci-après présente les activités illégales enregistrées pendant l'année 2017 et au cours du premier semestre 2018.

Nous constatons que pour avoir accès aux protéines animales, le braconnage est la forme d'accès pratiquée dans l'AP. Cette forme d'accès reste une pratique « illégale ».

4.2. Difficultés de la mise en œuvre de l'approche « conservation communautaire » au Parc National de Kahuzi-Biega

Les enquêtes de terrain et les entretiens individuels nous ont permis de dénicher un problème central qui est *l'inefficacité de la mise en œuvre de l'approche ''conservation communautaire'' au PNKB dans sa partie haute altitude*. Afin de pouvoir apporter une réponse à ce problème, il est nécessaire d'en connaître les causes et les conséquences.

Cette partie présente les différentes considérations des acteurs sur les causes et les conséquences de la mise en œuvre de l'approche ''conservation communautaire''.

Le schéma ci-bas illustre les causes et les conséquences du problème central constaté.

Figure 9. Arbre des problèmes

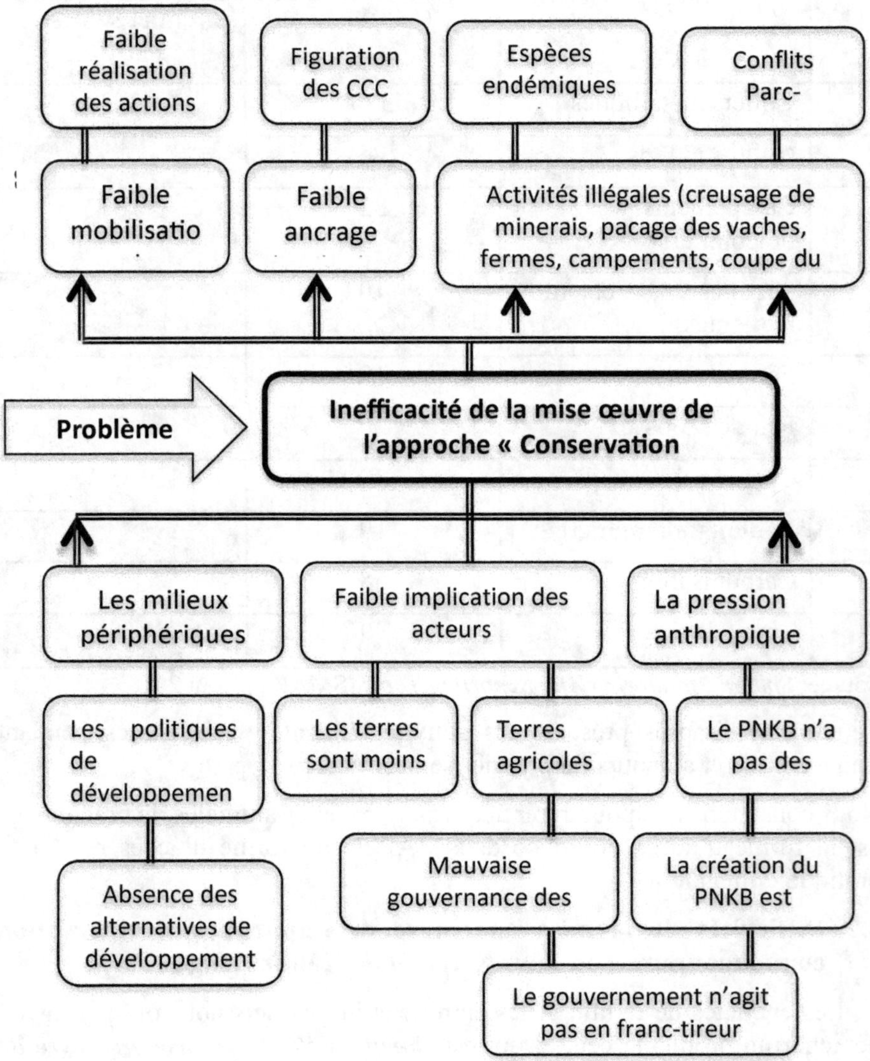

Source : compilation des auteurs

4.2.1. Hypothèses importantes relatives aux stratégies durables de l'approche conservation communautaire au Parc National de Kahuzi-Biega

Grâce à ses célèbres gorilles des plaines orientales et sa forêt de montagne unique, le PNKB est un instrument géopolitique par excellence. Pour certains auteurs (Héritier et Laslaz, 2009), les espaces dédiés à la conservation procurent « une grandeur internationale ». Ce faisant, le PNKB devrait saisir cette opportunité pour renforcer son mode de gestion et soigner davantage son image vis-à-vis des populations locales.

Le tableau suivant présente les préalables qui doivent être observés pour rendre durable et efficace l'approche ''conservation communautaire'' du PNKB à travers la stratégie de « zones de périphériques des solutions » comme une stratégie globale intégrative et adaptative.

Tableau 3. Stratégies et propositions de mise en œuvre

Stratégies	**Propositions de mise en œuvre**	**Hypothèses de risques**
Amélioration de l'approche participative au PNKB	Implication effective des communautés dans la gestion du PNKB (approche participative proprement-dite à travers des consultations ponctuelles, l'accompagnement permanent des comités locaux de gestion, appui des projets locaux à enjeux social et environnemental, ...)	Suppression ou suspension des institutions démocratiques dans la province ; Le cadre institutionnel, législatif et réglementaire, qui crée les conditions nécessaires à l'engagement des acteurs (décideurs, techniciens, société civile, populations) ; Bonne volonté politique.
Gestion intégrée de l'écotourisme	Création des produits écotouristiques au PNKB et dans ses zones d'influence (favoriser la création artistique aux motifs	Le cadre institutionnel, législatif et réglementaire, qui crée les conditions nécessaires à l'engagement des acteurs (décideurs, techniciens, société civile, populations) ;

	des espèces phares du PNKB, mise en place d'une unité de transformation et de traitement de l'eau, …)	Le cadre législatif qui doit règlementer l'installation des nouveaux venus dans les entités décentralisées ; Mesures incitatives et résorbant le chômage dans les milieux ruraux ;
Mise en place des ZT juridiques et fonctionnelles au PNKB	Cadre de dialogue et collaboration avec tous les acteurs (entreprises agropastorales, les fermes, les églises, etc.) ; Rachat des parcelles et processus d'indemnisation ; Amélioration de l'accès à l'énergie bois par les communautés riveraines.	Le cadre institutionnel, législatif et réglementaire, qui crée les conditions nécessaires à l'engagement des acteurs (décideurs, techniciens, société civile, populations) afin de développer de protéger le Parc ; Faible intérêt des ONGs dans le domaine des énergies nouvelles et renouvelables ; Faible amélioration du climat des affaires dans la province ; Découragement des importateurs des matériels nécessaires à l'aménagement des infrastructures de production des énergies nouvelles et renouvelables.

Source : Analyses stratégiques, septembre 2018

Le contexte de l'inefficacité de la mise en œuvre de l'approche conservation communautaire soulevé à travers l'arbre des problèmes, démontre qu'il faut mener d'autres évaluations afin de garantir la viabilité et la durabilité cette approche. Ces évaluations permettraient d'éviter des options de gestion dangereuses non durables qui impacterait significativement la biodiversité du Parc.

4.2.2. Analyse des parties prenantes

Au cours de cette analyse nous présenterons un aperçu de toutes les parties qui ont un quelconque apport dans ces stratégies. Pour accroître les chances de réussite de la stratégie, il est important de diagnostiquer les intérêts, les attentes et les attitudes des parties prenantes. Chevalier & Buckles (2009) évoque à cet effet que l'analyse sociale CLIP (Collaboration et conflits, légitimité, intérêts, pouvoir) permet de déterminer le profil des parties concernées par une action ou un problème important. Les rôles de différentes parties prenantes sont présentés dans la figure ci-dessous.

Figure 10. Rôles des acteurs

Le PNKB/l'ICCN	La population locale/Ménages
- Protéger le patrimoine du Parc National de Kahuzi-Biega ; - faciliter la mise en œuvre des stratégies ; - accompagner le développement des communautés riveraines ; - promouvoir la gestion participative du Parc (processus de planification, mise en œuvre et suivi-évaluation du PAG) ; - arrêter les usagers illicites des ressources du Parc ; - collaborer avec d'autres acteurs sur les questions liées à la gestion du bien.	- Accompagner le Parc à protéger ses ressources naturelles ; - décourager en dénonçant les récalcitrants aux règles établies ; - contribuer à la réussite des projets à travers leurs contributions locales ; - suivre la réalisation des activités planifiées et demander des comptes si les différences se creusent ; - etc.
Le pouvoir public	**Les ONGs, associations locales, entreprises et**
- Améliorer la gouvernance des ressources naturelles ; - réduire les impôts sur l'importation des équipements en énergies renouvelables ; - démanteler toutes les contrebandes qui sèment l'insécurité dans la région ; - faire appliquer la loi ; - mettre en œuvre des politiques publiques de réduction de la pauvreté.	- Sensibiliser la population sur les services écosystémiques ; - vulgariser au sein de la communauté des alternatives d'atténuation (foyers améliorés autres équipements de cuisson économiques) ; - soutenir les projets citoyens d'énergie renouvelable et d'efficacité énergétique ; - mettre en œuvre des actions à impacts significatifs.

4.3. Discussion des résultats

La stratégie nationale de conservation communautaire dans les APs de la RDC perçoit la conservation communautaire comme étant tout travail d'implication des communautés riveraines d'une AP à sa conservation. Les activités principales sont : l'éducation et la sensibilisation, la résolution des conflits, les réunions consultatives, la rétrocession des revenus et la gestion participative des ressources du Parc (ICCN, 2015).

Muchukiwa (2013) citant Georges Bakongo[63] interrogé en avril 2006 avait déclaré que les premiers Comités de Conservation Communautaires (CCC) ont été initiés à Miti et à Mudaka au Sud Kivu pour devenir des syndicats villageois. Les membres de ces comités devraient être capables de défendre et de revendiquer les intérêts des villageois vis-à-vis du PNKB et de les mobiliser pour la conservation. Cette vision est une inspiration de ce qui se fait au Kenya, en Tanzanie et en Ouganda.

La configuration des CCC et d'autres parties prenantes montrent qu'ils sont des figurants dans la planification de gestion du Parc. Du processus de planification de l'approche conservation communautaire du PAG, de sa mise en œuvre à son suivi et évaluation ; les parties prenantes ne jouent pas leur rôle d'acteurs. Les structures de gestion participative ont été créées au PNKB sans que des accords ne soient clairement définis entre les parties prenantes. Les accords entre tous les acteurs permettraient d'avoir des indicateurs de gestion participative. Ces préalables ne sont pas très clairs dans le PAG du PNKB et plus particulièrement, dans la stratégie de conservation communautaire du PNKB. Ces indicateurs sont, entre autres, les questions de gouvernance, les événements, les calendriers, leurs droits et les responsabilités. Ces indicateurs devraient bien figurer dans un accord écrit et formel entre l'organisme responsable de l'AP (ICCN/PNKB) et les acteurs impliqués (CGCC-CCC).

Au cours de l'atelier de l'évaluation du PAG du PNKB (15 au 17 août 2018), il a été observé une participation partielle des parties prenantes. La plupart des responsables des fermes, entreprises agricoles et les concessions étatiques qui sont à la lisière du Parc disent qu'ils ne sont pas contactés pour des éventuels échanges d'idées. Ainsi, ils pourront contribuer à la protection du Parc qu'ils jugent comme étant leur patrimoine. L'implication des acteurs appelle une notion importante de gouvernance.

En plus des défis de planification titubante et la faible implication d'acteurs, d'autres défis sont intrinsèques au contexte des milieux périphériques qui

---

[63] Georges Bakongo fut chercheur à l'ICCN et coordinateur du développement autour de PNKB en 2006.

freinent la mise en œuvre et l'appropriation des acteurs (communautés riveraines) de l'approche ''conservation communautaire''.

La mission conjointe de suivi réactif du Centre du patrimoine mondial/UICN au PNKB (2017) évoque que la croissance démographique, dans la région du Sud-Kivu plus spécifiquement dans les environs du PNKB, reste importante et y exerce une forte pression sur ses ressources naturelles. Ainsi, la communauté internationale de la conservation pourrait révolutionner l'implication des communautés et éviter que le bien ne soit dégradé continuellement.

L'UICN (2014) fait remarquer que l'augmentation des densités de populations sous l'effet combiné du taux élevé de natalité et des migrations engendre une demande accrue en terres cultivables. Rwanyiziri (2008 ; 2009) souligne que la partie septentrionale de la région des Grands Lacs (Burundi, Rwanda et Kivu montagneux en RD Congo) enregistre des densités humaines qui atteignent aujourd'hui des seuils asiatiques. Thibon (1992) déclare que « la région des Grands Lacs serait à l'Afrique, toutes propositions gardées, ce que le Golfe du Bengale est au sous-continent indien.» La croissance démographique est parmi les facteurs contribuant aujourd'hui à l'extension des pratiques extractives non durables et à un renforcement de la compétition pour l'accès à la terre et l'utilisation de ces ressources y compris celles du PNKB.

De sa part, Muchukiwa (2013) montre que 50 % des populations riveraines du PNKB se considèrent pauvres, 48 % comme moyen par rapport à leur société et 2 % sont riches. La pauvreté est donc une réalité incontestable en milieu rural avoisinant le Parc. En cumulant ces proportions, 98 % de la population dans ce milieu d'enquête seraient pauvres et dépendraient des ressources naturelles du PNKB. Mbailenang (2000) souligne que l'attention des décideurs ne s'est pas suffisamment portée sur la dimension sociale de la conservation des ressources naturelles.

D'après l'étude socio-économique effectuée dans tous les districts riverains du PNVi, 75 % des ménages de ces districts vivent en dessous du seuil de la pauvreté, c'est-à-dire qu'ils gagnent moins de deux dollars par jour (Nkurunziza, 2003). Cette vie précaire s'explique par le fait que la majorité de la population est agricole (plus de 90%). En effet, l'agriculture est de loin la principale activité économique de la région. Ces résultats corroborent avec nos récentes recherches qui montrent que l'activité principale de la population riveraine du PNKB est l'agriculture avec 74 % des enquêtés pratiquant l'agriculture de subsistance.

L'agriculture est de type familial et elle est pratiquée à des étendues restreintes. Le Parc apparaît comme une île dans un océan. Dans la partie de haute altitude du Parc, s'exercent de fortes pressions dues à une surcharge d'activités agro-pastorales et à la recherche des produits forestiers non ligneux et ligneux.

Les faibles rendements et la surexploitation des terres agricoles entretiennent un cercle vicieux poussant l'agriculteur ou l'agro-pasteur à conquérir toujours plus l'espace cultivable ou non (Convers, 2002). Dans les zones périphériques du PNKB, les terres cultivables sont un sérieux souci pour les agriculteurs car la majeure partie de ces zones sont occupées par les entreprises agropastorales et/ou institutions étatiques (tableau I). Rappelons que le bois de feu est la principale source d'énergie dans les ménages. Il est essentiellement collecté par les femmes. Le charbon de bois est également utilisé dans certains ménages. Mais avec l'augmentation des besoins (domestiques et commerciaux), les ressources en bois au niveau des ménages sont rares. L'ONG GIZ (2015) et Karume (2009) affirment que la biomasse est utilisée par 96,5% de la population au Sud-Kivu. La rareté de ces ressources dans les ménages accroit la convoitise sur les ressources ligneuses du Parc.

Ngendakumana et al. (2013) montrent une forte pression sur les ressources naturelles dans les paysages tropicaux due aux approches d'intervention peu appropriées et qui sont exacerbées par une pauvreté sans cesse croissante dans les communautés rurales. La conception et l'évaluation d'une nouvelle approche alternative permettrait à la fois d'améliorer les conditions de vie des populations rurales à travers les innovations agro-forestières et préserver ainsi durablement la biodiversité. Kujirakwinja et al. (2013) et Hammill et al. (2009) montrent que l'accès aux ressources naturelles implique plusieurs types de conflits : le partage des revenus, la violation des limites et l'utilisation des ressources du Parc.

Au PNKB, les activités humaines sont réparties sur toute l'étendue Parc du fait de la présence de villages et de groupes armés. Spira (2018) affirme que contrairement à d'autres sites de la RDC où les activités humaines sont visibles près des limites des APs.

Palm (2005) estime que les quartiers les plus éloignés ont une vision positive du Parc. En revanche, les populations plus proches en ont une mauvaise perception. Ces résultats suggèrent que les effets et changements socio-économiques négatifs du Parc seraient fonction de la distance des communautés par rapport au Parc. Les communautés les plus proches ressentiraient donc les externalités négatives du Parc avec plus de sévérité que leurs homologues localisées plus loin. Les communautés les plus concernées par la création d'un Parc sont évidemment les riveraines dont les ressources foncières ont été extraites de leur emprise.

5. Conclusion

L'implication des populations locales et riveraines des aires protégées est devenue incontournable dans la mise en œuvre des approches de conservation. Et cela, dans le but de pérenniser les actions de conservation des écosystèmes et de leur biodiversité. En RDC, l'Institut Congolais pour la Conservation de la Nature a mis en place la stratégie nationale de conservation communautaire pour gérer durablement son réseau d'aires protégées. Nombreux défis persistent et s'accroissent malgré la mise en œuvre de cette approche au Parc National de Kahuzi-Biega. Cette étude a porté sur l'analyse des défis et des perspectives de la mise en œuvre de l'approche ''Conservation Communautaire'' au Parc National de Kahuzi-Biega en RDC.

La collecte de données a été faite grâce aux techniques d'échantillonnage et l'entretien/entrevue, l'administration du questionnaire, la documentation et le traitement des données. La technique d'arbre des problèmes et l'analyse sociale CLIP (Collaboration et conflits, Légitimité, Intérêts, Pouvoir) nous ont permis de cerner le problème de l'étude.

L'étude a relevé que l'agriculture est l'activité principale de la population riveraine du Parc National de Kahuzi-Biega. Les communautés pygmées vivant à la périphérie du Parc sont minoritaires, et dépourvues de terres agricoles et continuent à prélever « illégalement » les ressources au Parc. La croissance démographique est une réalité dans les zones périphériques du Parc National de Kahuzi-Biega. Le nombre de personnes dans les ménages est supérieur à 6 pour 80 % de ménages enquêtés. Ce chiffre dépasse la moyenne nationale qui est de 5 personnes par ménage.

L'absence des stratégies durables dans la mise en œuvre de l'approche « Conservation Communautaire » fait persister des nombreux conflits entre la population riveraine et les gestionnaires du Parc. Cependant, il s'observe que les communautés pygmées sont particulièrement touchées par ces conflits et continuent d'affirmer ne pas bénéficier d'avantages économiques tirés du Parc National de Kahuzi-Biega. Ils reconnaissent tout de même les nombreux services écosystémiques qu'ils en tirent. Les plantes médicinales sont importantes pour les communautés riveraines du Parc. Le bois de feu est la principale source d'énergie dans les ménages. Les activités illégales constatées en 2017 et au premier semestre 2018 sur l'ensemble de la partie haute altitude du Parc sont le piégeage, la collecte et l'exploitation du bois, la circulation illicite, le creusage des minerais, l'agriculture, l'empiétement de limite et l'installation humaine (des campements). La planification, la mise en œuvre et l'évaluation de l'approche « Conservation Communautaire » du Plan d'Aménagement et de Gestion ne répondent toujours pas aux défis des communautés riveraines du Parc National de Kahuzi-Biega.

Pour faire face aux différentes menaces sur la biodiversité du Parc National de Kahuzi-Biega, il est important de rendre l'approche « conservation communautaire » durable. Cela passe par l'amélioration de cette approche afin de la rendre consensuelle entre les parties prenantes ; de l'intégrer à l'écotourisme et de mettre en place des zones tampons juridiques et fonctionnelles.

Bibliographie

Adams, W. M. & Hutton, J. (2007). People, Parks and Poverty: Political Ecology and Biodiversity Conservation. *Conservation and Society* 5(2). Pp. 147-183.

Armitage, D., Berkes, F. & Doubleday, N. (2009). *Adaptive Co-Management : Collaboration, Learning, and Multi-Level Governance*. UBC Press. Vancouver. Toronto.

Ayebare, S., Plumptre, A.J., Kukirakwinja, D. & Segan, D. (2018). Conservation of the endemic species of the Albertine Rift under future climate change *Biological Conservation* 220. Pp. 67–75.

Barrow, E. & Murphree, M. (1998). *Community conservation research in Africa. Principles and comparative practice*. Institute for Development Policy and Management, University of Manchester. https://www.researchgate.net/publication/242251300

Berkes, F. (2021). *Advanced Introduction to Community-based conservation.* Edward Edgar Publishing Limited. Glos GL50 JA. United Kingdom.

Berkes, F. (2007). *Community-based conservation in a globalized world.* Natural Resources Institute. University of Manitoba, Winnipeg, MB, Canada R3T 2N2. www.pnas.org/cgi/doi/10.1073/pnas.0702098104

Berkes, F. (2004). Rethinking Community-Based Conservation, *Conservation Biology* 18 (3). Pp. 621–630. DOI:10.1111/j.1523-1739.2004. 00077.x

Borrini-Feyerabend, G., Pimbert, M., Farvar, M., Kothari, A. & Renard, Y. (2009). Partager le pouvoir : Cogestion des ressources naturelles et gouvernance partagée de par le monde, *IIED et UICN/ CEESP/ TGER*, Cenesta, Téhéran.

Brooks, J.S., Waylen, K. A. et Mulder, M.B. (2012). How national context, project design, and local community characteristics influence success in community-based conservation projects, *PANAS* 109 (52) www.pnas.org/cgi/doi/10.1073/pnas.1207141110 PNAS, 109 (52)

Buttoud, G. & Nguinguiri, J-C. (2016). *La gestion inclusive des forêts d'Afrique centrale. Passer de la participation au partage des pouvoirs*. FAO-CIFOR : Libreville-Bogor.

Cellue d'Analyse des Indicateurs De Développement (CAID). (2017). *Présentation du territoire de Kabare,* Kinshasa: Cellule d'Analayses des Indicateurs de Développement.

Chevalier, M. & Buckles, J.(2009). *Systèmes d'actions sociales. Guide de recherche collaborative et engagement social.* Paris: ESKA.

Doumenge, C., Palla, F., Scholte, P., Hiol Hiol, F. & Larzillière, A. (2015). *Aires protégées d'Afrique centrale – État 2015.* Kinshasa, République Démocratique du Congo et Yaoundé, Caméroun: OFAC.

Dudley, N. (2008). *Lignes directrices pour l'application des catégories de gestion aux aires protégées.* Glande, Suisse: Union Internationale pour la Conservation de la Nature.

Forgie, V., HOrsley, P. & Johnston, J. (2001). *Facilitating community-based conservation initiatives. Science for conservation.* Department of Conservation. ISSN 1173–2946. ISBN 0–478–22021-9. 75p.

GIZ. (2015). *Rapport de la mission de formation pratique sur le système de suivi de l'offre et de la demande en bois énergie dans le cadre de la mise en œuvre de la (SPDD).* Deutsche Gesellschaft für Internationale Zusammenarbeit (GIZ) GmbH. Kishasa-Bukavu: Deutsche Gesellschaft für Internationale Zusammenarbeit (GIZ) GmbH.

Hammill, A., Crawford, A., Craig, R., Malpas, R. & Matthew, R. (2009). Conflict-sensitive conservation practitioners' manual, *IISD*, Winnipeg

Héritier, S. & Laslaz, L. (2009). *Les Parcs Nationaux dans le Monde. Protection, gestion et développement durable*. Paris. Ellipses, coll. Carrefours. 328 p.

Hobley, M. (1996). *Participatory forestry: The process of change in India and Nepal*. Rural Development study Guide 3. London: Rural Development Forestry Network, Overseas Development Network.

IBM CORP. RELEASED (2017). *IBM SPSS Statistics for Windows*, Version 25.0. Armonk, NY: IBM Corp.

ICCN. (2008). *Projet de la stratégie nationale de conservation communautaire en République du Congo (2007-2011).* Kinshasa: Institut Congolais pour la Conservation de la Nature. UNESCO, PNUD, FEM, WCS, FFI.

ICCN. (2012). *Stratégie Nationale de la Conservation de la Biodiversité dans les Aires Protégées de la République Démocratique du Congo,* Kinshasa: ICCN.

ICCN. *Rapport sur l'etat de conservation des biens de la rdc inscrits sur la liste du patrimoine mondial en peril exercice 2017*.

INS. (2014). *Enquête sur l'emploi, le secteur informel et la consommation des ménages.* Kinshasa/RD Congo: Institut National de la Statistique.

INS. (2015). *Annuaire statistique 2015.* Kinshasa: Institut National de la Statistique.

Institut Congolais pour la Conservation de la Nature. (2015). *Stratégie Nationale de Conservation Commuanautaire dans les aires protégées de la RD Congo (2015-2020).* Kinshasa: Institut Congolais pour la Conservation de la Nature.

Kasereka, B., Muhigwa, J-B., Shalukoma, C. & Kahekwa, J. (2006). Vulnerability of habituated grauer's gorilla to poaching in the Kahuzi-Biega National Park, DRC. *African Study Monographs* 27(1). Pp. 15-26.

Kujirakwinja, D., Mitamba, G. & Plumptre, A.J. (2010). *The Impact of civil war on the Kahuzi-Biega National Park: Results of large mammal surveys between 2008-2011.* Wildlife Conservation Society et ICCN.

Kujirakwinja, D., Shamavu, P., Twendilonge, A., Balagizi, I. & Muhigwa, J-B. (2013). Renforcement de capacités des acteurs locaux dans la gestion des ressources naturelles à travers la résolution des conflits sensibles à la conservation à l'est de la République Démocratique du Congo. In. *VertigO - la revue électronique en sciences de l'environnement* [En ligne], Hors-série 17 | septembre 2013, mis en ligne le 12 septembre 2013, consulté le 20 Janvier 2019. DOI : 10.4000/vertigo.13885

Lunga, R. (2017). Impacts environnementaux de la pression anthropique sur les ressources naturelles du Parc National de KAHUZIBIEGA dans la Province du Sud-Kivu en R.D. Congo. *Congo Sciences,* Journal en Ligne de l'ACASTI et du CEDESUR.

Mahajan, S. L., Jagadish, A., Glew, L., Ahmadia, G., Becker, H., Fidler, R. Y., Jeha, L., Mills, M., Cox, C., Demello, N., Harborne, A. R., Masuda, Y. J., Mckinnon, C. M., Painter, M., Wilkie, D. & Mascia, B. M. (2020). A theory-based framework for understanding the establishment, persistence, and diffusion of community-based conservation, *Conservation Science and Practice*. https://doi.org/10.1111/csp2.299

Mangambu, J., Habiyaremye, M., Janssen, T., Van Diggelenr., Robbrecht, E. & Ntahobavuka, H.H. (2013). Contribution à la connaissance de la diversité et endémisme des Rubiaceae du Parc National de Kahuzi-Biega à l'Est de la R.D. Congo. *Int. J. Biol. Chem. Sci.* Pp. 2092-2105.

Masumbuko, N. (2011). *Ecologie de Sericostachys scandens, liane envahissante dans les forêts demontagne du Parc National de Kahuzi-Biega, République Démocratique du Congo.* (F. Sci., Éd.) Bruxelles, Belgique: Univ. Libre de Bruxelles.

Mbailenang, B. (2000). Organiser la gestion communautaire (Forêt d'Asale, Tchad. *Administrer l'environnement en Afrique*. Pp 259-268.

Mubalama, L., Masumbuko, DM., Mweze, D., Banswe, G. et Mirindi, AP. (2020). Farmers' Perceptions towards Climate Change, and Meteorological Data in Kahuzi-Biega National Park Surroundings, Eastern DR. Congo. *International Journal of Innovative Research and Development*. 9(6). Pp. 178-192.
DOI No. : 10.24940/ijird/2020/v9/i6/JUN20055.

Mubalama, L. (2010). *Monitoring Law Enforcement Effort and Illegal Activity Selected Protected Areas : Implications for Management and Conservation , Democratic Republic of Congo.* Ghent, Belgique.

Muchukiwa, B. (2013). Les comités de conservation communautaire (CCC) et lutte contre la pauvreté rurale au Sud Kivu, R.D.Congo. Pp 360-380. *Gouvernance des Ressources Naturelles Collectives des Ecosystèmes Fragiles dans la Région des Grands Lacs Africains*. Bukavu: CERUKI.

Mudinga, E., Ngendakumana, S. & Ansoms, A. (2013). Analyse critique du processus de cogestion du Parc National de Kahuzi-Biega en République Démocratique du Congo.*VertigO - la revue électronique en sciences de l'environnement* [Online], Hors-série 17 | septembre 2013, Online since 12 September 2013, consulté le 21 Janvier 2019. DOI : 10.4000/vertigo.13873

Mudinga, E. (2021). *Analyse des dynamiques des conflits autour du parc national de kahuzi-biega (pnkb).* Consortium UCB-UEA pour le Management Systems International (MSI).

Murhula, A.J. (2013). *Etude socio-économique de la chefferie de Kabare au Sud-Kivu: argumentation pour l'élaboration du plan de développement local participatif.* ICCN/PNKB,FFI, IFDP et UICN. Kabare.

Mutimanwa, K.D. (2002) Les pygmées refusent l'oppression et s'organisent.*Bulletin IKEWAN* n°48, avril, mai, juin 2003.

Ngendakumana, S., Keita, D., Amirou, D., Boiro, I., Bah, M.K., Kalinganire, A., Tchoundjeu, Z. & Kouodiekong, L. (2013). Approche alternative de gestion collective des ressources naturelles: cas du paysage de Madina oula-guinée. Pp. 222-245. In. *Gouvernance des Ressources Naturelles Collectives des Ecosystèmes Fragiles dans la Région des Grands Lacs Africains. Bukavu: CERUKI.*

Nkurunziza, N. (2003). *Etude de faisabilité pour l'établissement des entreprises agropastorales et forestières à impact positif sur la gestion conservatoire des ressources naturelles et de l'environnement.* Ruhengeri, PICG.

Kotharia, A., Camill, P. et Brown, J. (2013). *Conservation as if people also mattered: policy and practice of Community-based conservation.* Conservation and Society 11(1). Pp. 1-15.

Palm, D. (2005). Le Parc W entre conservation et activités extraconservatrices : le coton biologique, une activité agricole alternative dans la périphérie du W (Burkina Faso). Consulté le Décembre 25, 2018, sur http://www.beep.ird.fr/: http://www.beep.ird.fr/collect/upb/index/assoc/IDR-2005-PAL-PAR/IDR-2005-PAL-PAR.pdf

Pelissier, C., MArcken, P., Cherel, E. et Mapilanga, J. (2018). *Le réseau d'aires protégées de la Rébuplique Démocratique du Congo : Evaluation pour sa consolidation et son extension*. IUCN et WWF. Kinshasa.

Pelissier, C., Marcken, P., Mapilanga, J. & Wilungula, C. (2015). Rébuplique Démocratique du Congo. In. *Aires protégées d'Afrique centrale:Etat de lieux 2015*. Pp. 111-148. Kinshasa et Yaoundé: OFAC et COMIFAC.

Plumptre, A.J., Davenport, R.B., Behangan, M., Kityo, R., Eilu, G., Ssegawa, P., Ewango, C., Meirte, D., Kahindo, C., Herremans, M., Kerbis, J., Pilgrim, D.J., Wilson, M., Languy, M. & Moyer, D. (2007). The biodiversity of the Albertine Rift. *Biological Conservation* 134. Pp. 178-194.

Plumptre, A.J., Nixon, S., Kujirakwinja, D., Vieilledent, G., Critchlow, R., Williamson, E.A., Nishuli, R., Kirkby, A. & Hall, J.(2016). Catastrophic decline of world's largest primate: 80% loss of Grauer's gorilla (Gorilla beringei graueri) population justifies critically endangered status. *PloS One* 11 (10). 13 p.

PNKB. (2009). *Plan d'Aménagement et de Gestion 2009-2018.* (Parc National de Kahuzi-Biega, Éd.) Bukavu, Sud-Kivu, RD Congo: Institut Congolais pour la Conservation de la Nature.

PNKB. (2014). *Stratégie de conservation communautaire.* (Parc National de Kahuzi-Biega), Tshivanga, Sud-Kivu, RD Congo : Institut Congolais pour la Conservation de la Nature.

PNKB. (2018). *Rapport annuel d'activités.* (Parc National de Kahuzi-Biega, Éd.) Tshivanga, Sud-Kivu

Pouillard, V. (2016). Conservation et captures animales au Congo belge (1908-1960). Vers une histoire de la matérialité des politiques de gestion de la faune. *Revue historique* 679. Pp. 577-604.

Ribot, J. (2002). *La décentralisation démocratique des ressources naturelles. Institutionnaliser la Participation Populaire*, Institut des Ressources Mondiales (World Resources Institute—WRI).

Roe, D., Nelson, F. & Sandbrook, C. (2009). *Gestion communautaire des ressources naturelles en Afrique – Impacts, expériences et orientations futures*. Série Ressources Naturelles no. 18, Institut International pour l'Environnement et le Développement, Londres, Royaume-Uni

Rodary, E., Castellanet, C. & Rossi, G. (2003). *Conservation de la nature et développement : l'intégration impossible ?*. Paris, Karthala, Collection « Economie et développement. 308 p.

Rwanyiziri, G. (2008). Les aires protégées à l'épreuve de la pression démographique et de la pauvreté. Le cas du Parc National des Volcans (Rwanda), document de travail. Inédit. disponible au lien : https://www.researchgate.net/publication/304539966_Les_aires_protegees_a_l%27epreuve_de_la_pression_demographique_et_de_la_pauvrete_Le_cas_du_Parc_National_des_Volcans_Rwanda_1.

Rwanyiziri, G. (2009). Géopolitique de l'environnement au Rwanda. Pour une gouvernance participative des espaces protégés. Thèse de doctorat, Université de Pau et des Pays de l'Adour.

Safari, J-B. & Bakwi, J. (2010). *Problématique de gestion foncière dans la région du Bushi au Sud-Kivu.* Table ronde organisée à Bukavu par l'IFDP. 13p.

Spira, C. (2018). *Inventaire de la Biodiversité dans le Parc National de Kahuzi-Biega, République Démocratique du Congo.* Bukavu: Wildlife Conservation Society.

Stolton, S. & Dudley, N. (2010). Arguments for protected areas: multiple benefits for conservation and use. *Earthscan*. New York and London.

Thibon, C. (1992). Politiques de l'environnement dans la région des grands lacs. *Afrique contemporaine 161*. Pp. 230-238

Ulungu-Kinyamba, J. (2015). Les routes dans l'univers colonial du Kivu-Maniema (1920-1960). Mise en place, imaginaire collectif et incidents sur la société et l'environnement. Thèse de Doctorat. Université de Namur.

Union Internationale pour la Conservation de la Nature (UICN). (2014). *Gestion participative et exploitation durable de la biodiversité dans l'Est du Burkina.* Ouagadougou: Union Internationale pour la Conservation de la Nature.

Vargas, D. & Díaz, D. (2014). Community-based conservation programs and local people willingness to pay for wildlife protection: The case of the cotton-top tamarin in the Colombian Caribbean, *Lecturas de Economía*, 81. Pp. 187-206. DOI: 10.17533/udea.le.n81a7.

Vikanza, P. (2011). *Aires protégées, espaces disputés et développement au nord-est de la R. D. Congo.* Louvain: Presses univ. de Louvain.

Laïcité en RDC : davantage de règlementation pour contribuer à l'ordre public et mieux protéger les personnes et leurs biens

Kadundu Karhamikire [64]

Résumé

Cette étude, en partant des troubles de l'ordre public dû au déploiement non contrôlé des entreprises religieuses, passe en revue trois cas de Bukavu, pour interroger le caractère laïc de l'Etat congolais. L'ampleur du phénomène laisse ainsi présupposer que le dysfonctionnement lié à la carence de mise en œuvre de la laïcité reposerait sur l'insuffisance des lois organiques, de leur obsolescence et sur les manœuvres politiciennes de maintien du statu quo. Le cadre doctrinaire puise dans les études sociojuridiques pour conclure de la nécessité du renforcement du cadre juridique et en appelle au pluralisme politique en acte pour le respect de toutes les libertés.

Abstract

This study takes as its starting point the disturbances to public order caused by the uncontrolled deployment of religious businesses, and reviews three cases from Bukavu, to question the secular nature of the Congolese state. The scale of the phenomenon suggests that the dysfunction associated with the failure to implement secularism is based on the inadequacy of organic laws, their obsolescence and political manoeuvring to maintain the status quo. The doctrinal framework draws on socio-legal studies to conclude that there is a need to strengthen the legal framework and calls for in action political pluralism to ensure respect for all freedoms.

Mots clés: laïcité, ordre public, protection des personnes, protection des biens, entreprises religieuses.

[64] Professeur à la Faculté des Sciences Sociales, Université Catholique de Bukavu.

1. Introduction

Le titre annonce la motivation de cette réflexion qui veut investiguer les limites liées à la pratique de laïcité en RDC au regard du laxisme observé dans le secteur. Le choix politique d'un régime libéral ou socialiste, clérical ou laïc, autoritaire ou démocratique, etc., influence l'exercice des libertés tant publiques que privées. Ainsi, en est-il de la RDC qui a opté pour un Etat laïc comme l'atteste l'Art. 1er de la Constitution du 18 février 2006 : « La République Démocratique du Congo est, dans ses frontières du 30 juin 1960, un Etat de droit, indépendant, souverain, uni et indivisible, social, démocratique et laïc ». Mais, quelle que soit la nature de cet Etat, nous retenons que le but poursuivi à terme est de contribuer au bien-être de ses populations.

Depuis l'accession de la RDC à l'indépendance, l'Etat peine à se légitimer avant tout par la prise en charge du bien-être des populations (Kadundu, 2020 ; 2013). Et ce en raison que le pays connait plusieurs années de tâtonnement avec des résultats largement en deçà des attentes des populations, laissant persister le doute dans la conscience collective sur le futur. A ce titre le pays se présente en exemple d'une *société bloquée*[65] comme le dirait Crozier (1972)

En revanche, des myriades d'acteurs montent en scène, promettant la fin du calvaire ; ils sont étatiques, non étatiques comme les ONG, les confessions religieuses, etc. Et chacun de ces acteurs affiche son catalogue des recettes, des résultats fabuleux sur le court, le moyen et le long termes pour la sortie de crise et la fin de l'enlisement du pays. Des plans de développement sont nombreux dans les tiroirs des cabinets ministériels ; certains, comme le Document de la Stratégie de Croissance et de la Réduction de la Pauvreté (DSCRP), relèvent des initiatives locales ou nationales, d'autres de la coopération multilatérale commandités par les bailleurs de fonds et c'est très souvent la démarche générale.

Les résultats mitigés de ces initiatives pourraient d'abord être liés, en partie ou entièrement, aux idéologies qui les accompagnent, cachant visiblement le manque de volonté politique au niveau national et international des

[65] Au regard des débats et controverse qu'inspire la politique congolaise, très peu de ceux qui ont dirigé le pays n'avalisent l'assertion d'une société congolaise bloquée. Ils sont pour la plupart dans le déni ; et pourtant, du point de vue social, économique, financier, etc., cette triste réalité ne saurait être remise en cause par toute personne censée. Le rapport du PNUD 2020 sur l'Indicateur du développement humain actualisé l'illustre clairement ou encore le dysfonctionnement des appareils judiciaires, les scènes de détournement des deniers publics régulièrement relayés et dénoncés par les médias, ainsi que la privatisation des services publics par une tribu érigée en mode de gouvernance dans le pays.

acteurs. Face à la précarisation croissante qui mine la société congolaise, les mêmes acteurs se sentent souvent obligés de recourir à des discours moralisateurs, une sorte de rhétorique internationale dominante (Ziegler, 2015) qui cache difficilement la *banalité du mal* (Arendt, 1963). Ensuite, l'appropriation de ces plans élaborés par le sommet, ne suit pas, les populations ne les comprenant que partiellement lorsqu'elles en ont connaissance, ou n'y trouvant pas leur intérêt, continuent de les considérer comme inefficaces pour relever les nombreux défis de pauvreté.

Enfin, la massification des croyances religieuses, s'inscrivant dans l'optique du pluralisme religieux, s'affiche comme un des modes alternatifs pour juguler la crise. Mais en réalité, une simple observation directe ne peut laisser personne indifférente sur la responsabilité de ces organisations religieuses dans l'amplification de la crise. Certes, les confessions religieuses ont pendant longtemps été considérées comme une voie de contournement du défaut des fonctions régaliennes constitutives de l'essence même de l'Etat, mais actuellement, cette voie semble démentie par la démultiplication d'autres réseaux religieux dont les objectifs formellement affichés, ne correspondent pas toujours aux pratiques religieuses.

L'objectif de cette étude est de partir du principe de laïcité pour analyser et apprécier comment sa mise en œuvre peut devenir un des leviers du changement en RDC. En effet, le laxisme dans le domaine religieux participe du phénomène de précarisation au même titre que la prolifération des partis politiques, la course aux titres académiques, etc., le tout s'émouvant dans le champ juridico-politique.

Ma question de recherche va alors consister à savoir comment la laïcité telle qu'elle sera explicitée dans la troisième partie, pourrait contribuer au changement social en RDC. Nous partons du présupposé que la laïcité pourrait devenir un levier du changement social en RDC grâce à une réglementation plus stricte, assortie davantage des sanctions pour réprimer les abus d'escroquerie, de manipulation, de violences dues aux querelles de pouvoir, de crimes sexuels commis contre les femmes et les enfants à des fins politiciennes, ou des faveurs de quelque nature que ce soit.

Je me propose ainsi comme mode d'exposition de rapporter trois cas de laxisme dans le secteur invoqués par les adeptes de ces croyances pour conclure de l'application du principe de laïcité. Ces cas seront étayés par des analyses appuyées elles-mêmes par des arguments disponibles dans les études existantes sur des phénomènes similaires.

Dans les points suivants, ce papier commence par situer la question de la laïcité dans le contexte de crise général où le débat sur la question semble être l'apanage de l'Eglise catholique et l'Etat (deuxième point). Il se poursuit par la présentation d'un sommaire parcours de littérature sur laquelle il se fonde (troisième point) puis chute sur l'approche ethnographique, en partant du bas, du vécu des acteurs sur le plan méthodologique (quatrième point). Ensuite, à base des faits, intervient la discussion sur la laïcité telle qu'elle est réduite au débat entre l'Etat et les institutions ecclésiales traditionnelles en RDC et sur comment elle est vécue au Sud-Kivu (cinquième point). Avant de tirer les conclusions, le papier revient sur les phénomènes décrits dans le cinquième points en discutant les principes de laïcité au vu de l'intérêt qu'elle présente pour les constituants ainsi que dans le cadre des lois organiques en RDC.

Cette réflexion comporte l'intérêt de proposer d'une part, des pistes pour réduire les conflits entre les religions et l'Etat en insistant sur la neutralité de ce dernier, pour atténuer les rivalités entre les religions et à l'intérieur de celles-ci, les tensions entre membres d'une même confession en compétition pour le pouvoir et la course à l'argent comme son corollaire. Et d'autre part, cette réflexion apporte une contribution à l'assainissement du milieu par la lutte contre les diverses formes de nuisances liées au laxisme observé dans le secteur, notamment le vol et l'escroquerie des fidèles, les abus sexuels, la pédophilie, l'utilisation des substances toxiques, les pollutions sonores et les embouteillages urbains créés par l'affluence des fidèles d'églises situées sur les voies publiques en dehors des normes régissant ce secteur.

2. Contexte : laïcité en RDC, piste de solution ou partie de la crise ?

La question sur la laïcité se pose dans un contexte particulier de crise à laquelle tout chercheur aimerait apporter une contribution en termes de pistes de solutions. Cette partie aborde sommairement la crise congolaise dans les pratiques sociales, essaie de conceptualiser la notion de laïcité avant de montrer que généralement la question tend à se réduire au débat entre les églises traditionnelles, et l'Eglise catholique en l'occurrence et l'Etat, sans se soucier des effets que l'inattention à l'évolution du contexte provoque dans la vie sociale.

2.1. De la crise en RDC

Le délitement du lien social en RDC est presque général au point que je n'hésiterai pas à évoquer une crise qui s'étend dans ses principales composantes de socialité, du symbolique et de la technologie (Liu, 1997 ; 2013). Nous observons cette crise dans au moins trois phénomènes anesthésiants qu'exploitent ceux qui abusent des populations, à savoir la prolifération des partis politiques, la consommation des boissons fortement alcoolisées comme le *Bombé*, le *Hakuna matata* , etc. à Kinshasa, le *Kafanya mbiyo*, le *Sapilo ou Panga uzazi* à Bukavu et à Goma. Ces trois formes de drogue ne sont que des ciblages tout à fait personnels, et donc subjectifs ; ce qui signifie que d'autres chercheurs pourraient trouver d'autres et construire des schémas qui les rendent pertinents dans leurs analyses. Certains propos recueillis à Bukavu sont de nature à perturber la conscience : quelques habitants fustigent cet état de choses. Une vendeuse des fretins en témoigne « chaque jour nous prions Dieu pour que ce marché dit de *Chamuhini* soit fermé. Nos maris, nos sœurs et nos jeunes garçons sont devenus dépendants de ces boissons et de la drogue. Dès qu'ils la consomment, ils changent brutalement d'humeur. » Ou encore « Des choses anormales se passent ici sous l'emprise de l'alcool, par exemple, se livrer à l'acte sexuel devant les gens et en pleine journée sans honte. La police maritime, voire la police de proximité, est là et ne fait rien. Nous en avons marre !».

Outre ce phénomène de consommation d'alcools et des stupéfiants, il faut relever la prolifération exponentielle d'initiatives à caractère religieux. Le point d'ancrage de cette recherche est focalisé sur le religieux, en dépit du fait qu'une vue systémique pourrait parvenir à dégager les interactions existant entre tous ces phénomènes, y compris même ceux qui ne sont pas directement épinglés.

2.2. Comment comprendre la notion de laïcité ?

La laïcité comme choix de modèle d'Etat n'est pas l'apanage de la seule autorité politique congolaise. L'option pour la laïcité dans certains pays a été envisagée comme un des moyens du maintien du lien social face aux revendications identitaires de type religieux qui pouvaient mettre nuire à l'équilibre des institutions sociopolitiques. C'est le cas de la Belgique, pays colonisateur de la RDC même si elle ne l'appliqua pas à la colonie. En France par exemple, on constatera que la loi de 1905, tire son origine d'un long débat intellectuel depuis le siècle des lumières (Kintzler, 2012) qui a fini par la consécration de la séparation de l'église et l'Etat (Kintzler, Op. cit. ; Waterlot, 2007). Ce long débat, nous pouvons dire, était au centre du principe de laïcité en France, un concept sujet à d'âpres discussions depuis son apparition en 1871 sous la plume de F. Buisson (Buisson, 1888 ; Peillon 2010). Et si l'option de la séparation de l'Eglise et de l'Etat s'est maintenue jusqu'aujourd'hui, au point d'influencer la nature de beaucoup de régimes politiques, ce qu'elle a permis de régler une ou des question(s) cruciale(s) de société.

Il nous faut donc préciser que cette réflexion n'est pas d'ordre purement spéculatif sur la laïcité mais veut mobiliser la laïcité comme concept qui, mise en perspective avec les pratiques religieuses, permet d'apprécier l'effectivité de ce principe à partir des comportements et attitudes des citoyens dès lors que les dirigeants en font une option. J'estime dès lors certes, essentiel le parcours des pratiques de la laïcité dans les autres pays, mais pas obligatoire pour conceptualiser la notion de laïcité. A cet effet, les références convoquées dans ce sens serviront au balisage méthodologique pour la solidité de l'argumentation.

La laïcité dans cette recherche va désigner un monde politique soucieux de voir les religions s'exprimer et être entendues comme des composantes de la société civile, cherchant à intervenir dans la sphère de la vie publique au même titre que les autres organisations, en dehors de la prétention à régenter la vie politique. Le but est donc de participer au débat de société (Waterlot, Op. cit.). En outre, ce type d'organisation appelle la coexistence des libertés individuelles de telle sorte que les initiatives diverses viennent en complémentarité et non en anéantissement des unes et des autres. Elle signifiera également le respect de liberté de conscience pour que personne ne soit interdit d'exprimer ses opinions religieuses ; ce qui sous-entend l'évitement d'un double écueil à savoir celui d'un Etat clérical et celui d'un Etat qui violerait la conscience religieuse en imposant une société sans référence religieuse.

La pratique d'une laïcité ravalant la vie religieuse à la vie privée, subjective et déconnectée de la vie collective, semble impensable en RDC, du moins selon mes propres constats ; bien au contraire, c'est la surcharge qu'elle déverse dans l'espace public qui a entre autre alimenté mes intuitions pour commencer cette réflexion. Il sied donc d'attirer l'attention des décideurs politiques sur les travers et les dommages causés par une kyrielle d'organisations religieuses au mépris des autres libertés des personnes, remettant en question la nature laïque de l'Etat congolais (Art. 1er de la constitution).

3. Sommaire parcours de littérature

La plupart des études exploite la thématique au travers des approches essentiellement juridiques, particulièrement de droit public dans lesquelles la laïcité, bien qu'elle constitue un thème sensible et complexe, peut ne pas y trouver toute l'attention à lui accorder, au point de rester sous-analysée. Dans ce sens, les études disponibles sur la laïcité en RDC et dont j'ai pu consulter quelques-unes, focalisent souvent le débat sur les prérogatives constitutionnelles. Or, comme le fait remarquer Cabanis (2020), la constitution d'un pays est tellement générale qu'elle ne saurait traiter dans les détails une question aussi importante que celle de la laïcité. Pour le cas de la RDC, Mukengja Bakenge (2020) a relevé non seulement cette observation, mais il a en outre montré la restriction de la liberté religieuse par son attachement à la liberté d'association qui lui sert de cadre d'application collectif. En effet, comme j'aurai encore à m'y étendre, la laïcité qui constitue un droit fondamental, se trouve noyée dans la loi du 20 juillet 2001 relative à la réglementation de toutes les associations.

Dans une étude menée pour l'obtention d'un diplôme de licence, Cirhuza (2008) a abordé la question de la laïcité en RD. Congo, depuis l'Etat Indépendant du Congo (EIC) jusqu'en 2008. Il s'agit d'une étude critique des relations entre l'Etat et l'Eglise catholique, église qui, pour R. Cornevin (1966, p.136), était assimilable à une véritable religion d'Etat. On y note que les valeurs de laïcité n'étaient pas à l'ordre du jour quant à la transmission socialisante du Nègre congolais dans l'agenda du colonisateur belge; bien au contraire, ce dernier avait opté pour un enseignement qui puisse éduquer le colonisé dans l'étroite ligne de la soumission.

Or, les valeurs promues par la laïcité sont déjà révolutionnaires : liberté de conscience et de religion, neutralité de l'Etat vis-à-vis de diverses confessions afin de leur réserver un égal traitement. Ce qui ne fut pas ainsi appliqué par Léopold II (voir la convention passée entre lui et le Saint-Siège en 1906) qui, dès le début de l'Etat Indépendant du Congo (EIC), va demander au Saint-Siège des Missionnaires Pères Blancs pour s'occuper, non de l'instruction mais de l'éducation des colonisés. Le ton de l'étude penche parfois vers un déséquilibre qui peut nuire à l'objectivité.

En effet, l'objectif fut d'éduquer le Congolais dont les parents étaient jugés incapables d'élever convenablement leurs enfants. Eduquer semble aller dans le sens de vouloir dresser le jeune Congolais dans une ligne tracée par le Colonisateur, lui enlevant alors sa capacité de subjectivation (M. Wiviorka, 2000). Les réflexions d'E. M'Bokolo (2017) qui est un véritable plaidoyer pour la laïcité en RDC, sont une source d'inspiration en la matière car, en dépit de leur concision, rencontrent mes instituions à la base de cette investigation. En des termes très interpellateurs, il alerte sur le danger qui guette la laïcité en République Démocratique du Congo. Son survol historique et ses analyses pointues avec des comparaisons de certains articles extraits de différentes lois fondamentales apportent un éclairage de taille à la question. Plus utile encore est le tableau qu'il présente de la situation actuelle du pluralisme religieux en RDC.

Il écrit : « L'espace public est envahi par une prolifération incontrôlable d'« églises », quasi cancéreuse, d'« églises » sur lesquelles l'Etat, par ailleurs fragilisé, n'exerce aucun contrôle. De braves gens, femmes et hommes, surgissent de nulle part et se dressent brusquement pour se déclarer qui « révérend », qui « prophète », qui « bishop», les uns et les autres se parant des titres les plus divers tirés de toutes les religions existant sur le marché mondial de la foi. Des assassins, des voleurs, des prostituées et des proxénètes d'hier ne jurent plus que par le nom de « jésus » et rivalisent de toutes sortes d'expertises spirituelles, médicales, financières, avec des politiciens déchus et des rebelles reconvertis en « hommes de Dieu ». Les universités elles-mêmes, réputées pour être les lieux de production et de transmission de savoirs positifs, sont encombrées de maîtres et d'étudiants dont l'activité inclut massivement des prêches et des séances de prières ou de « méditations ». Rien ne semble pouvoir arrêter ou, simplement, contrôler le rouleau compresseur des diverses « églises »

Après ce tableau si sombre, que dois-je dire de plus sur la question. J'estime que ce tableau résume bien ce que l'approche ethnographique m'a permis de constater et qui mérite d'être partagé avec la communauté scientifique. Ce sont des éléments de preuve pour étayer ses propos. En outre, je ne compte pas me limiter à la phénoménologie du ce vaste et périlleux marché du religieux. Mes investigations iront jusqu'à suggérer des pistes susceptibles d'aider les décideurs en la matière pour des choix suffisamment documentés s'ils veulent faire réellement de la laïcité un droit fondamental.

4. Méthodologie

Le choix de l'approche par le bas m'a contraint à une méthode ethnographique (Beaud et Weber 2010), permettant «… un renversement de points de vue qui parvient à faire voir autrement des choses que nous côtoyons quotidiennement, sans véritablement « voir » » (p. 8-9), en procédant à une description des pratiques religieuses apparemment visibles pour les interpréter à la lumière du principe de la laïcité. A ce niveau, le choix des croyances et pratiques religieuses a constitué le fil rouge qui permet de relier des comportements qui apriori peuvent paraitre ne pas avoir de lien. Cette posture aide à *faire sens* (Moscarola, 2018, p. 174), en montrant de quelle manière « …des observations disponibles permettent de décrire, de comparer, de suivre des évolutions ou de chercher des constantes » (p. 180) au travers des comportements religieux spatialement et temporellement éloignés. Dans un premier temps comme déjà dit plus haut, l'observation directe menée menées à Kinshasa et à Bukavu en l'occurrence, dévoile un dysfonctionnement pouvant être expliqué par plusieurs facteurs. Et parmi ces derniers, il ressort que l'amplification du phénomène religieux pourrait être un de ces facteurs. Au-delà des villes, la même amplification est à la base des pratiques décriées par les populations qui s'estiment abandonnées et livrées par l'Etat aux vautours de tout bord.

Ce laxisme ne semble pas être un fait du hasard, mais le produit d'un jeu d'acteurs politiciens qui d'une part, incapables d'apporter des réponses appropriées aux questions de société, préfèrent les bercer de chants et de prêches souvent apocalyptiques à longueur des journées. D'autre part, le même comportement des acteurs politiques, répondrait à une nécessité financière d'ordre instrumental (Crozier et Friedberg, 1977, p. 66), faisant du champ religieux un atout propice à l'arnaque au profit surtout, de ceux qui ont des accointances avec le pouvoir. Ce dernier, étant suffisamment débarrassé de toute perspective de changement pour l'acquisition des nouvelles capacités collectives (Ibid., p. 392), mais réduit à une arène d'individus rusés, roublards, pour qui tous les moyens sont bons, y compris les plus cyniques, pour l'accroissement de leurs ressources, notamment l'enrichissement facile et illicite qui leur offrent des garanties pour se maintenir dans la jungle politique.

Dans ce sens, la politique apparait comme une forêt primitive de cueillette des produits inépuisables qui exonèrent de l'énergie créatrice pour changer l'ordre du monde. Cette perception perverse du pouvoir semble se répercuter à tous les degrés scalaires de la bureaucratie étatique nationale, provinciale, territoriale ou même coutumière au point qu'en lieu et place d'une société bloquée, celle de la RDC est devenue plutôt une société éclatée.

Trois cas parmi beaucoup d'autres, ont particulièrement retenu mon attention, notamment le phénomène dit *Mujakazi* suffisamment décrit dans la troisième partie, *l'Eglise primitive* qui est une autre réalité du vécu religieux essentiellement dans la ville de Bukavu, et enfin, le cas du procès Batumikire, chef d'une milice appelée *Jeshi La Yesu* (« L'Armée de Jésus »). Ces trois cas se distinguent des autres dans la mesure où ils ont tenu les affiches et provoqué d'innombrables commentaires médiatiques. C'est aussi surtout à cause des pertes en vies humaines qu'ils ont provoquées, le déplacement massif des populations qu'ils ont entrainé et tout naturellement des procès qui s'en sont suivi dans certains des cas.

Pour les décrire rigoureusement et dans le but de l'exhaustivité, j'ai fait appel à des entretiens avec des personnes considérées comme des leaders d'opinion ; soit dix curés des paroisses ayant joué un rôle tantôt dans la réconciliation des villages en proie à certains de ces phénomènes et dont certains ont dû quitter leurs postes d'attache pour échapper au lynchage par les populations enragées et à la recherche des personnes accusées de sorcellerie. Pour trianguler les informations de source religieuse, j'ai dû m'entretenir également avec six chefs de groupements. Ces entretiens ont été complétés par des brainstormings mobilisant le concours des villageois en provenance des villages incendiés et dépeuplés par des jeunes drogués au service des gourous pour châtier les victimes accusées de sorcellerie afin de ressortir de leurs propos leur propre perception des situations anormalement acceptables, leur positionnement par rapport aux modes de régulation étatique, ainsi que les mesures éventuelles qu'ils estimaient les plus à même d'arrêter ce phénomène.

Cette posture méthodologique a concerné spécialement le premier cas car, dans les deux autres, en plus d'entretiens notamment avec les membres de l'Eglise primitive et des personnes ayant des relations particulières avec le promoteur, les données documentaires ont été d'un grand apport. Un enquêteur a été mobilisé pour sélectionner parmi les dossiers introduits au

Tribunal de Paix de Bukavu, ceux qui portaient sur les contentieux d'ordre religieux pour motif d'escroquerie, d'abus sexuels, de conflits de pouvoir, etc. Et pour l'interprétation de ces différents documents et comportements des acteurs, les théories socio-anthropologiques couplées avec les dispositions sociojuridiques pour en appeler au renforcement des dispositifs légaux concernant la laïcité par des lois plus claires et adaptées au contexte actuel pour encadrer efficacement les pratiques et comportements observés dans les rapports sociaux quotidiens des fidèles et des populations en général.

5. Laïcité réduite en débat entre l'Etat et les institutions ecclésiales traditionnelles et laïcité vécue au Sud-Kivu

5.1. Une laïcité réduite au débat entre l'Etat et les institutions ecclésiales traditionnelles

Les données factuelles récentes renseignent sur l'Accord-Cadre passé entre le Saint-Siège et l'Etat congolais depuis le 20 mai 2016. Cet Accord avait été signé au Vatican par l'Archevêque Paul P. Gallagher, Secrétaire chargé des relations avec les Etats, et Mr Raymond Thibanda N'Tungulamunongo, ministre congolais des Affaires et étrangères et de la coopération internationale. De l'économie générale de cet acte juridique, il convient de retenir qu'il s'agit d'un document qui vient aplanir les rapports entre les deux parties après plusieurs décennies de titillement infligé à l'église catholique dont les apports dans les apports au développement du pays sont bien reconnus par les acteurs politiques. L'Accord se présente ainsi comme un aveu de peu de collaboration de l'Etat congolais vis-à-vis des institutions ecclésiales catholiques et comme un engagement à leur assurer des meilleures conditions pour l'exercice de la liberté religieuse.

L'accord s'inscrit dans l'esprit des dispositions constitutionnelles, notamment l'Art. 1er qui définit la nature de l'Etat congolais comme étant laïc, même si le mot n'est pas repris dans l'Accord. Ce dernier insiste sur l'autonomie de l'Eglise dans son gouvernement, la protection des ministres de culte et les personnes assimilées, des lieux de culte, sur le développement et la promotion des moyens de communication, sous réserve du respect de la loi en la matière et de l'ordre public (Art. 11, §1& 2).

Le même Accord-cadre entrevoit les possibilités d'accords spécifiques en vue de permettre dans l'Eglise catholique la promotion d'associations régies par les normes canoniques au regard de l'intérêt général dont elles peuvent être porteuses. L'enseignement de la religion y est rendu obligatoire dans les écoles primaires, secondaires et même dans les universités et instituts supérieurs publics, sous réserve de la liberté de pensée, de conscience, et de l'ordre public (Art. 14). Des facilités fiscales et douanières y sont envisagées comme geste de reconnaissance de la contribution de l'Eglise au développement du pays (Art.16). Et l'Accord prévoit même la rétrocession par l'Etat et après les conclusions des travaux effectués par une commission mixte constituée des membres de deux parties (Art. 17). Et enfin, l'accompagnement par l'Eglise des fidèles engagés dans les forces armées et dans la police nationale (Art.18).

Les effets de cet Accord-Cadre sont disponibles, à savoir tout d'abord, les cinq accords spécifiques relatifs à la santé, à l'éducation, à la pastorale des personnes vivant avec handicap, à celle des milieux carcéraux, ainsi qu'aux facilités fiscales et douanières. Tous ces accords ont été signés le 02 juillet 2022 par le Président de la Conférence Episcopale Nationale du Congo (CENCO) et les ministres du gouvernement de la RDC sous la houlette de Vice-Premier Ministre, Ministres des Affaires Etrangères. Ensuite, il faut noter les Arrêtés de prise en charge du personnel de deux universités catholiques de Bukavu et du Graben, de deux universités protestante et adventiste, ainsi que celle de l'Université Notre Dame de Mbuji-Mayi, quoique ne portant pas le qualificatif de catholique.

Comme déjà dit plus haut, cet Accord-Cadre vient apaiser les relations restées tendues sur une longue période, jalonnée d'insultes, de restrictions dans l'exercice de la liberté de culte, voire même celles de pensée et de conscience. Du temps du MPR, l'immixtion dans les affaires internes de l'Eglise catholique fut tellement remarquable que même le mobutisme comme philosophie de l'authenticité, alla jusqu'à toucher la doctrine de l'Eglise catholique en identifiant le Président Mobutu au Messie, et sa mère à la Vierge Marie, à qui il fallait vouer un culte (Kabongo-Mbaya, 1992, p. 320-321 ; P. Kadundu, 2015, p. 304). Récemment en 2016, soit quelque mois après la signature de cet Accord-Cadre, sous le régime de Joseph Kabila, des tensions avaient rebondi au sujet des velléités de la révision constitutionnelle, alors qu'en 2006 et en 2011, c'était autour des élections suspectées de fraudes et que certains membres de la CENCO avaient dénoncées (Kadundu, 2021).

Le débat sur la laïcité se focalise donc sur les rapports entre l'Eglise catholique et l'Etat congolais. Et pourtant, les évolutions sur le plan du pluralisme religieux de fait sont très visibles en RDC. En plus des églises traditionnelles, c'est-à-dire le catholicisme, le protestantisme, le kimbanguisme et l'islam, de nombreuses églises de réveil se sont déversées sur l'espace public et revendiquent également leur statut religieux pour être des interlocuteurs de l'Etat au même titre que les autres. La religion comme cela apparait dans l'Accord-Cadre, sera enseignée dans les institutions d'enseignement public. L'on peut se demander ce que seront les autres religions dans ces écoles, la tolérance nécessaire vis-à-vis des personnes ne pratiquant pas la religion catholique. Ne risquerions-nous pas d'aller vers un

Etat clérical ou, pour le moins, vers une position similaire à celle de la période coloniale ?

La proposition de loi portée par la commission socio-culturelle de l'Assemblée Nationale viserait cet aspect lorsque nous examinons sont titre, seul élément à notre disposition actuellement. Elle s'intitule « Proposition de loi relative à la laïcité de l'Etat et à l'égalité des religions ». Ce libellé ouvre le débat sur l'égalité des religions, rendant encore plus complexe la problématique de la laïcité en RDC. Ce parcours justifie la pertinence de toute la réflexion engagée et l'intérêt de revoir également la laïcité telle qu'elle est vécue par le bas.

5.2. Laïcité vécue au Sud-Kivu

Trois cas déjà évoqués permettront d'illustrer cette réalité : le phénomène *Mujakazi*, l'église primitive et le procès de Monsieur Batumike, chef de la milice *Jeshi la Yesu*.

5.2.1. Du phénomène « Mujakazi »[66]

Un observateur vivant en RDC, constatera qu'actuellement les pratiques sociales d'inspiration religieuse, est à la base entre autres, de la crise qui affecte les sphères de la vie sociale. Le religieux y occupe une place centrale comme source d'initiatives d'emplois et de finances (E. Balemba Kanyurhi &alii, 2022) pour les chefs religieux, ce qui serait normal pour une société qui veut promouvoir les initiatives privées. Fort malheureusement, ces initiatives développent aussi très souvent des effets pervers à la défaveur des fidèles parfois dans la mesure où, indéniablement elles créent des tensions sociales (Mwene-Batende, 1981).

Le phénomène *Mujakazi* en donne une illustration. Théoriquement, les différentes tâches assignées à la *Mujakazi*, l'investissent d'un double rôle notamment celui de devin et de thérapeute, un double rôle dont les effets sont théoriquement bénéfiques à ceux et celles qui vont recourir à son savoir. Ce qui la poserait comme le vis-à-vis du sorcier, c'est-à-dire de celui qui possède le *Hu*, une force maléfique, dont le but est fondamentalement de

---

[66] Flash spécial CDJP, « Affaire Mujakazi : quand le nom de Dieu est abusivement utilisé pour nourrir ! », http://cdjpbukavu.org/fr/affaire-mujakazi-quand-le-nom-de-dieu-est-abusivement-utilise-pour-nourrir-cest-a-leurs-fruits-que-vous-les-rec...: ou encore « RDC : « Mujakazi », ces faux prophètes qui chargent et font tuer les femmes au Sud – Kivu », dans https://actualite.cd/2020/01/15/rdc-mujakazi-ces-faux-prophetes-qui-chargent-et-font-tuer-les-femmes-au-sud-kivu. Ce dossier synthétise le phénomène Mujakazi

nuire (Hebga, 1979).Or, que constate-t-on ? La ville de Bukavu et ses environs souffrent depuis plus d'une décennie du phénomène *Mujakazi* qui a disloqué les familles, exaspéré les conflits entre villages, en stigmatisant certaines personnes traitées de sorcières.

Il a accentué le recours à la vindicte populaire dans certains villages où le sort réservé à ceux qui étaient labélisés comme de lanceurs de mauvais sorts, ont été victimes d'une justice expéditive, en les livrant tout simplement au lynchage. Le cas de figure le plus récent reste celui de la localité de Nyamarhege en territoire de Walungu où l'année dernière, des maisons ont été incendiées, des personnes accusées de sorcellerie, brulées vives et d'autres ont déserté leurs villages par crainte des représailles pour aller se réfugier ailleurs.

La notion de la *Mujakazi* trouve sa source dans les pratiques coutumières où les femmes stériles ou sans enfant mâle sont conduites au *Bwami,* c'est-à-dire chez le chef coutumier, pour y exercer des métiers de servante: substantif déduit de (« mu- (singulier), ba- (pluriel) -ja (pour dire servante (s)), et de mu- (singulier), ba-(pluriel) de kazi, pour dire femme (s). Comme phénomène vécu et compris dans les comportements et les pratiques actuels, a fait son apparition pour la première fois à Kalonge selon la source ci-dessus consultée. Elle se dit prophétesse investie d'une mission de délivrance et douée d'un pouvoir magique, thérapeutique et de divination pour détecter au sein des familles les sorciers et sorcières dont les personnes âgées et les femmes en l'occurrence, constituent la cohorte la plus importante. Rapportée à sons sens premier tel que l'analyse morphologique de la notion le montre, le substantif *mujakazi* renvoie certes à la servante, mais la mission dont elle déclare être investie, lui confère un sens qui la hisse au-delà de la sphère habituelle des hommes ordinaires ; elle est servante de Dieu. La *Mujakazi* organise alors des prédications, des divinations, des prophéties et des guérisons et ordonne la mort ou la chasse aux personnes stigmatisées comme nuisibles aux autres.

Le phénomène tel un cancer en phase de métastase, s'est très vite répandu avec la constitution d'équipes des jeunes, des lieutenants chargés de l'exécution de la justice expéditive, ainsi que d'autres femmes servant de relais à la *Mujakazi* pionnière. Elle met en place une bureaucratie comprenant des agents de sécurité, un secrétaire qui se charge essentiellement d'écrire des convocations des nombreuses personnes accusées de sorcellerie, des vendeurs des vivres pour elle à ceux et celles dont les provisions arrivent à terme du fait d'une longue attente des séances de comparution. Ces équipes sillonneront les territoires de Kalehe, Walungu, Kabare, de Mwenga et les communes périphériques de la ville de Bukavu pour les infester de ces croyances et pratiques. Il y a lieu de se demander si l'absence de taxation au début du phénomène était délibérément pensée pour attirer les fidèles ou réellement la résultante de la nécessité au vu l'amplification du phénomène exigeant des moyens financiers pour son efficacité.

Au sujet de l'exercice légal de cette activité, les sources orales consultées le mardi 18 octobre 2022 sont parfois controversées. Les témoins en provenance des villages de Nyamarhege, de Muleke, de Kaniola et de Lubona dans le territoire de Walungu, de Kalulu et Cibingu dans le territoire de Kabare, affirment que plusieurs de ces personnages seraient détenteurs des documents administratifs les autorisant à fonctionner. Cette assertion est cependant remise en question par certaines autorités religieuses reconnaissant toutefois un accord plus ou moins implicite de certains chefs de groupements. D'autres sources vont même jusqu'à évoquer l'appui de certains élus provinciaux qui recourent également à ces divinations pour renforcer et protéger leur pouvoir. Ce qui fait dire à un de nos interviewés : *Malgré les plaintes qui se multiplient suite aux dégâts matériels et humains que sa secte provoquent, le Gouvernement provincial sait, fait sourde oreille, semble en prendre plaisir ! Certains parmi les officiels vont chez elle la nuit, d'autres l'invitant pour nettoyer leurs cours, d'autres enfin pour trouver comment se maintenir et obtenir une promotion auprès de leurs chefs hiérarchiques. Des gens sont morts, d'autres torturés, des maisons brûlées suite à sa prophétie... silence radio de l'autorité malgré les différentes dénonciations.*

Comme dit plus haut, tous ces personnages se déclarent doués de pouvoirs magiques et/ou mystiques pour détecter les sorciers, les sujets capables de lancer de mauvais sorts. En effet, la paix et l'unité sont souvent considérées comme des signes de discernement des charismes particuliers. Or, contrairement à l'unité à promouvoir entre les populations et à la paix à bâtir, les pseudo-détenteurs de ces charismes créent haine et violence, abusent de leur ascendance en s'acharnant sur leurs adeptes pour les désarmer psychologiquement avant de commencer à leur extorquer des biens. Certains d'entre eux n'hésitent pas à recourir aux moyens de communication de masse comme les chaines de radio pour la publicité de leurs ministères.

Peut-être est –il important de souligner que si dans certains groupements, l'on peut observer une certaine coordination dans le déploiement du phénomène comme nous venons de le décrire plus haut, de manière générale cette dimension organisationnelle de coordination reste difficile à tracer sur l'ensemble des territoires qui en sont affectés. Ceci peut faire comprendre les difficultés qu'il y aurait eu sans doute à pouvoir l'éradiquer.

Le mouvement conquiert très vite le droit de cité avec une taxation défiant le pouvoir des ménages. Le coût de la consultation oscillera entre cinq et dix dollars USD, avec obligation de verser des dons après l'opération, c'est-à-dire lorsque le prétendu bourreau de la famille ou du village aura été détecté et passé à tabac. Les personnes enquêtées expliquent un tel comportement de la manière ci-après : les exploits de la Mujakazi font tâche d'huile, elles s'étaient répandues de manière spectaculaire. Des nombreuses personnes ont dû se déplacer vers le territoire de Kabare, lieu de résidence de la *Mujakazi* où elle est partie se réfugier après que le chef de collectivité de Kalonge eut été débordé par la situation et les dégâts qui s'en sont suivis. Cette dernière y crée alors un marché de plusieurs produits de nécessité, notamment des denrées alimentaires dont le coût est très élevé. Les personnes en attente de la consultation épuisent leurs provisions et sont obligées d'acheter les produits de la *Mujakazi* comme la farine, les beignets, etc. Le pouvoir public s'est aussi saisi de la question et a pu disperser le mouvement qui s'est répandu dans les autres territoires, notamment à Walungu dans le groupement de Lurhala.

Cette recherche du lucre invite à revoir l'itinéraire de la *Mujakazi*, du moins concernant sa situation matrimoniale et son niveau de revenu avant le déclenchement du mouvement. Elle fut l'épouse d'un militaire muté lors d'un mouvement des troupes. Elle se retrouve abandonnée alors à Kalonge, dans le territoire de Kalehe, alors qu'elle était originaire du village de Cirhongo, dans le Groupement de Bushwira, en territoire de Kabare. C'est donc dans le camp qu'avec une équipe d'autres femmes, toutes épouses des militaires partis au front vers Hombo (vers le Nord-Kivu), elle initia un groupe de prière dans le Camp, appelé *chambre de prière* dans la région, compte tenu de l'ampleur que ces initiatives parfois clandestines ont prise dans le milieu. Et ceci, puisqu'elle était sans doute au courant des succès engrangés par le phénomène de pèlerinage à Businde, dans le diocèse de Ngozi (au Burundi) qui a commencé au même moment. Là-bas, une femme qualifiée de voyante, Mademoiselle Eusebie rassemblait les fidèles. Un groupe des femmes commerçantes de Bukavu organisait des pèlerinages jusqu'au Burundi. Nombreuses d'entre elles étaient membres des groupes de prière en ville. Celles qui finançaient le voyage furent toutes des femmes commerçantes. Autour des années 2008.

Les rites de détection des malfaiteurs procèdent d'abord par un interrogatoire au cours duquel l'accusé peint son environnement physique et social. Et comme l'avait déjà fait constater De Mahieu (1975, p. 620) et Mwene-Batende (*Op. cit.*, p. 194), le devin n'établit les causes de la maladie qu'à partir des indications ou des impressions que le malade et ses proches lui fournissent. Ces rites comprennent en outre des pratiques puisées dans les traditions locales telles que le pacte de sang, notamment le tatouage pour demander à son ennemi de boire le sang de celui qui est supposé être sa victime et réciproquement ; et naturellement cela se fait sous la contrainte de celui qui est accusé. Il pourrait aussi être tondu par Tinda, l'autre nom de la *Mujakazi*, du verbe swahili (ku- (préfixe) « tinda » (coupe les cheveux), pour dire couper les cheveux). Ce rite sera le passage obligé pour désigner l'innocent ou le criminel.

Sur le fond, il se dégage un acharnement dont le but est de provoquer la peur chez l'accusé pour qu'une fois dépossédé de sa capacité de pensée et d'action, tout le reste lui soit imposé. Il ressort que depuis des décennies, la force de la croyance en la nuisance de la sorcellerie repose sur la capacité du bourreau à envahir leurs victimes de la peur. C'est ce que fait remarquer Mwene-Batende qui a abordé le même sujet chez les Kumu de la Province Orientale. Là aussi, force est de constater que le criminel n'est établi que sur la base d'un aveu obtenu après un long interrogatoire accompagné de supplices, et ce, au départ de soupçons montés sur base d'éléments fournis au devin par les accusateurs.

Chez les Kumu (p. 193), comme dans la plupart des sociétés africaines, note Mwene-Batende, les événements naturels tels que le malheur, la maladie et la mort, dès qu'ils se produisent, sont aussitôt objet de multiples interrogations, de recherche d'explications de la part des membres de lignages. Au lieu de chercher les causes de ces phénomènes naturels dans les conditions matérielles et sociales de leur vie, conditions marquées par un faible développement des forces productives, les membres des lignages les attribuent à des boucs-émissaires, à des individus qualifiés des sorciers. Ce type de croyances et de pratiques situe au niveau des rapports sociaux les causes des malheurs, des maladies et de la mort. Il s'agit bien des rapports sociaux et non des relations intra lignagères. Ces dernières constituent, en effet, les objets directement perceptibles des mécanismes sociaux, au départ des relations sociales qui ne servent que d'indicateurs des rapports sociaux.

L'autre rite consiste dans l'utilisation de la Bible dont la peur qui envahit l'accusé, peut ou ne pas porter ce dernier à consentir de l'enjamber. Ce rituel plus ou moins syncrétique parce qu'il conjugue l'ancien et le moderne, le profane comme le tatouage et la Bible participe du désir de légitimation du phénomène pour le crédibiliser en misant sur la forte croyance en la parole de Dieu dans un contexte disputé par les religions chrétiennes et les églises de réveilles à caractère pentecôtiste. Ceci étant, il n'est pas rare de rencontrer parmi les accusés, certains qui se montrent particulièrement courageux et qui arrivent à vaincre la peur. Ils refusent alors d'enjamber la Bible et menaçant même la *Mujakazi* au point de transférer la peur dans son camp. Cette volonté de ne pas céder à l'intimidation a produit parfois du fruit en faveur de ces accusés pour les soustraire à la vindicte populaire. Cette assertion est de taille pour montrer comment le courage psychologique permet de surmonter les effets nuisibles de la stigmatisation.

Enfin, il convient de relever le rite de prières de guérison et de délivrance couplées avec des sacrifices d'animaux comme les poules et les chèvres. Ces incantations se déroulent dans beaucoup de chambres de prière. La triangulation d'informations recueillies permet tout de même de relativiser la standardisation de ces rites qui ne dépendent finalement que de chaque *Mujakazi* dans son coin. C'est à ce stade qu'intervient essentiellement la fonction thérapeutique de la *Mujakazi* qui distribue des portions dont les constituants demeurent un secret de polichinelle.

5.2.2. *Des abus sexuels religieusement camouflés*

Sachant ce que veut dire un mariage traditionnel ou sacramentel, nous nous gardons d'utiliser le même vocable pour désigner les unions sexuelles polygyniques dans l'église dite primitive par ses adeptes, bien que les personnes interrogées et qui sont membres de l'organisation religieuse, se disent elles-mêmes mariées religieusement. Les unions sexuelles observées dans l'exercice de la liberté de culte, semblent selon les fidèles s'inscrire dans le cadre d'un mariage polygamique comme l'image ci-dessous l'illustre éloquemment. Dans cette assemblée dénommée *Eglise primitive*, les gourous et les autres adeptes, se disant être l'église fidèle au message du prophète William Marion Branham, arrivent à trouver dans les données scripturaires des passages pour fonder la doctrine d'unions assimilables au mariage polygynique entre un homme et plusieurs femmes. Il s'agit surtout des passages tirés du livre du *Lévitique.*

Un des cas de figure est ici rapporté : le pasteur avec ses trois femmes dans une église de Bukavu. « Cette scène surréaliste rapporte CONGO RDC, nous arrive de Bukavu en République démocratique du Congo, où le pasteur ZIGABE CIRHUZA vient d'épouser le week-end dernier trois femmes d'un coup dans son église. Les dames se sont présentées voilées à la cérémonie pour « leur homme » sans que personne dans l'assistance n'en soit choqué » (CONGO RDC - LE 31 JUILLET 2012 © koaci.com).

Source : CONGO RDC - Le 31 juillet 2012 © koaci.com

L'Eglise primitive se dit être celle qui est restée fidèle de toutes les confessions religieuses contemporaines au message du Christ selon la révélation faite dans l'Apocalypse de Saint Jean, chapitre 2, où Jean reçoit une vision lui confiant des lettres pour les sept églises d'Ephèse, de Smyrne, de Pergam, de Thyatire, de Sarde, de Philadelphie et de Laodicée. Toutes les confessions religieuses actuelles font partie de cette dernière. Et le message en, soi repose sur la prophétie de Malachie 4, 5 et 6 où insistance est faite sur la fidélité à la Bible, considérée comme la révélation « absolue », et rien d'autre. Ainsi, toute autre doctrine tirée en dehors de cette dernière est considérée comme démoniaque et ne relève pas du Saint Esprit. Nous ne pouvons pas aller plus loin sur cette voie que nous préférons laisser aux théologiens qui auraient plus d'outils pour analyser ces allégations. Raison pour laquelle nous revenons à l'analyse sociale pour saisir davantage les conséquences sociales de cette croyance.

Certes, la pratique polygynique observée et vécue dans beaucoup de milieux, est reconnue par plusieurs législations nationales dans les sociétés musulmanes surtout et soumises à une certaine réglementation. Depuis quelques années, elle a cessé d'être légale de suite de l'adoption par les organes délibérants de la RDC, notamment l'Assemblée Nationale et le Sénat qui ont adopté un nouveau Code de la famille. Ce dernier a, contrairement à l'Ancien Code, levé l'option d'un mariage monogamique entre un homme et une femme. Les unions sexuelles dont les adeptes et les gourous de l'église primitive disent trouver des fondements scripturaires dans la Bible posent tout de même problème quant à leur statut juridique, coutumier et religieux. Du point de vue juridique, il n'est plus besoin de poursuivre l'argumentation, considérant que le paragraphe précédent en donne toute l'économie. Sur le plan coutumier, ces pratiques ne trouvent pas non plus de base dans la mesure où déjà, comme l'écrit V. Mulago, (2007, p. 275) « Un fils d'un homme respectable, rappelle-t-on au jeune homme, ne se marie pas deux fois ; il ne devient beau-fils que d'un seul homme et pas de deux ». Et c'est encore lui d'ajouter : « Une étude approfondie des us et coutumes, des proverbes, des dictons, des contes et légendes nous révèlerait que la polygamie est moins conforme à la vraie coutume qu'on ne le croie facilement. On a l'impression qu'elle plutôt tolérée que voulue par la tradition ancestrale. Chez les Mongo, où pourtant la polygamie est bien organisée, un proverbe ne nous dit-il pas que « l'épouse est celle qui a commencé le mariage avec son mari (p. 276).

Si le mariage coutumier socialement institué n'est pas généralisé comme dit plus haut, à fortiori cette pratique qui choque, qui trahit plutôt une absence quasi systématique d'institutions régulatrices ou même leur complicité dans l'amplification de ces phénomènes religieux, ainsi que les autres types de dysfonctionnement présentés au début de cette réflexion comme des pratiques anesthésiantes, des drogues utilisées afin d'anéantir, de démolir totalement toute la société congolaise.

Si les gourous de cette organisation trouvent cette situation normale, et disons mieux, s'ils la considèrent comme légitime, nous pouvons comprendre que comme seuls interprètes des écritures, ils orientent l'interprétation dans la direction qui leur procurent des avantages de diverses natures, sexuels, pécuniaires ou de renforcement de leur pouvoir. Ce qui serait contraire à la polygamie tolérée pour des raisons de stérilité ou de type léviratique, avec pour l'objectif de protéger les veuves. Les sources orales consultées nous ont laissé entendre que l'église primitive n'aurait pas plusieurs adeptes dans le milieu, ce qui fait croire que les avantages pécuniaires ne peuvent pas expliquer directement l'investissement d'énergies dans cette activité selon la perspective d'action orientée par rapport à une finalité telle que l'envisageait Max Weber. Un adepte interrogé va jusqu'à affirmer que si les « pasteurs » ne devaient compter que les recettes collectées à l'église, ils n'auraient ni nourriture, ni moyens de scolarisation des nombreuse progénitures issues de ces unions. Il reste néanmoins à creuser davantage pour savoir si les nombreux réseaux constitués à base de cette identité religieuse, ne procure pas d'avantages invisibles, non déclarés.

Tel serait par exemple le cas si les quelques personnalités membres de cette église, ne peuvent pas offrir des faveurs d'ordre judiciaire, financier, fiscal ou de trafic d'influence en permettant à leurs gourous l'accès facile à des marchés commerciaux juteux, en contrepartie de *la cure d'âme*, le bonheur et la longévité ici sur terre (Bourdieu, 1971, p. 18) que la doctrine religieuse leur apporte dans ce qui relève véritablement d'une contradiction entre leurs pratiques au quotidien et les lois à observer. En effet, il ressort que parmi les adeptes, on compte toutes les catégories professionnelles, y compris même les opérateurs de justice.

Par rapport à cette pratique, il y a lieu de se demander si le gourou agissant comme un acteur stratégique, ne met pas en avant l'utilité projetée sur le temps long perçu comme désir du salut et de libération par ceux et celles qui sont accablés par la misère de toute sorte, pour camoufler ses propres recherches de gain immédiat de pouvoir, d'argent et des faveurs sexuelles.

Les juristes que j'ai interrogés sur ce phénomène, disent ne pas trouver dans l'arsenal juridique une quelconque disposition qui en soit énervée et qui peut éventuellement être invoquée pour réprimer ce type de comportement. Le pasteur qui s'affiche avec ses trois femmes, ne pourra jamais se présenter à l'état civil pour se marier avec les trois d'une part, et d'autre part, les pseudo-épouses ne pourront pas dans l'immédiat, revendiquer un mariage légal, ne sachant probablement pas à quels droits et obligations engagent ces arrangements. Dès lors, il y a lieu de se poser la question sur le respect du consentement, sur l'état psychologique et mental de toutes les parties, et même sur les valeurs localement recherchées dans le milieu où se développent ces comportements plutôt pathologiques.

Certains adeptes interrogés sur le sort des femmes sans mariage civil, disent ne pas s'être encore posé la question sur le droit de succession et d'héritage. Or, c'est quand même une réalité et lorsque l'on apprend que parmi les adeptes, on compte des opérateurs de justice, l'on ressent la gravité de la crise qui mine la société congolaise. Conformément au droit congolais qui réprime la prostitution et l'infidélité, furent-elles camouflées derrière des convictions dites religieuses, quel discours un juge ou un avocat pourrait-il tenir sur la question lorsqu'il est fait mention d'une infidélité entretenue de façon régulière, et au nom des croyances religieuses ? C'est à ce stade que nous ne pouvons appeler ces croyances que des simples organisations de lavage de cerveau, des *institutions bâtardes* (Hugues, 1996 ; Chenu, 1998 ; H. S. Becker, 1997, p. 30) qui distribuent des biens illégitimes comme les gangs, et non des entreprises morales supposées distribuer des biens du salut (Weber, 1971, p. 429 ; Boudon, 2001 ; Bourdieu, *Op. cit*, p.6, 8), ou même des biens et des services légitimes.

Notons donc que l'éparpillement des textes relatifs à la règlementation du phénomène en matière de mariage, des mœurs, de la pudeur, et plus globalement au maintien de l'ordre public, ont besoin d'être étayés en spécialisant chaque domaine par une législation propre au regard de la complexité que connaissent les relations sociales actuellement. Les autres formes de régulation sociale ont également besoin d'être questionnées sur la présente préoccupation. Quel est ce système éducatif où un pasteur appelé autrement *Homme de Dieu* peut se relâcher au point d'exhiber sur la place publique cette scène qui expose les enfants à cette permissivité? Le pasteur est-il vraiment au courant que le code de la famille consacre le mariage monogamique ? Cette scène unique en son genre n'aurait donc ni soubassement coutumier, ni soubassement juridique et moins encore une référence religieuse, quoi qu'en disent les partisans de *l'Eglise Primitive*. Ce que l'on peut retenir du régime polygamique tel qu'il est décrit plus haut par Mulago (*Op. cit.*), ne relève pas de prouesses à étaler devant le grand public. Celui qui opte pour ce régime n'en fait pas un motif d'exploits. Certes, il pouvait verser discrètement la dot, mais il ne pouvait inviter des convives ou organiser des cérémonies officielles avec une autre femme, excepté le cas du décès de l'épouse légitime.

Les cérémonies avec ses trois épouses auxquelles se joint la première, et toutes les quatre en habit blanc, ne répondent à aucune norme coutumière. Traditionnellement, personne ne pouvait opter pour une seconde, voir une troisième femme, et l'afficher publiquement, qu'il l'ait fait par désir sexuel, pour raison de notabilité parce qu'il était riche ou même encore pour sanctionner une épouse pour divers motifs. Le phénomène nous met plutôt face à une crise grave des normes sociales où la ville est ce miroir de l'érosion des valeurs provoquée par l'individualisme égocentrique (Liu, 1997). Ce dernier fait émerger un réseau de gangstérisme systémique qui affecte toutes les catégories socio-professionnelles au point que l'action collective devient quasi impossible. Les opérateurs de justice et économiques, les militaires, les politiciens, etc., en deviennent des ardents défenseurs et farouches à toute tentative de changement.

5.2.3. Ce que révèlent les procès sur la pratique des croyances religieuses

Les données recueillies au Tribunal de Grande Instance (TGI) de Bukavu sur le sujet m'ont permis de relever un minimum de sept procès, soit pour administration des coups et blessures du fait de la violence pour le pouvoir religieux (RP 16738/TGI-BKV), soit pour détournement, escroquerie d'argent des fidèles, soit pour viol (RP 15930/TGI-BKV, RP 14539/TGI-BKV, RT 1474/ TGI-BKV et RP 17190/TGI-BKV), infidélité conjugale dans le couple du fait d'abus de pouvoir religieux, pédophilie, soit encore pour administration des substances toxiques sous forme de drogue (RP 15930/TGI-BKV et RP 17165/TGI-BKV), etc. Naturellement, lorsque l'individualisme égocentrique gouverne l'activité humaine, des conflits violents sont envisageables et leur dangerosité peut être très élevée en cas d'absence des mécanismes sociaux de leur régulation pour le maintien d'interactions sociales apaisées.

Contrairement à ce qu'écrivait E. Durkheim (2008) pour qui l'église ou les croyances religieuses, comportent une dimension socialisante, ce qui s'observe dans la prolifération religieuse en RDC et à Bukavu notamment, a tendance à remettre cette dimension de cohésion sociale en question. Matinache (2009) constate que « C'est … en premier lieu la religion et les obligations qu'elle impose aux fidèles et qu'ils vont intérioriser que va se manifester la société aux individus qui en font partie ». Ainsi donc société, culture et société vont de pair. Et pour Durkheim dont il fait la lecture de l'édition de 2008, « La force qui isole l'être sacré et qui tient les profanes à distance n'est pas, en réalité, dans cet être ; elle vit dans la conscience des fidèles » (p.522). L'amplification du phénomène religieux et des pratiques superstitieuses en RDC en particulier, déchire la société en alimentant les tensions sociales entre citoyens. Une fracture s'opère entre les fidèles qui ont découvert ces nouvelles formes de religiosité et les croyants d'autres confessions religieuses.

L'amplification du phénomène religieux entretient la haine entre habitants qui s'entraccusent de sorcelleries ou de jet de mauvais sorts (RP 17165/TGI-BKV). La résurgence des phénomènes parapsychologiques comme la sorcellerie, la divination, etc. relèvent d'une défaillance du politique qui du coup, entraine les acteurs dans le schéma d'une fonction homogénéisante ou du nivellement par le bas, en tant que décharge des jalousies, de rancœur, des richesses concentrées entre les mains d'une poignée d'individus, et autres. Ce qui est bien dit dans les traditions à travers les proverbes comme *O muntu aka kena, analebe* ; ce qui veut dire « Celui qui est miné par la misère, finit par devenir devin ou prophète » (Kagaragu, 1976, p.). Ce sont donc ces comportements socialement anormaux générés par les croyances religieuses puisqu'ils troublent l'ordre public que la justice essaie de décourager.

Lorsque l'on essaie de passer ces pratiques au crible de la loi, nous nous apercevons qu'il ne s'agit pas de pratiques qui peuvent être qualifiées de superstitieuses telles que reconnues par la loi congolaise, notamment dans le Code pénal, Livre II, titre I, Art. 57-62. Le législateur congolais inflige la peine de servitude pénale d'un mois à deux ans et d'une amende de vingt-cinq à deux cents francs ou d'une de ces peines seulement, les auteurs de toute épreuve superstitieuse consistant à soumettre, de gré ou de force, une personne à un mal physique réel ou supposé, en vue de déduire des effets produits l'imputabilité d'un acte ou d'un événement ou toute autre conclusion (Art. 57).

L'illustration est donnée à travers un procès houleux qui avait été organisé en foraine par la juridiction militaire archivé « RP 0105/2017 : JUSTICE MILITAIRE COUR MILITAIRE SUD-KIVU, PRO-JUSTITIA, ARRET Au nom du peuple congolais (Art. 149 de la Constitution) : La Cour Militaire du Sud-Kivu siégeant en matière répressive au premier degré, en chambre foraine à KAVUMU dans le territoire de KABARE a rendu à l'audience publique du treizième jour du mois de Décembre de l'an deux mille dix-sept. L'arrêt suivant : EN CAUSE : L'Auditeur Militaire, Ministère Public et parties civiles, (…) CONTRE : 1.BATUMIKE RUGIMBANYA Fréderic né à NYAMAKANA en 1953, fils de CIBOBO (+) et de M'NDENGE (+), Originaire du Village de NYAMAKANA, Groupement de Bughore, Territoire de Kabare, Province du Sud – Kivu, état-civil : marié et père de 09 enfants, études faites : Gradué en Psychologie, profession : Député Provincial, domicilié dans l'avenue Vamaro, Quartier Ndendere, Commune d'Ibanda, Ville de Bukavu, culte : Adventiste ; … ;

S'agissant du prévenu : Mr BATUMIKE RUGIMBANYA Fréderic seul Poursuivi » entre autres pour : …. « 3. Avoir, individuellement, conjointement avec une autre personne ou par l'intermédiaire d'une autre personne, que cette personne soit ou non pénalement responsable, selon l'un des modes de participation criminelle prévus par les articles 25.3.a.b.c.d du statut de Rome de la Cour Pénale Internationale et 21bis, 21ter, 21 quater du Code Pénal Ordinaire dans le cadre d'une attaque généralisée ou systématique lancée contre la population et en connaissance de cette attaque, commis un crime contre l'humanité par viol ;

En l'espèce, avoir à Kavumu, cité de ce nom dans le territoire de Kabare, Province du Sud- Kivu, en République Démocratique du Congo, sans préjudice des dates certaines, mais au courant des années 2013, 2014, 2015 et 2016, étant combattant du groupe armé ''Jeshi la Yesu'', sous la direction du Sieur BATUMIKE RUGIMBANYA Fréderic, commis le viol sur des filles encore vierges dont l'âge variait entre 18 mois et 10 ans, après les avoir nuitamment enlevées à l'aide des armes de guerre, soit en introduisant son organe sexuel ou tout autre objet dans ceux de ces filles, soit en les mutilant de leurs matrices, comme moyens pour recueillir leur sang hyménal ; sang présumé posséder, par des pratiques fétichistes, le pouvoir de rendre les combattants invulnérables aux balles ennemies ; la liste des victimes ci-jointe. Faits prévus et punis par les articles 7.1.9 et 77 du Statut de Rome de la Cour Pénale Internationale et 222.8 du Code Pénal Ordinaire ».

Des milices dénommées *Jeshi la Yesu* , ce qui veut dire « L'Armée de Jésus » ont ainsi été condamnées les unes, à la peine capitale après avoir été jugées coupables des crimes contre l'humanité, avec leurs adeptes dans l'affaire où elles se sont livrées à des pratiques ignobles comme l'Arrêt le décrit, prétextant rechercher des puissances magico-mystiques pour renforcer le pouvoir afin de faire face à d'autres milices ennemies. Ce qui de nouveau, tend à nier la dimension de l'intégration sociale dont la religion était considérée comme un facteur déterminant.

Baudric (2008) note dans le même sens que Durkheim, « Après avoir consacré une partie de sa réflexion à constituer le suicide comme phénomène social en démontrant la non-pertinence des facteurs extra sociaux (« les états psychopathiques » ; « les états psychologiques normaux, la race, l'hérédité » ; « les facteurs cosmiques », c'est-à-dire le climat, la température ; « l'imitation »), distingue quatre types de suicide : le suicide égoïste, établi à partir de l'analyse de relations entre taux de suicide et facteurs religieux (pratiques, morale, représentations) ou variables liées à la structure familiale. Durkheim formule à ce propos cette règle : « le suicide varie en raison inverse du degré d'intégration des groupes sociaux dont fait partie l'individu » (ibid., p. 223) ;… ».

Cette dimension semble absente de la démarche actuelle de l'activité religieuse telle qu'elle s'offre à l'observation. Ces croyances syncrétiques et hétéroclites, contrairement à ce à quoi l'on pourrait s'attendre, notamment à travers la dénomination « Jeshi la Yesu », recourent à un référent moral dans l'évocation de Jésus qu'elles instrumentalisent pour légitimer ces milices dans un milieu où elles sont à la base d'une série de massacres et d'ethnocides.

Ces croyances sont symptomatiques des turbulences bellicistes dont la sous-région souffre depuis plusieurs décennies où le proche (la croyance dans les puissances mystiques offertes par le sang des filles vierges violées) et le lointain (Jésus, figure du christianisme), sont convoqués pour légitimer et mondialiser la violence. S'arrêter à ce seul aspect qui met à nue la barbarie de l'époque contemporaine, serait simpliste. En effet, l'on assiste en outre à des pratiques sociales inspirées du mouvement pentecôtiste martelant sur l'irruption spectaculaire de l'Esprit dans le quotidien des hommes qui traverse toutes le confessions religieuses avec des fidèles plus ou moins stables et qui peuvent servir de dénominateur commun aux religions chrétiennes et aux églises de réveil d'une part; et d'autre part, à un courant aussi important que le premier, qui s'empare d'une cohorte importante des croyants qui effectuent des navettes syncrétiques entre plusieurs lieux de culte, côtoyant des gourous des sectes dont les uns sont plus manipulateurs, mal formés, avides d'argent et prédateurs sexuels que les autres. En un mot, le déploiement du phénomène religieux laisse apparaitre un choc anomique (Durkheim, 1994, p. 343) où l'absence de la régulation anéantît la solidarité nationale au temps où le pays en a le plus besoin (Bobineau et N'Gahane, 2019), exigeant de façon pressante *des repères pour agir* (Valadier, 1987).

Et le développement des NTIC aidant, les prêches sont assenés aux populations à longueur de journée par des moyens de communication de masse comme la télévision et la radio, mais aussi par la connexion internet à travers *Facebook*, *Instagram*, *Whatsapp*, Messenger etc. et ce, au mépris des lois élémentaires du pays relatives au maintien de l'ordre public. Les prédicateurs ambulants sont nombreux, avec des haut-parleurs sillonnant les rues et se livrant au prosélytisme, et souvent même à domicile. Les tapages nocturnes et les pollutions sonores qui les accompagnent, sont très fréquents, l'obstruction de la mobilité sur les artères publiques est monnaie courante, trahissant alors une complicité entre les gourous des sectes, les autres chefs des confessions religieuses et les appareils de domination politique. Mais, comme nous l'avions déjà écrit, beaucoup d'acteurs politiques (ministres, officiers supérieurs, députés, Directeurs généraux, etc.), sont parfois promoteurs d'églises ou carrément des chefs religieux.

L'escroquerie des fidèles par leurs gourous, les abus sexuels commis sur les adeptes, la manipulation à des fins politiciennes, etc. traduisent parfois des parcours personnels incapables de l'emporter dans un jeu politique transparent, respectueux des règles du jeu dans tout processus de conquête du pouvoir ou d'arbitrage d'ambitions conforme à l'égalité de chance. Ces pratiques se développent principalement sur la faible mise en œuvre des lois existantes, et sur les lacunes créées par l'insuffisance du cadre juridique et organique qui devait encadrer la population dans l'exercice de la liberté de culte et de conscience. En effet, le laxisme observé dans le secteur donne à penser que l'autorité congolaise installe à dessein ce dysfonctionnement pour d'une part, faire en sorte qu'elle amoindrisse l'impact combien significatif des confessions religieuses traditionnelles, particulièrement la confession catholique à l'intérieur de laquelle le recrutement d'alliés politiques ou même le débauchage, ne sont pas faciles lors de l'expression des votes exprimés par les populations essentiellement analphabètes.

D'autre part, la société congolaise semble se construire entre autres sur deux mythes dont notamment celui du titre académique et celui de l'honorabilité conférant à la députation une aura considérable et du titre d'excellence qui fait presqu'adorer les Ministres tant nationaux, avec tout ce que cela entraine comme avantages, privilèges et immunités. Ces deux titres avec celui de Bishop, Papa Pasteur, résument la triade qui actuellement-du moins d'après mon observation car d'autres analystes pourraient le contester-, semblent constitutifs d'une circularité où le lien social est délité, relégué à la périphérie au profit de magouilles politiciennes et pécuniaires.

Le diplôme dont il est question, est recherché pour lui-même sans qu'il reflète un contenu en termes de bagage intellectuel qu'il est supposé sanctionner. C'est pourquoi les politiciens qui ont de l'influence sur les établissements publics et privés hyper politisés dans la capitale et les provinces, décrochent facilement leurs pièces de doctorat ou de Diplôme d'Etudes Approfondies (DEA). Ce qui a fondé le Ministre de l'Enseignement Supérieur et Universitaire à prendre l'Arrêté Ministériel N°517 MINESU/CAB.MIN/MNB/RMM/2022 DU 17/11//2022 portant institution d'une commission de contrôle des diplômes de troisième cycle des membres du personnel academique et scientifique des etablissements de l'enseignement superieur et universitaire du sud-kivu. Dans les éléments de motivation de cet, on retrouve le considérant relatif aux allégations et dénonciations de détention de faux diplômes de DEA et de doctorat dans le chef de certains membres des corps académique et scientifique du Sud-Kivu. Bien que ce sujet ne fasse pas l'objet d'une attention soutenue dans cette recherche, nous remarquons tout de même l'intérêt à le mettre en lien avec les deux autres afin de comprendre le positionnement stratégique des acteurs politiques peu soucieux du changement social en RDC.

Les trois titres confèrent de l'aura aux chefs pour se faire presqu'adorer par les couches sociales paupérisées, minées par le chômage et en dehors de la sphère des grands débats de société du fait d'une instruction insuffisante et/ou obsolète. Ainsi, la plupart des Honorables gardent un pied dans la sphère du religieux ; lorsque ce ne sont pas eux-mêmes qui sont des gourous des sectes, ce sont leurs membres de familles ou leurs amis qu'ils sponsorisent ou aident à obtenir les papiers nécessaires pour le fonctionnement de cette entreprise. Ils sont également promoteurs d'établissements d'enseignement supérieur et universitaire qui répondent très rarement aux normes de viabilité. En effet, l'objectif visé est de donner l'illusion aux électeurs, aux villageois surtout, que le fils du terroir haut placé, est soucieux des intérêts du milieu. Ils disent vouloir rapprocher la base des services sociaux de base.

Ce leadership tissé sur des artifices des domaines religieux, politiques et académiques, génère comme conséquence entre autres l'économie de l'effort et participe alors de la culture de la reproduction folklorique entretenue par la musique et le football. La vie du Congolais en général s'alimente essentiellement à la prière, aux jeux et à la participation aux activités politiques de l'autorité morale du parti. Dans cette perspective, le religieux devient « …à la fois un champ de forces et un champ de luttes » où les habitus, en tant que « systèmes de dispositions durables et transposables, structures structurantes, prédisposées à fonctionner comme structures structurées » (P. Bourdieu, 1988, p. 88), justifie les comportements et les pratiques religieux propres à la RDC. Si le champ religieux offre le cadre d'interprétation de ces actions, il faut les situer également dans un contexte de conflictualité qui exalte l'acteur milicien qui puise les forces d'action dans la croyance en la force des ancêtres. Les pratiques sataniques manipulées par la milice *Jeshi la Yesu*, à travers la cruauté exercée sur les filles mineures, relèvent de ce contexte belliciste qui a pendant plusieurs décennies cherché des voies inédites pour sortir de cette spirale de la violence. Les ruses, la roublardise, l'intimidation, la corruption, etc. constitueraient alors ces habitus intériorisés d'un monde social violent.

De toute évidence, la société est prise en otage, est victime d'un dysfonctionnement systémique quasi institué par une poignée de personnes qui ont réduit les fonctions régaliennes à leurs propres business. Dès lors, les tapages nocturnes ou journaliers, les abus sexuels et les escroqueries dans les milieux de culte, etc., n'émeuvent plus. Or, l'organisation politique de la RD. Congo repose sur le choix d'un Etat laïc dès l'aube de l'émancipation politique. La partie suivante va essayer de nous donner un peu plus d'éclairage.

6. Retour sur le principe de laïcité

Comme nous l'avons déjà relevé, les diverses constituions démontrent que depuis la première république jusqu'à la récente constitution qui organise la gestion du pays à ces jours, la nature laïque de régimes politiques a manifesté de l'intérêt pour les Congolais. Cette section essaie dans un premier temps de rendre compte de la manière dont le pays s'est approprié cette option par l'articulation d'autres textes juridiques susceptibles d'expliciter la philosophie du constituant.

6.1. L'intérêt de la laïcité pour les constituants.

A la naissance de la première république, le 30 juin 1960, P. Lumumba avait bien compris l'enjeu de la laïcité dans le processus de l'émancipation du Congolais au point que dès sa première intervention publique (Lumumba, 1960) au bureau des chambres, il s'était engagé à assurer à ses concitoyens les libertés humaines, notamment celle de religion, tout en faisant remarquer que l'émancipation des Congolais se ferait sur des bases républicaines laïques, avec notamment la garantie de la liberté de conscience et la séparation de l'église et de l'Etat, ainsi que cela ressort du débat public sur la question de la laïcité en France : « La valeur centrale de la laïcité, c'est la séparation du politique et du religieux »[67].

Dès la naissance de la première république, le souci de la laïcité semble préoccuper les pères de la politique congolaise qui veulent la concrétiser en la consignant dans la constitution quoiqu'avec une certaine ambiguïté qui d'ailleurs, va se reproduire au fil des changements successifs des régimes politiques tel que nous pouvons le constater dans les préambules de diverses révisions constitutionnelles qui se sont succédées en RDC.

Lokadi (mai 2020) schématise juridiquement la problématique en épinglant certains points essentiels. Il a relevé notamment la référence à Dieu que l'on rencontre dans les préambules des diverses constitutions : « Nous, Peuple congolais, Conscient de nos responsabilités devant Dieu, la Nation, l'Afrique et le monde, déclarons solennellement…» (Constitution de 1960) ou encore « Conscients de nos responsabilités devant Dieu, la Nation, l'Afrique et le Monde ; …» (Constitution de du 18 février 2006). Cette déclaration fixe l'opinion sur la nature de l'orientation particulière de la laïcité congolaise qui reflète une des caractéristiques africaines, à savoir la vie marquée par la foi en Dieu. L'Etat congolais, zaïrois et congolais encore, n'est pas un régime sans Dieu. Il pose cependant la question de la place de ceux et celles qui peuvent ne pas se reconnaitre dans ce *postulat* de l'existence de Dieu, même si le débat sur l'athéisme n'est pas clos, y compris même en Afrique (Metogo, 1997 ; F. Lenoir, 2013). En outre, force sera de concilier ce choix avec les libertés ou droits constitutionnels qui vont être déclinés par le constituant, comme l'arbitrage des conflits susceptibles de provenir des milieux professionnels entre croyants et non croyants, pour ne citer que ce cas.

Par ailleurs, la nature de l'Etat apparaît clairement dans l'article premier de chaque constitution :

---

[67] *Le Monde*, (Propos recueillis par Luc Cédelle, publié le 11 décembre 2020 à 04h45 - Mis à jour le 11 décembre 2020 à 06h56).

- Ainsi, « La République du Zaïre est un État unitaire, démocratique, social et laïc.», dispose le constituant durant le régime politique zaïrois.

- Dans la constitution du 18 février 2006, nous lisons à l'Article 1er : « La République Démocratique du Congo est, dans ses frontières du 30 juin 1960, un Etat de droit, indépendant, souverain, uni et indivisible, social, démocratique et laïc».

Il est donc clair que les régimes politiques successifs qui ont géré le pays, étaient d'orientation laïque. Cette laïcité affirme clairement l'existence de Dieu, omniprésent dans les représentations collectives et dans le chef de ceux et celles qui ont la responsabilité de gestion de la *res publica*.

C'est ainsi qu'à la prestation de serment de Joseph Kabila en 2011 après un scrutin fortement contesté, on a vu défiler plus de cinq confessions religieuses pour confier le nouveau quinquennat au Très Haut, Maître des temps et des circonstances selon l'expression devenue habituelle en RD. Congo. La laïcité congolaise, et plus généralement en Afrique, comporte des particularités comme celle-ci. Ce qui a conduit Jeune Afrique[68] du 07 février 2018 à cette question : « En Afrique, la laïcité à la croisée des chemins ? » Et pout y répondre, il estime que le débat sur cette problématique en Afrique, reste largement ouverte. L'Afrique de demain a encore bien des ambiguïtés à gérer sur cette question.

Les dispositions juridiques ci-dessus évoquées, peuvent être mises en perspective avec le tout premier exposé des motifs du préambule de la même constitution où il est dit : « *Nous, Peuple congolais, Uni par le destin et par l'histoire autour de nobles idéaux de liberté, de fraternité, de solidarité, de justice, de paix et de travail* ;… ». Le constituant explicite cette philosophie à l'article 22 en ces termes :

« *Toute personne a droit à la liberté de pensée, de conscience et de religion. Toute personne a le droit de manifester sa religion ou ses convictions, seule ou en groupe, tant en public qu'en privé, par le culte, l'enseignement, les pratiques, l'accomplissement des rites et l'état de vie religieuse, sous réserve du respect de la loi, de l'ordre public, des bonnes mœurs et des droits d'autrui. La loi fixe les modalités d'exercice de ces libertés* ».

Cette liberté de pratiquer la religion de son choix, de la propager et de la vivre par l'exercice des rites, est déjà présente dans la loi fondamentale promulguée par le roi Baudoin en 1960 à côté des autres libertés de pensée et de conscience même si la nature de l'Etat laïc n'apparait pas

---

[68] Augustin CODJA, 2018, « En Afrique, la laïcité à la croisée des chemins ? La laïcité fait toujours débat. Et l'Afrique de demain a encore bien des ambiguïtés à gérer sur cette question », dans *Jeune Afrique*, 7 février 2018 à 17:41Mis à jour le 7 février 2018 à 17:45

explicitement. A son art. 1er, elle interdit entre autre la discrimination liée la religion et son art. 12, elle dispose :

« 1. *Toute personne a droit à la liberté de pensée, de conscience et de religion; ce droit implique la liberté de changer de religion ou de conviction, ainsi que la liberté de manifester sa religion ou sa conviction individuellement ou collectivement, en public ou en privé, par le culte, la propagation, l'enseignement, les pratiques et l'accomplissement des rites. 2. Aucun élève d'un établissement d'enseignement ne sera astreint à suivre des cours d'instruction religieuse, à participer à une cérémonie religieuse ou à prendre part à un culte procédant d'une religion autre que la sienne* ».

Le législateur congolais semble bien comprendre ce qu'il faut retenir de la laïcité telle que déclinée dans cet article : il y a les libertés fondamentales comme celles de pensée, de conscience et de religion. En plus, le législateur n'en reste pas à ce niveau car ces libertés intériorisées, peuvent être aussi extériorisées à travers des manifestations publiques, selon sa propre convenance ou avec d'autres. Plus loin dans le titre II relatif aux Droits humains, libertés fondamentales et devoirs du citoyen, nous retrouvons à l'article 13, la proscription de la discrimination pour diverses raisons dont celle concernant la religion. Le constituant congolais pose ici le principe de laïcité comme une des valeurs structurantes de la modernité (A. Touraine, 1992) au même titre que ceux de la démocratie et du respect des droits humains.

De cette perception de la laïcité, il se dégage d'une part, que le législateur n'a pas réglé la question de la séparation de l'Etat et de la religion. C'en est encore une autre spécificité par rapport à la pratique de la laïcité dans d'autres pays comme la France où la neutralité de l'Etat vis-à-vis des pratiques religieuses, est bien soulignée. Le législateur a-t-il laissé exprès de se prononcer sur la neutralité de l'Etat vis-à-vis de diverses religions ? Se serait-il retrouvé devant une situation de fait et a estimé qu'il fallait rester plutôt cohérent avec le préambule de la constitution? Et sans doute, au regard des transactions jonchées de compromis et de compromissions entre lui et les partenaires confessionnels ?

D'autre part, l'importance de l'exception soulevée par le même article «…, sous réserve du respect de la loi, de l'ordre public, des bonnes mœurs et des droits d'autrui », ainsi que l'application de la loi réglementaire de l'exercice des cultes telle qu'énoncée dans la même disposition «La loi fixe les modalités d'exercice de ces libertés », ne semblent pas avoir retenu l'attention des responsables politiques au regard des cas d'abus constatés dans le secteur et sur lesquels nous nous sommes étendu dans la première partie de cette étude. Néanmoins, relevons que les lois fondamentales montrent clairement la conscience du constituant du fait que la pratique religieuse peut déraper si elle n'est pas encadrée par des lois établies dans le but de garantir la sécurité publique.

C'est ce qui ressort des exceptions soulevées ci-dessus et de l'Art. 12, al.3 de la loi fondamentale de 1960: « *Les dispositions ci-dessus ne font pas obstacle à l'application des mesures prévues par la loi ou les édits pour répondre aux nécessités imposées dans une société démocratique par la sécurité publique, la protection de l'ordre, de la Santé ou de la morale publique ou de celle des droits et libertés d'autrui* ».

Et Jeune Afrique de faire remarquer : « Entre la volonté d'émancipation des pressions religieuses et les revendications culturelles, la laïcité doit désormais trouver sa voie sur le continent. Elle a déjà sauvé plusieurs pays de la tendance du tout religieux ; il lui reste maintenant à transcender le clientélisme politique. Le développement socio-économique du continent, ne pourra en tout cas pas faire l'économie d'une clarification constitutionnelle de la place du temporel et du spirituel. Même circonscrit au seul cercle intellectuel, la laïcité déchaîne des passions et embarrasse autant qu'elle sert ».

6.2. La laïcité dans les lois organiques de la RDC.

Abordant la question de la laïcité en RDC, l'observatoire de la laïcité fait remarquer: « Léopold II s'appuie sur l'Eglise catholique qui y délègue des missionnaires, donnant ainsi naissance à un Etat à forte connotation cléricale. Il leur confie l'éducation des indigènes. Il convainc le Saint-Siège de transformer pour une large part le Congo en vicariat apostolique exclusivement réservé aux Belges.... Il s'agit maintenant de Notre Congo et l'Eglise catholique y conservera la gouvernance des fonctions régaliennes les plus importantes parmi lesquelles l'éducation. Quelques postes seront toutefois attribués aux protestants ».

Ce bref extrait montre déjà le poids de l'histoire coloniale dans l'état clérical de fait dans lequel vit le pays. Les compétences des confessions religieuses très souvent surestimées, peuvent fonder les affirmations sur un Congo qui ne serait jamais émancipé du joug colonial. Ces compétences tendent effectivement à leur laisser une grande marge de manœuvre dans le pilotage des projets qui nécessitent pourtant une expertise avancée dans le pays, en misant essentiellement sur la confiance et les valeurs éthiques théologiquement fondées sur les vertus de foi, d'espérance et de charité. Ce rôle a dévolu une responsabilité sociale considérable dans les domaines de l'éducation depuis le degré élémentaire jusqu'au supérieur, de la santé et de la politique en général au regard d'innombrables missions de médiation conduites par l'épiscopat congolais depuis longtemps, mais surtout depuis la décadence de la deuxième république sous le Maréchal Mobutu.

Et pourtant, la présence massive des confessions religieuses dans la gestion des fonctions régaliennes est souvent source de conflits et de convoitises entre confessions religieuses elles-mêmes, mais surtout entre confessions religieuses et acteurs politiques pendant les campagnes électorales où les politiciens essaient de manipuler avec ou sans succès, les acteurs religieux pour obtenir les votes des fidèles. En outre, depuis quelques décennies, nous assistons à une prolifération des églises dites indépendantes et de réveil qui inondent les cités et les villages de messages à caractère prophétique et dont les promoteurs – qui s'autoproclament ou se font proclamer des bishop - se situent très souvent au croisement des sphères politique et religieux, opérant alors des transactions complexes entre le sacré et le profane (E. Mircea, 1987, Paris, Folio) en tentant d'assouvir leurs ambitions politiques et de tirer profit de la rente de leur position sociale. C'est le constat fait aussi par G. Balandier (1995), pour qui, dans les sociétés modernes laïcisées, l'imbrication du sacré et du politique demeure apparente, le pouvoir n'y est jamais vidé de son contenu religieux qui reste présent, réduit et discret

Après les lignes esquissées plus haut, le constat majeur en dépit de l'imbrication quasi inévitable du sacré et du profane selon la remarque de G. Balandier, est que la métropole n'a jamais pensé à un Etat congolais aussi laïc que la métropole tel que cela ressort de la littérature sur la question. La nature laïque de l'Etat congolais, constitutionnellement consacrée par les textes successifs et souhaitée par Patrice Lumumba, ne semble pas avoir été accompagnée par des mécanismes de mise en œuvre suffisants et efficaces pour faire face au dysfonctionnement observé dans l'exercice de la liberté de culte évoqué parfois à tort et à travers par ceux qui foulent aux pieds les autres libertés et qui troublent l'ordre public.

Si le pouvoir public ayant en charge le maintien de l'ordre, devrait s'intéresser à l'exercice de la liberté de culte. En effet, les pratiques actuelles sont telles que cette liberté occulte les autres droits sans que les mécanismes régulateurs ne viennent remettre de l'équilibre dans l'espace public où s'affrontent toutes ces ambitions. Cette réglementation peut permettre aux citoyens de vivre leurs convictions en portant moins atteinte à l'ordre public, en respectant les convictions des autres citoyens par la proscription du prosélytisme. e législateur de la deuxième république avait déjà bien perçu le danger que présentait la prolifération de la religiosité montante. C'est pourquoi, il avait tenu à actualiser et à compléter la loi organique de 1971 par une nouvelle loi relative à la réglementation de l'exercice des cultes. En effet, ayant constaté que la floraison des sectes constituait un moyen pour le rançonnement des populations, il a proposé à la signature du Président Fondateur du Mouvement Populaire de la Révolution (MPR), une nouvelle loi réglementant l'exercice des cultes où l'insistance est faite sur l'obligation d'avoir la personnalité civile, de justifier d'une doctrine pertinente et originale, c'est-à-dire ne reproduisant pas l'enseignement des églises et/ou sectes déjà existantes car, avait-t-il constaté : «..., l'examen des différentes sectes religieuses existantes révèle qu'entre leurs enseignements, il n'existe aucune différence dogmatique fondamentale » (Motivation de l'Ordonnance-Loi n0 79-002 du 3 janvier 1979 modifiant et complétant la Loi n0 71/012 du 31 décembre 1971 réglementant l'exercice des cultes).

Cette loi de 1979 comporte la nouveauté d'assortir des sanctions à infliger aux délinquants dans l'exercice des cultes (Article 5), qu'il s'agisse de l'organisation d'activités religieuses sans personnalité civile ou de la participation aux activités religieuses interdites. Le législateur a pris soin de relever d'abord les formes de dérapage éventuelles contre lesquelles cette loi vient s'insurger, notamment : la course au lucre par les fondateurs, les rivalités entre responsables allant jusqu'au trouble de l'ordre public (Article 3) et le défaut d'originalité sur le plan doctrinal (Article 2).

Il importe alors de savoir à quel type de loi le constituant nous renvoie ; est-ce à cette Ordonnance-Loi de 1979 ? Ou en plus, à la loi relative à la réglementation des ASBL desquelles font partie les Eglises et autres initiatives en la matière reconnues par la loi ? Du point de vue législatif, cette ordonnance délivrée dans le contexte spécifique du MPR, un parti unique, bien qu'elle ait visé la répression de diverses pratiques religieuses déviantes, ne semble plus conforme à la nouvelle constitution du 18 février 2006. Cette dernière est la résultante des négociations dont la quintessence tient compte du pluralisme politique, fruit de l'évolution d'après la guerre froide. En effet, la constitution de l'époque avait été mise en congé par le régime politique issu de l'Alliance des Forces Démocratiques de Libération (AFDL). Ce qui justifie de l'intérêt d'une nouvelle loi organique adaptée au contexte du moment. Quant à la mise en œuvre de la constitution, particulièrement en son article 22, il ressort visiblement que le pays a plutôt régressé car les pratiques déjà réprimées par cette vieille loi, n'ont pas été extirpées des habitudes congolaises. Nous pouvons voir ici un des maillons faibles de l'Etat congolais à pouvoir mettre fin à ce laxisme.

Il est intéressant de se demander aussi pourquoi renvoyer les initiatives religieuses vers la loi réglementant les ASBL. Comme le nom l'indique, le législateur tiendrait probablement à faire comprendre qu'il s'agit d'initiatives prises en dehors de toute recherche de moyens financiers, dans une démarche désintéressée, et peut-être bénévole. Mais les fondateurs des églises et des sectes le comprennent-ils de cette manière ? Les données empiriques sont loin de confirmer cette assertion comme nous aurons à nous en rendre compte sur la base de l'étude de cas. La loi organique de 2001, antérieure à la promulgation de la nouvelle constitution, renvoie à l'article 37 de ladite constitution qui garantit la liberté d'association.

Il y est fait mention de trois grandes catégories d'associations, à savoir :

- *Les associations à caractère culturel, social, éducatif ou économique ;*
- *Les ONG (Organisations Non Gouvernementales) ;*
- *Les associations confessionnelles (les églises).*

Dans l'économie de cet article, figurent également les éléments qui doivent figurer dans le dossier des représentants légaux des Confessions religieuses, notamment :

- *Un certificat médical délivré par un médecin neuropsychiatre ;*
- *Une attestation de naissance du représentant légal ;*
- *Un acte constitutif de la doctrine originale (fondement de foi) ;*
- *Un extrait du casier judiciaire ;*
- *Un titre académique (en théologie) du représentant légal.*

Les documents exigés pour les formalités administratifs ne donnent pas de garantie sur l'environnement de l'exercice de de culte. Nulle part, il n'est fait mention de visite de terrain pour se rendre compte que l'espace envisagé pour le déroulement de cette activité, est conforme aux normes en tenant compte des pollutions sonores dont les riverains sont souvent victimes. Et l'on pourrait même se poser la question sur l'existence ou non de ces normes qui réglementent les espaces consacrés aux manifestations religieuses prenant en compte à la fois la stricte prescription des pollutions sonores mais aussi d'autres comportement susceptibles d'empiéter les libertés des personnes comme par exemple le prosélytisme. En outre, le document relève certes l'importance de justifier d'un diplôme de théologie mais le seul diplôme en plus d'un catalogue des documents administratifs, n'épuise pas toute la dimension managériale dont devrait faire preuve le requérant pour s'assurer du respect des conditions éthiques concernant par exemple le seuil d'une juste quête. Ceci éviterait aux fidèles le rançonnement dont ils ont été plus d'une fois victimes de la part des chefs des fondateurs d'églises. Pour tout dire, ces initiatives religieuses déclarées comme ASBL, cachent mal la recherche du profit qui devrait les faire passer pour des entreprises qui devraient payer impôts et taxes à l'Etat.

En somme, la pratique de la laïcité semble actuellement insuffisamment réglementée par la loi organique sur les ASBL. Il devient impossible de savoir jusqu'où l'on peut aller dans l'exercice de la liberté religieuse sans énerver les autres libertés de ses concitoyens et sans troubler l'ordre public. Si *On ne change pas une société par décret*, ainsi que le fait remarquer M. Crozier (1972) et Ph. Bernoux (2004), en tout cas, dans le cas d'espère, il apparaît que l'appui institutionnel par un cadre législatif plus actuel et robuste, peut certainement concourir à faire évoluer les pratiques sociales, notamment par la répression des cas délictueux qui sont à la base du dysfonctionnement social décrié dans le domaine des pratiques religieuses.

Des notions juridiques comme celui de *l'ordre public, de bonnes mœurs, de droits d'autrui,* doivent être explicités dans une loi organique propre à la laïcité où ils sont particulièrement mis en perspective avec la *manifestation de la liberté de religion*, de manière à spécifier leur cadre d'exercice s'ils ont déjà été expliqués dans le code pénal. De même, cette loi devrait définir in extenso les droits et les obligations des fidèles vis-à-vis des chefs religieux, de l'Etat et des fidèles entre eux plutôt que de laisser les populations à la merci des gourous qui profitent de leur ignorance, de leur faiblesse psychologique pour les exploiter et les manipuler à des fins politiciennes. Cette situation entraîne le pays dans des pratiques préjudiciables à la société que nous décrivons dans le point ci-dessous.

En somme, l'insuffisance du cadre juridique pose problème au regard des abus relevés dans les pratiques religieuses ; il est certes judicieux d'avoir énuméré les confessions religieuses parmi les ASBL dans la loi de juillet 2001, mais une loi organique propre à cette situation pourrait permettre un fonctionnement des confessions religieuses plus harmonieux et le respect des lois du pays.

De même, la même loi organique devrait être particulièrement sévère vis-à-vis des promoteurs des initiatives religieuses concernant notamment le niveau d'étude qui doit être sanctionné par l'obtention d'un diplôme de niveau universitaire en théologie ; elle devrait être très regardante concernant la pertinence doctrinale comme la loi de la réglementation de l'exercice des cultes l'avait déjà préconisé.

7. Conclusion

Au départ de cette réflexion, je me suis assigné comme objectif de montrer que le pouvoir public aurait un gain considérable dans la réglementation de l'exercice de liberté de culte. A cet effet, j'ai, dans la description du dysfonctionnement observé au travers de trois cas, notamment le phénomène Mujakazi, les tentatives de légitimer religieusement des abus sexuels et le procès dévoilant à nouveaux ces abus dissimulés par l'évocation d'une figure biblique comme celle de Jésus dans la dénomination *Jeshi la yesu*, essayé de faire apparaitre jusqu'à quel point l'Etat abandonne le secteur. Au regard de la déficience étatique, le laxisme du terrain, se traduisant par des comportements et des pratiques qui insécurisent les populations. Ces dernières sont livrées au rançonnement et escroquerie indescriptibles.

Ce parcours a été inspiré par l'hypothèse ayant permis la mise en perspective du principe de laïcité et l'engagement de l'Etat à se reconstruire à travers la reprise des fonctions régaliennes exercées par les confessions religieuses, et ce ; pour lui laisser une marge de manœuvre et de neutralité vis-à-vis des confessions religieuses. En outre et davantage, cette refondation de l'Etat devrait amener à la séparation de l'Eglise et de l'Etat pour renforcer la mission des églises en les ramenant à leur essence où le sacré retrouverait sa fonction authentique de médiation entre le visible et l'invisible.

Ce renforcement réciproque serait alors à la base d'une nouvelle charte de compromis réduisant les transactions de compromission et de compromis entre les deux champs, en renforçant la confiance et en réduisant les risques de suspicions et de méfiance de part et d'autre ; bref en atténuant l'impact négatif de cette confusion. Ce compromis offre à l'Etat de multiples possibilités de crédibilité des acteurs politiques et religieux pour garantir l'égalité de chance envers tous les citoyens et toutes les institutions sociales et religieuses.

Ensuite, le cadre légal aurait besoin d'être actualisé par une loi organique pour assainir et pour encadrer le pluralisme religieux en RD. Congo. Il s'agirait alors de la mise en mouvement de la laïcité en ramenant les croyances religieuses à leur juste titre, en leur garantissant la liberté religieuse et de culte reconnue par la constitution de la RD. Congo. Dans cette perspective, la laïcité peut contribuer à relever les défis qui guettent les acteurs politiques engagés dans le processus de la consolidation du processus démocratique. Les quelques lois spécifiques initiées et promulguées dans le domaine datent de la période du Mouvement Populaire de la Révolution (MPR). Elles ne peuvent plus être invoquées pour règlementer la vie religieuse au vu des évolutions récentes qui drainent à la fois des nouvelles formes de religiosité dont le motif clairement affiché semble être la recherche de l'argent, l'électorat, en anesthésiant les populations déjà traumatisées par toute forme d'injustice et de violences en contexte de conflictualité. Le débat à caractère idéologique ou même le mouvement d'idées n'y est pas très présent comme dans beaucoup de pays.

Grasset offusque des précisions nécessaires à la laïcité[69] et à l'exercice de la liberté religieuse qui, au lieu d'être le socle des autres libertés de la personne, vient les compromettre. Cette loi devrait davantage aider les citoyens à comprendre le sens de cette liberté, sa position vis-à-vis des autres droits, et

[69] Tony LOKADI, « La laïcité de l'Etat congolais à l'épreuve des réalités », 02 mai 2020, voir https://www.leganews.cd/index.php/actualites/institutions/1939-la-laicite-de-l-etat-congolais-a-l-epreuve-des-realites, ou encore Solidarité laïque, « La laïcité est parfois mal comprise en République Démocratique du Congo », https://www.solidarite-laique.org/je-milite/la-laicite-est-parfois-mal-comprise-en-republique-democratique-du-congo/

énoncer des sanctions très sévères pour réprimer les abus dont certains sont devenus même des crimes contre l'humanité. La pratique de laïcité devrait servir de moyen pour renforcer le cadre de l'exercice des libertés tant privées que publiques, notamment celles du culte, de conscience, de se réunir paisiblement, de se reposer, et non un principe liberticide dans la mesure où il est laissé à l'interprétation de chacun en fonction des enjeux en cours.

Ceci étant, la lutte pour le pouvoir cesserait avec le déplacement du cadre religieux qui galvaude la mission à caractère moral et spirituel issu des sources doctrinales des croyances respectives, perdant par le fait même la pertinence de leurs capacités suggestives, et en rentrant dans le cadre commun de conception et d'interprétation des stratégies politiques pour conquérir et conserver le pouvoir.

A cet effet, la RDC gagnerait à créer ou à renforcer un organe interministériel constitué des membres suffisamment compétents dans les sciences théologiques et philosophiques, les sciences juridiques et d'histoire des religions. Ces cadres proviendraient des ministères de justice, de la culture et de l'intérieur et sécurité. Leur mission devrait en priorité clarifier ce que l'on entend par religion et église. Par rapport à cette clarification, cet organe devrait ensuite procéder à la description du profil de celui qui est habilité à fonder une église. Le caractère lucratif devrait absolument en être exclu pour prémunir les fidèles contre l'exploitation de toutes sortes.

La RDC resterait ainsi dans l'acception de type « Eglise », bureaucratie de biens de salut (M. Weber, 19..), qui demeure un grand défi. Une Eglise portée par les prêtres, c'est-à-dire ces « professionnels de la médiation entre le divin et les hommes, gardiens du dogme et du rite ».

Bibliographie

APA. (2019). Annexe 1. L'anomie chez Durkheim et Merton. In. O. Bobineau & P. N'Gahane (Dir). *La voie de la radicalisation.* Paris, Armand Colin, Pp. 171-175.

Alibi, I. (2017). Mesurage des boissons alcooliques et dommages engendrés en République Démocratique du Congo. Une illustration par le phénomène « zododo » à Kisangani. *Alcoologie Addictologie* 39 (4).

Arendt, H. (1991). (trad. Anne Guérin, préf. Michelle-Irène Brudny de Launay*), Eichmann à Jérusalem : rapport sur la banalité du mal,* Paris, éditions Gallimard, coll. « Folio Histoire » (no 32). 484 p,

Balandier, G. (1996). Le sacré par le détour des sociétés de la tradition", dans *Les Cahiers internationaux de sociologie* 100. Pp. 5-12. Paris, Les Presses Universitaires de France,

BAkendeja Mukenge, G. (2020). L'implication du religieux dans la gestion des crises en République démocratique du Congo. Disponible au lien : https://books.openedition.org/putc/7797?lang=fr

Beaud, S. & Weber, F. (2010) *Guide de l'enquête de terrain.* Paris. La Découverte.

Becker, H. S. (1998). La prise en compte de cas inhabituels dans l'analyse sociologique : les conseils de Hughes. *Société contemporaine.* Pp. 29-37.

Bernoux, P. (2004). *Sociologie du changement dans les entreprises et les organisations.* Paris. Le Seuil.

Bourdieu, P. (1980) *Le Sens pratique*. Paris. Minuit.

Broudic, J.-Y. (2009). Le suicide, réalité sociale et réalité psychique. *Le Journal des psychologues* 262. Pp. 58 à 62.

Boudon, R. (2001). La rationalité du religieux selon Max Weber. *L'Année sociologique* 51. Pp. 9 -50.

Bourdieu, P. (1971). Une interprétation de la théorie de la religion selon Max Weber. *European Journal of Sociology* 12 (1). Pp. 3-21.

Cabanis, A. (2020). La laïcité dans les constitutions de l'Afrique de succession coloniale française. *Revue Internationale des Francophonies*.

DOI : 10.355562/rif.1193, https://rifrancophonies.com/index.php?id=1193?id=1193

Codia, A. (2018). En Afrique, la laïcité à la croisée des chemins. *Jeune Afrique,* 7 juillet 2028. Disponible au lien suivant : https://www.jeuneafrique.com/528342/societe/en-afrique-la-laicite-a-la-croisee-des-chemins/.

Crozier, M. & Friedberg, E. (1977). *L'Acteur et le système*. Paris. Le Seuil.

Crozier, M. (1972). *La Société bloquée*. Paris. Le Seuil.

Crozier, M. (1990). *On ne change pas une société par décret.* Paris. Grasset.

Cornevin, R. (1961), *Histoire des peuples de l'Afrique Noire*. *Population* 2 (16). Paris, Editions Berger-Levrault. 362 p.

Durkheim, E. (2008). *Les formes élémentaires de la vie religieuse. Le système totémique en Australie.* PUF, coll. « Quadrige Grands textes ».

Durkheim, E., 1897, *Le Suicide*, Paris, PUF, 647 p. @ean : 9782130567516.

Durkheim, E. (1994). *De la division du travail social*. Paris, PUF.

Cirhuza Balagizi, S. (2008). La laïcisation de l'espace politique en république démocratique du Congo. Une analyse critique des rapports église catholique-état de l'indépendance à 2008. Mémoire de licence. Université Officielle de Bukavu.

Chenu, A. (1998). Le regard sociologique, 1996 [compte-rendu] », dans *Sociologie du travail Année 1998* 40 (3). Pp. 414 – 416.

FLASH SPÉCIAL CJP (2020). Affaire Mujakazi : quand le nom de Dieu est abusivement utilisé pour nourrir!. Disponible au lien : https://cdjpbukavu.org/fr/affaire-mujakazi-quand -le-nom-de-Dieu-est-abusivement-utilisé-pour-nourrir-c'est-à-dire-leurs-fruits... »,

Fuamba Mulamba, I. et al. (2020) Le multipartisme politique au Congo est une valeur démocratique ou un désordre politique ?. *KAS AfricanLaw Study Library-Librairie africaines d'études juridiques*. Pp. 112 – 128.

Jourdain, A.N., & Naulin, S.I. (2011). Héritage et transmission dans la sociologie de Pierre Bourdieu. *Idées économiques et sociales* 2011/4 (N° 166). Pp. 6 -14.

Hebga, M. (1979). *Sorcellerie, chimère dangereuse*, Ed. Inades. Abidjan. 301 p.

Kabongo-Mbaya, P.B. (1992). L'Église du Christ au Zaïre. Formation et adaptation d'un protestantisme en situation de dictature, Ed. Karthala. Paris.

Kadundu, P. (2020). Religion, violence et crise de légitimité politique en RDC. Comprendre la communication des acteurs et leurs enjeux. *Studia Europaea* 1 (20), STUDIA UNIVERSITATIS BABEk-BOLYAI, DOI: 10.24193/subbeuropaea.2020.1.02.

Kadundu, P. (2015) *Société civile et pauvreté en RD. Congo. Contribution à une socio-anthropologie du local et du global*, Saarbrücken. PAF.

Kagaragu Ntabaza, A. (1976) *E Migani bali bantu. Proverbes et maximes shi*. Libreza. Bukavu.

Kinzanza, A. V. N. (2022). Prolifération des partis politiques en République Démocratique du Congo. Enquête menée auprès des Kinois dans la commune de Ngaliema. *European Journal of Political Sciences* 5 (22). Pp. 60 – 81.

Lenoir, F. (2013). *Le temps de responsabilité : Entretiens sur l'éthique*. Coll. Pluriel, Paris.

Liu, M. (1997) *Fondements et pratiques de la recherche-action*. Ed. L'Harmattan. Paris. 350 p.

Liu, M. (2013) *Dynamique des organisations. L'émergence des formes démocratiques.* Ed. L'Harmattan Paris. 170 p.

Lokadi, T., (mai 2020). La Laïcité de l'Etat congolais. Disponible au lien : https://www.leganews.cd/index.php/actualites/institutions/1939-la-laicite-de-l-etat-congolais-a-l-epreuve-des-realites

Lumumba, P. (1960). Le programme du gouvernement de M. Lumumba " rejette la nationalisation comme règle générale ". *Le Monde*, publié le 26 juillet 1960 à 00h00.

M'Bokolo, E. (2017). La question de la laïcité au Congo (R.D.C.) : origines, perspectives. *Morale Laïque*, 195. Disponible au lien : https://www.moralelaique.be/wp-content/uploads/2017/10/ML195w.pdf

Metogo, M. (1997). *Dieu peut-il mourir en Afrique ? Essai sur l'indifférence religieuse et l'incroyance en Afrique noire*. Ed. Karthala. Paris.

Mircea E. (1972). *Le Sacré et le profane*. Gallimard. Paris,

Moscarola, J. (2018). *Faire parler les données. Méthodologies quantitatives et qualitatives*. Editions EMS Management &Société. Paris,.

Mwene-Batende (1981). La sorcellerie, la divination, la thérapie et leurs fonctions sociales dans la société lignagère kumu. In. MULAGO, V., NGINDU MUSHETE, BUAKASA TULU KIA MPANSU, G. *Combats pour un christianisme africain. Mélanges en l'honneur du professeur V. Mulago*. Facultés de théologie catholique. Kinshasa,

Touraine, A. (1993). *Critique de la modernité*. Ed. Fayard.In. L'Homme et la société n° 107-108. Pp. 212 – 213.

Valadier, P. (1987) *Des repères pour agir*. Desclée de Brouwer. Paris.

Weber, M. (1995) *Economie et société/2. L'organisation et les puissances de la société dans leur rapport avec l'économie*. Pocket. Paris.

Ziegler, J. (2015). *Les nouveaux Maitres du monde et ceux qui leur résistent*. Coll. Points-Essais. 384 p. ISBN : 978-2-7578-5414-3.

Conclusion générale

Cet ouvrage est un ensemble des chapitres qui s'inscrit dans une approche empirique visant à comprendre les comportements microéconomiques voir méso économiques des entreprises publiques et privées ainsi que ceux des ménages et des communautés locales et régionales. Pour bien assoir l'empirie dans chacun des chapitres, plusieurs théories et approches méthodologiques sont mobilisées pour conduire le débat autour de la gestion des entreprises et des décisions des agents économiques.

Deux parties composent cet œuvre d'esprit. La première partie se focalise sur la « gestion des entreprises publiques et privées ». Plus concrètement, elle s'intéresse à l'analyse de la gestion des entreprises. Elle aborde, dans un ordre séquentiel des chapitres, les questions liées à la motivation au travail des agents publiques, le refus de croitre par les PME, l'intention successorale dans les entreprises familiales et l'évaluation de la qualité de l'audit externe pour une coopérative d'épargne et de crédit. La deuxième partie se concentre sur les « décisions de consommation, les décisions de production agricole et les comportements des communautés face aux biens communs et à l'ordre public ». Elle s'inscrit dans des discussions autour des comportements individuels et collectifs. Elle aborde tour à tour le « consentement à payer par les ménages pour la supplémentation de la fourniture publique d'électricité dans la ville de Bukavu », « l'analyse de l'efficacité technique de la production agricole dans le territoire de Kalehe au Sud-Kivu », « la déforestation du massif de Nyamusisi en territoire insulaire d'Idjwi (RDC) : économie politique d'une tragédie des biens communs », « la mise en œuvre de l'approche 'conservation communautaire dans la gestion du Parc National de Kahuzi-Biega : défis et perspectives' » et en fin, la « laïcité en RDC : davantage de règlementation pour contribuer à l'ordre public et mieux protéger les personnes et leurs biens ».

Dans le première chapitre de la première partie, Rosette Baluku Sikakale et Christiant Ngangura Mwemezi identifie les déterminants de la motivation des fonctionnaires de l'Etat dans la ville de Bukavu. A base des données primaires, ils régressent le modèle de motivation et indiquent que le sexe, le niveau d'éducation, le salaire, le mode d'obtention d'emploi, les conditions de travail ainsi que le grade occupé par le fonctionnaire influencent positivement le niveau de motivation au travail des agents de l'Etat. Ils concluent en disant que les entreprises publiques devront donc focaliser leurs attentions sur ces facteurs afin de fidéliser leurs agents.

Pour les entreprises privées, les deuxième et troisième chapitres de la première partie analysent la croissance des entreprises familiales. Dans le deuxième chapitre, Joséphine Mataboro Cirezi s'intéresse à la théorie de refus de croitre dans les PME familiales de Bukavu. Elle part de l'hypothèse selon laquelle, nombreux dirigeants des entreprises refusent de croitre par peur d'en perdre le contrôle. A travers une approche qualitative, elle vérifie cette hypothèse dans les entreprises familiales et montre que la théorie de refus de croitre ne s'applique pas aux entreprises familiales étant données les conditions liées à l'objectif de survie en termes de générations et la concurrence du secteur informel. Du coup, dans les entreprises familiales, la croissance est perçue comme une garantie de survie sur le marché.

Dans ce même ordre d'idées liées, Osea Alyaobe discute de l'intention successorale des petites et moyennes entreprises familiales (PME) à Bukavu. Il réalise une typologie des PMEs familiales suivant leur degré d'intention successorale. Basée sur une échantillon de 127 PME familiales, les résultats renseignent que la majorité des dirigeants des PME ne s'intéressent pas à la question de succession de leurs PME. A partir des critères du test Lambda de Wilks et du test F de Fisher, les PME familiales ont été regroupées en quatre classes selon l'intention de succession, les traits de personnalité de prédécesseur, la relation prédécesseur-employé et la communication familiale. Cette classification a été confirmée par la qualité et la validité du modèle discriminant.

En fin, dans cette première partie, Anatole Bashugi Bahogwerhe, Eddy Balemba Kanyurhi, Dieudonné Muhinduka Di-Kuruba et Janvier Kilosho Buraye étudient la qualité de l'audit externe dans les coopératives d'épargne et de crédit au Sud-Kivu dans le contexte de la RDC où nombreuses COOPEC sont tombées en faillite pendant les années 1990 alors qu'actuellement d'autres sont sur la tangente. Parmi les facteurs de cette perte de vitesse figure l'absence d'audit externe régulier. Ce papier empirique interroge la perception des dirigeants des COOPEC en rapport avec la qualité de l'audit externe à Bukavu, au Sud-Kivu. À partir d'un échantillon à choix raisonné auprès des COOPEC qui bénéficient des services d'audit réalisés par les cabinets externes certifié, les années 2015, 2026 et 2017 ont particulièrement intéressées les auteurs. Les résultats renseignent que les COOPEC qui sont régulièrement auditées présentent des indicateurs de performance proches des exigences de la Banque Centrale du Congo. Les dimensions qui ont un effet positif cette performance sont : la compétence du cabinet d'audit externe, l'esprit éthique, l'esprit d'ouverture, l'indépendance, la satisfaction du client, l'appréciation du temps imparti, la spécialisation sectorielle et la créativité des membres de l'équipe d'audit. A cet effet, ce papier plaide pour un regard managérial axé sur ces dimensions.

Contrairement à la première partie de cette ouvrage qui s'est focalisé sur la gestion des entreprises, dans la deuxième partie, les auteurs abordent des questions microéconomiques et méso-économiques à travers les décisions de consommation et de production et les comportements des communautés face aux services publiques, aux biens communs et à l'ordre publique.

Pour ce qui concerne la consommation des ménages, Bucekuderhwa Bashige et Heureuse Labii Kadurha ont analysé les déterminants du consentement à payer par les ménages pour la supplémentation de la fourniture publique d'électricité dans la ville de Bukavu. Ils ont sélectionnés aléatoirement 260 ménages dans la ville de Bukavu et ont régressé le modèle de contement à payer. Les résultats permettent d'identifier les facteurs significatifs sur le contement à payer. Il s'agit de : l'accès à l'électricité, le type de raccordement (légal ou frauduleux) au réseau de la Société Nationale d'Electricité (SNEL), le niveau de satisfaction, la taille du ménager, l'état matrimonial, la profession, le revenu, la localisation, et la possession d'un compte en Banque ou dans une institution de microfinance. En termes chiffrés, les résultats ont indiqué que les ménages sont disposés à payer 1,2 fois plus que ce qu'ils paient. En outre, il existe à Bukavu une demande pour une supplémentation de la fourniture d'électricité, mais pour laquelle segmentation du marché est nécessaire en fonction des caractéristiques socioéconomiques des ménages.

En termes de production, Constantin Mwam-atende Mulakilwa, Thierry Mirindi, Francine Iragi Mukotanyi et Janvier Kilosho Buraye analysent l'efficacité technique des unités de production agricole au dans le territoire de Kalehe au Sud-Kivu dans un contexte de baisse continue de la production agricole au Sud-Kivu. Se basant sur un échantillon de 150 exploitants agricoles sélectionnés aléatoirement sur trois catégories des exploitants : 'family farming', 'family business' et 'corporate agriculture', et faisant recours à la méthode 'Data Envelop Analysis', les résultats indiquent que un score global légèrement supérieur à 0,5 qui est plus ou moins homogène à toutes les unités de 'family business', de 'family farming' et de 'corporate agriculture'. La décomposition du score d'efficacité total en efficacités pure et d'échelle renseigne que les 'family business' sont les plus efficaces sous les deux approches de DEA (à rendements d'échelle constant ou 'CRS' et rendements d'échelle variable ou 'VRS'). En outre, le niveau d'efficacité d'échelle est en moyenne relativement élevé pour tous les types d'exploitations faisant partie de notre échantillon. Les unités non efficaces techniquement souffrent des problèmes liés aux pratiques de gestion que ceux liés à la taille et la valeur des inputs. Les auteurs proposent des politiques de gestions des exploitations agricoles.

En ce qui concerne les comportements des communautés face aux biens communs, Joël BARAKA AKILIMALI discute de la déforestation du massif de Nyamusisi en territoire insulaire d'Idjwi sous une approche d'économie politique en rapport avec le concept de « tragédie des biens communs ». Cette contribution actualise la théorie de la tragédie des biens communs à partir d'un cas concret de l'ancienne réserve naturelle de Nyamusisi sur l'île d'Idjwi, dans l'est de la RDC. A travers un approche qualitative et théorique, les éléments empiriques et primaires mobilisés permettent de noter que la nationalisation d'une ressource en l'absence d'une administration forte peut avoir des effets pervers, car le libre accès conduit à la surexploitation et à l'épuisement de la ressource. En outre, l'analyse note que la tragédie des biens communs peut être exacerbée par des cas de force majeure, comme une démographie soudaine et incontrôlée (effets du génocide de 1994 au Rwanda par exemple). Ainsi, il conclut qu'une complexification des solutions (privées, étatiques, communautaires) est préférable dans un même espace soumis à une tragédie des biens communs.

Le comportement des communautés a aussi intéressé Daniel Batachoka Mastaki, Déo Kujirakwinja, Lionel Bisimwa Matabaro, Didier Mugalihya Mulumeoderhwa et Léonard Mubalama Kakira. Ils ont mené un débat au tour de la mise en œuvre de l'approche 'conservation communautaire' dans la gestion du Parc National de Kahuzi-Biega. Pour une analyse des défis et des perspectives de la mise en œuvre de cette approche. Ils ont fait usage d'une approche qualitative à travers l'analyse sociale CLIP (Collaboration et conflits, Légitimité, Intérêts, Pouvoir) afin d'identifier les contraintes de l'implication des parties prenantes. Les résultats montrent que malgré l'application de l'approche de "Conservation Communautaire", la persistance de conflits entre les populations riveraines et les gestionnaires du Parc est manifeste. A la lumière de ces résultats, les auteurs recommandent la conservation communautaire fondée sur la durabilité et le consensus entre toutes les parties prenantes, d'améliorer la gestion du secteur de l'écotourisme et de créer la zone tampon juridique et fonctionnelle autour du PNKB pour réduire les conflits liés à l'accès des ressources naturelles par la distance entre les limites du PNKB et les riverains.

En fin, en ce qui concerne l'ordre publique, Paul Kadundu Karhamikire se questionne sur la laïcité en RDC et la règlementation pour l'ordre public et la protection des personnes et de leurs biens. Dans un débat basé sur des cas de laxisme et l'application du principe de laïcité pour analyser et apprécier les possibilités du changement social en RDC, l'auteur privilégie l'approche ethnographique qui lui permet de montrer comment la laïcité est vécue au Sud-Kivu. Ainsi, l'auteur montre qu'au regard de la déficience étatique, le laxisme du terrain s'est traduit par des comportements et des pratiques qui insécurisent les populations. La refondation de l'Etat vers la laïcité devrait alors amener à la séparation de l'Eglise et de l'Etat pour renforcer la mission des églises en les ramenant à leur essence où le sacré retrouverait sa fonction authentique de médiation entre le visible et l'invisible. Cependant, la situation réelle sur le terrain reste encore loin de cette ambition qui avait conduit l'Etat à l'ouverture à la laïcité.

Présentation des auteurs

Comité scientifique

Déo BUGANDWA Munguakonkwa,

Dieudonné MUHINDUKA Di-Kuruba,

Albert LUKUITSHI Malaika,

Nene MORISHO Mwana Biningo,

Christian KAMALA Kaghoma,

Célestin BUCEKUDERHWA Bashige,

Janvier KILOSHO Buraye,

Francine IRAGI Mukotanyi,

Marie-Rose BASHWIRA Nyenyezi,

Patient LWANGO Mirindi,

Paul KANDUNDU Karhamikire,

Thomas FURAHA Mwagalwa

Les auteurs

- Rosette Baluku Sikakale, est licencié en Economique Rurale et assistante d'enseignement et de recherche à la Faculté des Sciences Economiques et de Gestion de l'Université Catholique de Bukavu (UCB). Elle est chercheure au Laboratoire d'Economie Appliquée au Développement (LEAD) de l'UCB. Ses recherches porte sur l'économie de l'environnement et des ressources naturelles, et sur l'économie du travail.
- Christiant Ngangura Mwemezi est chercheur économiste à « International Institute of Tropical Agriculture » (IITA). Il est actuellement en train de poursuivre ses études de « *Master of Philosophie applied economics* » à l'University of Ghana. Ses recherches se focalisent sur l'économie du travail, l'économie d'environnement, la microéconométrie.

- MATABARO CIREZI Joséphine est enseignante à l'Université Catholique de Bukavu à la Faculté des Sciences Economiques et de Gestion. Ses recherches sont orientées vers le domaine de la gestion et de la finance des entreprises et plus particulièrement vers la gestion des Petites Moyennes Entreprises (PME). Elle est détentrice d'un Diplôme d'Etudes approfondies (DEA) en gestion des PME et d'un diplôme de licence (BAC+5) en Gestion des PME. Actuellement elle poursuit ses études doctorales en Gestion et Innovation à l'Université Catholique du Sacré-Cœur de Milan (Italie).

- ALYAHOBE OSEA Guillain est assistant à l'Institut Supérieur de Commerce de Bukavu. Il est co-créateur d'Emergence alimentaire, Emer-al Sarl, une entreprise spécialisée dans l'agroalimentaire et œuvrant à Bukavu. Il a un Diplôme d'Etudes Approfondies de l'Université Catholique de Bukavu. Il mène ses cherches en défaillance des PMEs et rebond entrepreneurial.

- Anatole Bashugi Bahogwerhe est expert-comptable national agréé, entrepreneur et promoteur du Bureau d'expertise et d'audit professionnel). Il est aussi enseignant à l'Institut Supérieur Commerce de Bukavu (ISC/Bukavu) où il occupe actuellement le poste de chef de section à l'enseignement.

- Eddy Balemba Kanyurhi, PhD – est professeur à la Faculté des Sciences Economiques et de gestion de l'Université Catholique de Bukavu (UCB) et chercheur au Laboratoire d'Economie Appliquée au Développement (LEAD). Il détient un doctorat en Sciences Economiques et Gestion de la Warocqué School of Business and Economics de l'Université de Mons (Belgique). Ses recherches portent sur la microfinance, le marketing bancaire et l'entrepreneuriat. Il publie régulièrement dans nombreuses revues internationales telles que International Journal of Bank Marketing, African Journal of Marketing Management, Bukavu Journal of Economics and Social Sciences, … Il mène aussi des consultances pour le compte du Programme des Nations Unies pour le Développement (PNUD), Adam Smith International, EDF-RDC, etc.

- Dieudonné Muhinduka Di-Kuruba est licencié en économie publique (BAC+5) de l'Université de Kinshasa (UNIKIN) et docteur en sciences politiques et sociales de de l'Université catholique de Louvain (UCL). A l'actif de ses publications figurent, outre des articles, deux ouvrages : *Gestion additive, biens publics et fourniture de l'électricité dans la région de Bukavu/R.D. Congo*, Louvain-la-Neuve, Presses universitaires de Louvain, 2010 et *Les Bavira du Sud-Kivu (RDC). Histoire, culture et renaissance* (dir., avec A. Ramazani Bishwende), L'Harmattan, 2018

- Janvier Kilosho Buraye, PhD – est professeur, Doyen de la Faculté des Sciences économiques et de gestion de l'Université Catholique de Bukavu

(UCB) et Chef de Département des Sciences Commerciales et Administratives à l'Institut Supérieur Pédagogique de Bukavu (ISP/Bukavu). Il est chercheur sénior au Laboratoire d'Economie Appliqué au Développement (LEAD) et au Centre d'Expertise en Gestion Minière (CEGEMI). Il détient une licence en Gestion Financière de l'Université Catholique de Bukavu, un master avancé en gouvernance et développement (option : institutions locales et réduction de la pauvreté) et un doctorat en études de développement économique, option : économie appliquée et socio économie de l'Université d'Anvers (Belgique). Ses recherches portent sur l'économie de développement, sur la gouvernance minière, sur l'analyse d'impact des interventions au développent et sur l'analyse des chaînes de valeur. Il publie régulièrement dans plusieurs revues internationales telles qu'Extractive *industries and society*, Conjoncture de l'Afrique des Grands Lacs, *Africa developement*, *Bukavu Journal of Economics and Social Sciences*, etc. Il a une forte expérience de plus de 15 ans dans les consultances pour le compte des organisations non gouvernementales nationales et internationales et pour le compte des gouvernements. Il a coordonné plusieurs projets de recherche et de développement.

- Bucekuderhwa Bashige Celestin, est professeur d'économie à l'Université Catholique de Bukavu. Il travaille depuis plus de 20 ans dans le domaine de l'économie du développement. Depuis plus de 10 ans, il travaille comme spécialiste du commerce pour les projets de la Banque mondiale dans la région des Grands Lacs en Afrique. Il a publié des articles sur la sécurité alimentaire, l'analyse des chaînes de valeur, l'accès aux services publics, l'adoption des technologies, l'esprit d'entreprise, la facilitation et l'intégration du commerce..

- Kadurha Labii Omugoli Heureuse, est économiste chercheuse. Ses thèmes de recherche sont dans le domaine de l'économie entrepreneuriale, l'économie du développement et comportementale. Elle détenteur d'un Diplôme d'études approfondies (DEA) en gestion des petites et moyennes entreprises et d'un diplôme de licence (BAC+5) en économie rurale. Elle dispose d'une expertise en matière d'analyse des données, de modélisation économétrique, de structuration et analyse des chaînes de valeur, du suivi et évaluation des projets de développement.

- Constantin Mwami-Atende Mulakilwa est détenteur d'un diplôme de Licence (BAC+5) en économie rurale et d'un Diplôme en Management Public de l'Ecole Nationale d'Administration (ENA-RDC). Ses recherches portent sur l'économie agricole, l'économie du développement et les finances Publiques. Il dispose d'une expertise en matière d'analyse des données, de modélisation économétrique, en analyse de la performance des producteurs agricoles, Audit et Contrôle de Gestion des Finances Publiques,

Conception et élaboration des politiques publiques. Mais aussi une expertise en Gestion de projets de développement.

- Thierry Mirindi est titulaire d'un master en études de développement (Université d'Anvers). Il est enseignant à la Faculté des sciences économiques et de Gestion et Chercheur au Centre d'Expertise en Gestion du Secteur minière (CEGEMI) de l'Université Catholique de Bukavu (UCB). Ses recherches portent sur l'économie du développement notamment sur l'exploitation minière artisanale, les conflits et l'économie de travail des enfants.
- Francine Iragi Mukotanyi est professeur à la Faculté des Sciences économiques et de gestion de l'Université Catholique de Bukavu (UCB) et directrice du Centre d'Expertise en Gestion du Secteur minière (CEGEMI). Elle détient un doctorat en études de développement économique, option : économie rurale de l'Université d'Anvers (Belgique). Ses recherches postent essentiellement sur les liens entre l'exploitation minière artisanale et l'agriculture, et sur les moyens de subsistances et la pauvreté dans le monde rural. Elle a publié dans beaucoup de revues internationales et a coordonné plusieurs projets de recherche.
- Joël Baraka Akilimali est docteur en Sciences Politiques et sociales (UCLouvain, 2021). Il est professeur vacataire au département d'Environnement de la Faculté des Sciences de l'Université Catholique de Bukavu et professeur associé à l'ISDR-Bukavu en RD Congo. Il est membre actif de la dynamique LP-Transition de l'Université Catholique de Louvain où il a mandat de collaborateur scientifique (UCLouvain-IACCHOS) en Belgique. Ses travaux actuels portent sur les politiques environnementales, sur les épistémologies critiques de l'écologie politique à l'ère de l'anthropocène, sur la dette publique et ses implications dans l'accentuation des inégalités du développement dans le Sud global et sur les enjeux politiques contemporains de la santé mondiale à l'ère des pandémies.
- Daniel Batachoka Mastaki, est enseignant à temps plein l'Institut Supérieur de Développement Rural de Kaziba (ISDR/Kaziba) et à temps partiel au département d'Environnement de la Faculté des Sciences de l'Université Catholique de Bukavu. Il est aussi chercheur au Centre de Recherche en Gestion de la Biodiversité et Changement climatique (CRGBC)-ISDR/Bukavu. Ses recherches portent sur la gouvernance des ressources naturelles, les politiques environnementales et extractives et les conflits régionaux. Il a un doctorat en Gouvernance et intégration régionale et une maîtrise en développement.
- Déo Kujirakwinja, est enseignant à Institut Supérieur du Tourisme de Goma, RD Congo. Il a un doctorat en Sciences de l'Environnement de l'Université de Rhodes (Afrique du Sud).

- Lionel Bisimwa Matabaro est chercheur au Centre *Angaza Institute* et enseignant à l'Institut Supérieur de Développement Rural de Bukavu (ISDR/Bukavu). Il est présentement en train de poursuivre ses études doctorales à l'Ecole de Sciences Humaines et Sociales (ESHS), Service de Sociologie et Anthropologie, à l'Université de Mons (UMONS).
- Didier Mugalihya Mulumeoderhwa est chercheur à l'association ''Recherche Action pour la Conservation et le Développement'' et détenteur d'une licence en Planification Régionale (ISDR-Bukavu) et un master en Environnement (Université Senghor). Il est spécialisé dans la gouvernance des ressources naturelles et l'accompagnement des communautés dans leur relèvement socio-économique autour des aires et forêts protégées de la RD Congo.
- Léonard Mubalama Kakira est environnementaliste. Enseignant-chercheur et directeur du Centre de Recherche en Gestion de la Biodiversité et Changement climatique (CRGBC) de l'Institut Supérieur de Développement Rural-Bukavu, RD Congo.
- Paul Kadundu Karhamikire est docteur en sociologie de l'Institut Catholique de Paris et diplômé d'études approfondies de l'Université Paris IX-Dauphine en dynamique des organisations et transformations sociales. Il est chercheur au Laboratoire d'Economie Appliquée au Développement (LEAD) de l'Université Catholique de Bukavu (UCB) où il enseigne les cours de sciences sociales. Il mène des recherches dans les domaines de sciences des organisations et management, de développement, de religion et des conflits. Il est Professeur Ordinaire et Recteur Honoraire de l'Université Catholique de Bukavu. Il a publié plusieurs articles dans des revues internationales.

Table des matières

Structures éditoriales du groupe L'Harmattan

L'Harmattan Italie
Via degli Artisti, 15
10124 Torino
harmattan.italia@gmail.com

L'Harmattan Hongrie
Kossuth l. u. 14-16.
1053 Budapest
harmattan@harmattan.hu

L'Harmattan Sénégal
10 VDN en face Mermoz
BP 45034 Dakar-Fann
senharmattan@gmail.com

L'Harmattan Cameroun
TSINGA/FECAFOOT
BP 11486 Yaoundé
inkoukam@gmail.com

L'Harmattan Burkina Faso
Achille Somé – tengnule@hotmail.fr

L'Harmattan Guinée
Almamya, rue KA 028 OKB Agency
BP 3470 Conakry
harmattanguinee@yahoo.fr

L'Harmattan RDC
185, avenue Nyangwe
Commune de Lingwala – Kinshasa
matangilamusadila@yahoo.fr

L'Harmattan Congo
219, avenue Nelson Mandela
BP 2874 Brazzaville
harmattan.congo@yahoo.fr

L'Harmattan Mali
ACI 2000 - Immeuble Mgr Jean Marie Cisse
Bureau 10
BP 145 Bamako-Mali
mali@harmattan.fr

L'Harmattan Togo
Djidjole – Lomé
Maison Amela
face EPP BATOME
ddamela@aol.com

L'Harmattan Côte d'Ivoire
Résidence Karl – Cité des Arts
Abidjan-Cocody
03 BP 1588 Abidjan
espace_harmattan.ci@hotmail.fr

Nos librairies en France

Librairie internationale
16, rue des Écoles
75005 Paris
librairie.internationale@harmattan.fr
01 40 46 79 11
www.librairieharmattan.com

Librairie des savoirs
21, rue des Écoles
75005 Paris
librairie.sh@harmattan.fr
01 46 34 13 71
www.librairieharmattansh.com

Librairie Le Lucernaire
53, rue Notre-Dame-des-Champs
75006 Paris
librairie@lucernaire.fr
01 42 22 67 13

www.ingramcontent.com/pod-product-compliance
Lightning Source LLC
LaVergne TN
LVHW011307061026
849535LV00005B/1442